U0587834

本書影印底本由日本早稻田大學圖書館收藏

中國典籍日本注釋叢書・論語卷 張培華 編

〔日〕三野象麓 撰

野道明の補注による『論語集注』を教科書に、柳町達也先生から学而第一を二年間習ったものだった。

その講義で学んだことは、現代語や解説などに頼らずに、直接古典注釈書を学ぶことの意義と、長い注釈の歴史を持つ中国に劣らず、日本でも朱子を乗り越えようとした先人の営みの精華を知ったことだった。

本書の最初に収める松平頼寛（1703～1763）『論語徴集覧』には、日本における論語についての二大著述を対照させた集注が収められる。すなわち伊藤仁斎（1627～1705）『論語古義』と荻生徂徠（1666～1728）『論語徴』である。いずれも朱子の説を祖述することを潔しとせず、それを乗り越えるべく独自の思想を追究した先人の賜物といえる。

江戸時代、林羅山によって身分制度を正当化する朱子学は、江戸幕府の正学とされていた。そこでは、「上下定分の理」や、そのために名称と実質の一致を確立しようとした名分論が武家政治の基礎理念として貫かれていた。

しかし、仁斎と徂徠の両名は、ともに当時支配的であった朱子学的な経典解釈に批判的態度であたった。具体的には、両名は直接原典を考究するという原理主義に立って朱子学に臨んだのである。ただし、両者の採った方法はそれぞれ異なるものであった。

端的に言えば、仁斎の古義学は、疑念を持って原典にあたり、批判的な態度で読むことに努めたものといえ、徂徠の古文辞学は、原音原語と制度文物の研究によって、先王の道を知ろうというものであった。また、中国語に堪能だった徂徠は仁斎に否定的な態度で臨んだことも特徴的であった。その結果、それぞれ方法・立場を異にしながらも、全人的理解を目指して体系に裏打ちされた思想を生み出したのである。本書に収載の『古義』『徴』の二書にもその傾向はうかがえる。

両名の考え方の差は随所に現れている。一例として学而第一第八章を採り上げてみよう。

「子曰、君子不重則不威。
学則不固。
主忠信。
無友不如己者。
過則勿憚改。

この部分の解釈は仁斎と徂徠とで異なる。詳しくは収載された両書を参照して考えてもらいたいが、あえて一点だけ述べれば、この章の「学則不固」の部分には両者の考え方の違いが最も明確に現れているといえる。

まず、仁斎は、『論語』は孔子が当時の賢士大夫に向かって説いたもので、この章も孔子が説いたいくつかの言葉を弟子たちがつづり合わせたものと考えた。それに対して徂徠は、『論語』は孔子が以前からの古言を唱えながら教えたものであるため、一貫性を認めづらい部分や、重複した内容があることも当然と考えた。

その結果、仁斎は「学則不固」を、「学べば則ち固かたからず」と訓んで、きちんと学問をしないと堅固な考えを持てないと解釈した。それに対して、徂徠は「学べば則ち固こせず」と訓むことができる解釈を行った。孔子には定まった師はなかったので、融通無碍な考え方を行う人であったと考え、学びを深めれば、狭い見識にとらわれた固陋な考えを持たなくなるというのである。

朱子の学問は、孔子の一言片句さえも一貫した意味と思想を持つものと解釈することに努めた。それに対して、日本の仁斎と徂徠はその立場を採らず、朱子とは異なる解釈を行ったのである。仁斎は孔子の平生の言葉を繋げ合わせたものとし、徂徠は以前から伝わる古言を孔子が唱えながら教えたものと考えた。徂徠の考え方を採れば、他の箇所にも重複のあることに説明がつき、同じ章の「過ちては改むるに憚ること勿れ」からうかがい知れる君子像とも矛盾しない。

また、全体的思想においても、朱子は宇宙に根拠づけられた道の体現者としての孔子を見ようとしたのに対し、仁斎は、その考え方を排斥して日常性と道徳に関心を集中させた考えを採った。徂徠も同じく朱子とは異なる経学を示しながらも、仁斎にも反対の立場を採り、先王とは異なって統治者としての経験・実績はないものの、そのための道を後世に示した孔子の偉大さを伝えようと努めたのである。

こうした日本経学の豊潤な蓄積と独自性が、中国で知られることは少ないだろう。本書を編纂する意図はまさにそこにあるのだが、中国の人達だけでなく、多くの日本の人達にも興味を持っていただきたく思う。

平成二十八年師走　相田満

《論語》和日本

——代前言

一

翻開日本《古事記》應神天皇的章節，其中有『論語十卷』的記載。這是目前所知日本對《論語》的最早記録。應神天皇是日本第十五代天皇，在位四十一年（約公元二七〇年至三一〇年在位），一百歲崩（《古事記》載一百三十歲）。論及《論語》和日本的關係，上述記載是不可忽視的，至於《古事記》的記載是真是假，已有諸多考證，限於篇幅，在此不贅。《古事記》是日本最早的書，由其記載，可推知《論語》流傳到日本至少一千七百年了。這裡不妨摘録一段日本漢學大家諸橋轍次的話。他説：

《論語》是公元二八五年（應神天皇十六年）由百濟王仁博士傳到日本的。日本最早的書《古事記》成書於七一二年（和銅五），以此推算，《論語》到日本要比《古事記》早四百二十七年。也可以説，《論語》是日本人手裡拿到的第一本書。從那以後至今，《論語》差不多被日本人讀了一千七百年，終於家喻户曉、人人皆知、可親可敬了。雖説《論語》是外來的書，可我覺得稱其為日本古典中的古典並不過份。

（諸橋轍次《中國古典名言事典》，講談社學術文庫，第十九頁）

諸橋轍次先生的這段話，述及《論語》自傳入到被日本人廣泛接受的過程。那麽一千多年來，日本人究竟是怎麽閱讀《論語》的呢？

二

正如《古事記》所記載的那樣，自從王仁博士將《論語》作為禮物敬獻給應神天皇的皇子以來，《論語》以及流傳到日本的中國典籍的讀者主要是日本天皇和皇室子孫。他們通常由大學博士等專業人士傳授。比如日本漢文史籍《日本三代實録》第五卷清和天皇貞觀三年（八六一）八月十六日有如下記載：

十六日丁巳，天皇始講論語，正五位下行大學博士大春日朝臣雄繼侍講。

（《日本三代實録》上卷，名著普及會，第一三一頁）

該書第三十六卷元慶三年(八七九)八月十二日同樣有陽成天皇讀《論語》的記録:

十二日己巳,天皇始講論語,正五位下行大學博士大春日朝臣雄繼侍講。

(《日本三代實録》下卷,名著普及會,第一八〇頁)

清和天皇和陽成天皇分别是日本第五十六代和第五十七代天皇。《論語》不僅僅為天皇閲讀,也是皇子的啟蒙讀物。比如從《御産部類記》中可知皇子出生一周之内,由明經博士、紀傳博士閲讀的中國典籍書目中就有《論語》:

延長元年七月二十四日,皇后(藤原穩子)產男兒(寬明親王),前朱雀院,内匠寮作御湯具,七日間明經、紀傳博士等相交讀書,千字文、漢書・景帝紀、文王卅(原字)子篇、古文孝經、論語置一卷、尚書、史記、毛詩、明帝紀、左傳等也。

(《圖書寮叢刊・御産部類記》,明治書院,第七、八頁)

延長元年即西元九二三年。寬明親王剛出生,耳邊就聆聽大學博士讀《論語》及各種典籍,可見日本古代天皇對皇子履行儒家經典教育的重視。寬明親王日後成為日本第六十一代天皇即朱雀天皇。

不僅古代天皇及皇子耽悦《論語》及中國典籍，誦讀《論語》更是男性貴族修身的主要方式。這與日本古代没有文字密切相關。正如齋部廣成在其《古語拾遺》的《序言》裡説：『上古之世，未有文字。貴賤老少，口口相傳，前言往行，存而不忘。』(《古語拾遺》，岩波書店，第一一九頁)自漢字傳入日本後，日本開始借用漢字表情達意。前文提到的《古事記》，從頭至尾都是用漢字書寫的。日本第一部和歌集《萬葉集》也是用漢字書寫的。但問題是，雖是漢字，中國人卻未必能看懂。比如，明代李言恭《日本考》中有如下日本古代歌謡：

月木日木，所乃打那天木，乃子革失也，我和慕人那，阿而多思葉白。

(〔明〕李言恭、郝傑編撰，汪向榮、嚴大中校注《日本考》，中華書局，一九八三年，第一二四頁)

恐怕任何中國人讀了以上歌謡，都會如墜五里雲霧而不知所云。其實這是一首日本古代情歌，大意是：『日月同天，想他那裡，我思念人，有人思我。』(出處同上)

這是因爲，日本借用漢字表情達意時，已經有固定的日語表達形式了，只是没有日語文字而已。這是一個值得深究的課題。

借用中國漢字，終究不方便，於是日本在平安時代發明了『假名』，即記録日語的文字。

顧名思義，假名是相對於『真名』而言的，真名即漢字書寫的古文。十分有趣的是，日本創造的假名，依然與漢字藕斷絲連。毫不諱言，日語的假名，其本質是對漢字的『崩裂』。五十個平假名和五十個片假名，都基於一百個漢字。日語假名不變，漢字轉爲繁體字。假名源於漢字，在日本學生《國語》裡，均有鮮明的解釋，只是千百年來，對於日本學生或對所有日本人而言，在他們的意識裡，與其説漢字是中國的，倒不如説漢字是日本的，俗話説習慣成自然。

假名終於替代了真名，成爲日本的國語。但是，在假名剛剛開始的平安時代，『真名』與『假名』的地位截然不同。按古代日本律令的規定，國家政府機關的官方文書，一律爲真名，且多爲男性高級貴族把持，因此真名也稱爲『男手』，相對真名而言的假名，則叫『女手』。日本古典文學《枕草子》及《源氏物語》即是『女手』創作的代表作。從《源氏物語》作者紫式部的假名日記（《紫式部日記》）中可見，當時她旁聽兄長的漢儒課程時，由於其記憶力好，每當兄長被問得不能回答而發窘時，她在一旁倒背如流。她作爲文人的父親對其刮目相看，十分惋惜地説：真可惜你不是男兒啊！由此可見當時重視男子識『真名』女子習『假名』之一斑。

女性貴族宜用假名，男性貴族須用真名。從現存男性貴族的漢文日記中，我們仍然會發覺《論語》是皇室子孫必讀的中國典籍之一。比如日本第六十六代天皇一條天皇的第二皇子敦成親王誕生後，當時的攝政大臣，即一條天皇的岳父藤原道長在他的漢文日記《御堂關白記》中（現存作者部分親筆日記均爲日本國寶），對敦成親王的讀書書目和讀書時間以及擔任博士均有詳細記録。比如寬弘六年（一〇〇九）十二月一日，上午讀《漢書》，傍晚時分由名叫爲忠的人讀《論語·大伯篇》(詳見《御堂關白記》,岩波書店,第二七一頁)。敦成親王日後成爲日本第六十八代天皇即後一條天皇。

鎌倉時代和室町時代的漢文日記裡,也依然可見閱讀《論語》的記録。比如鎌倉時代公卿近衛家實在其《猪隈關白記》裡,於正治二年(一二〇〇)二月一日記:『博學而篤志,論語云云。』(詳見《猪隈關白記》,岩波書店,第六九頁)另外在建仁三年(一二〇三)八月二日還有『釋奠、論語』的記述(詳見《猪隈關白記》,岩波書店,第二七〇頁)。所謂『釋奠』是沿襲古代中國祭奠以孔子爲代表的儒家先哲的儀式,最早由奈良時代《大寶令》中的學令頒佈後,于大寶元年(七〇一)實行,中途停止,後又復活,反反復複直到明治維新才餘韻告罄。

鎌倉時代以後的室町時代,後崇光院伏見宫貞成親王的日記於永享八年(一四三六)十月二日記:『讀書如例,論語第二卷講義。』(詳見《看聞日記》第五卷,宫内廳書陵部,第三二〇頁)

另外在室町貴族内大臣萬里小路(藤原)時房的日記《建内記》裡,也同樣可見其耽悦《論語》的記録。比如在康正元年(一四五五)八月二十一日的日記中有以下記載:『岡崎三品(周茂)終日來談,論語第七讀和了。』(詳見《建内記》第十卷,岩波書店,第一七八頁)

從以上零零碎碎的記述裡,大致可以瞭解,《論語》在日本先有天皇及皇室子孫閱讀,爾後普及到貴族階層,延綿不絕。但是,直到室町時代尚不見有學者潛心閱讀《論語》後,用漢文加以解釋的著作。

三

如果把『論語』作爲關鍵词輸入日本國立國會圖書館的藏書檢索欄裡，現在顯示的數目是三六四一件。這個數目還在不斷增長，因爲每年都有新的有關《論語》的書籍出版。比如二〇一六年六月，岩波書店出版了井波律子氏翻譯的《完譯論語》，同年十月，筑摩書房出版了齋藤孝氏翻譯的《論語》。日本《論語》的譯作，可謂雨後春筍，層出不窮。而且有趣的是，翻譯《論語》的譯者未必會説漢語，他們能夠翻譯《論語》，其氣魄來自對中國古文的日語解讀——訓讀。

説起訓讀，得回到平安時代日本人所發明的假名。前文提到過的源於漢字的一百個假名中，其中五十個片假名就是爲訓讀『真名』漢文服務的。漢文訓讀的發明，不能不説是日本人的智慧，因爲所有的中國典籍，一旦配上訓讀，如何閲讀的問題就會引刃而解。因為有訓讀這一特殊的閲讀方法，所以一個日本人即使完全不會説漢語，也能夠看懂《論語》。訓讀並不難，即按照日語的順序，在漢字左右下角分别添加訓點和送假名。其目的是爲了符合日語的順序，所以有必要顛倒漢語的語序，因爲日語和漢語的語序不同，比如漢語動詞後面跟賓語，而日語常常是賓語在前動詞在後。而訓點符號恰是爲顛倒漢語語序迎合日語順序而起作用的。

訓點符號屈指可數，簡言之，不外乎以下訓點。首先是返点『レ』，意为返回，即在两个汉字之间有返点的话，先读下边的字，然后再返回读上边的字。其次『一、二、三、四』點，即按照點數的多少，先讀有一點的字，次讀有二點的字，再讀有三點的字，最後讀有四點的字，以此類推。同樣的方法還有『上、中、下』點和『甲、乙、丙、丁』的訓點標誌。這些訓點基本都是按照其順序先後讀字罷了。如此看來，訓讀的方法並不困難，不過訓讀後的漢字得配上相應的送假名即片假名部分，需要有深厚的日語語感，所以日語能力的高低，左右著訓讀後的翻譯水準。由於古代漢文都是豎排，日語亦然，所以按訓讀規則，一般將訓點標在漢字的左下角，片假名標在漢字的右下角。

日本的訓讀雖易學，但其方式比較煩雜，似乎没有統一的模式，又常常與師承直接相關。比如昭和時代的學者，就有東大（東京大學）和京大（京都大學）畢業生訓讀的不同方式。

訓讀起源于平安時代，最早誕生于漢儒博士之家，派系林立，方法不一，猶如祖傳秘方不外傳，承繼的都是同門子弟。雖然方法不一，但是對理解中國古文似乎大相徑庭。好比中國大陸使用中文拼音，而中國臺灣則使用注音符號，形式不一，但對於同一個漢字所發出的聲音還是一致的。毫無疑問，日本人發明的訓讀，是日本人理解中國典籍的一條有效捷徑。時至今日，漢文訓讀仍然是日本高中生考大學的必考課程。可見，用訓讀的方法理解中國古文的技能，幾乎都潛伏在每一個日本人的頭腦裡。因此，對中國人來説，理解日本人，要知道他們會訓讀的本領。比方説，一個中國人古文功底很差，而一個日本人，訓讀能力很强，在理解中國古文方面，日本人往往比中國人更勝一籌，這並不是神話。

由上可知，《論語》傳到日本以後，自從片假名發明以來，日本人用訓讀的方法，一代又一代孜孜不倦地閱讀著《論語》。

一千多年來，《論語》在日本一直很受寵，從來没有被排擠過，時至今日，在中國典籍中，《論語》依然最受推崇。走進日本任何一家書店，恐怕都不難找到《論語》的位置。

關於《論語》流傳日本的底本，前後有兩種。一是可見於古代日本律令中的鄭玄注、何晏集解以及平安時代《日本國見在書目録》中爲代表的皇侃《論語義疏》，二是朱熹的《論語集注》。前者爲古注，後者爲新注。新注《論語》在日本更受重視，比如明治書院出版的『新釋漢文大系』中的吉田賢抗氏的《論語》注釋本，其底本爲朱熹的《論語集注》。現爲日本中國學會會長的土田健次郎氏最近譯注了《論語集注》（詳見《論語集注》，東洋文庫，二〇一三—二〇一五年）。

江户時代之前，日本雖有各式《論語》訓讀方法，卻鮮有《論語》注釋著作。日本《論語》注釋的形成及高峰期均在江户時代，其中最重要的著作有兩部：一是伊藤仁齋（一六二七—一七〇五）的《論語古義》，另一部是荻生徂徠（一六六六—一七二八）的《論語徵》。

伊藤仁齋早先是朱子學派人物，但在《論語古義》里，卻義無反顧地站在反朱子學的立場上。同樣反對朱子學的荻生徂徠，在其《論語徵》里也反對伊藤之學。後來松平賴寬將上述兩部著作和何晏《論語集解》、朱熹《論語集注》編印到一起，名爲《論語徵集覽》，大大便利對比閱讀。

本套叢書收録了松平賴寬《論語徵集覽》、山本日下《論語私考》、三野象麓《論語象義》、山本樂所《論語補解》、田中履堂《論語講義並辨正》等系列著作，均是江户時代最有影響的《論語》注釋著作，其中三種帶有訓點符號，對閱讀或有不便，但這些著作第一次與國内讀者晤面，相信會對讀者學習、研究《論語》有所助益，甚至能對研究日本漢學乃至東亞儒家文化帶來好處，那正是編者所期待和引以為榮的。

国文学研究資料館博士研究員　張培華

二〇一六年十二月於東京

作者及版本

三野象麓(一七四九—一八四〇),名元密,字伯慎,通稱爲彌兵衛。出生於今四國香川縣,曾在京都學習古學,後歸鄉在高松藩鄉會所擔任講書。另著有《老子經古義》等。

《論語象義》,四孔和式線裝本,共七册,七卷,書高二十七厘米。封面題簽『論語象義』。封面内頁印有『象鹿先生著』字樣,及『論語象義全七卷』、『觀魚園藏』字樣。正文和注釋文裡,均有日本漢文訓讀的訓點符號。正文題記『論語象義卷之一』、『日本東讚三野元密伯慎著』。第一册『學而第一』、『爲政第二』,第二册『八佾第三』、『里仁第四』,第三册『公冶長第五』(原文爲『第三』當爲誤寫)至『述而第七』,第四册『泰伯第八』至『鄉黨第十』,第五册『先進第十一』至『子路第十三』,第六册『憲問第十四』至『季氏第十六』,第七册『陽貨第十七』至『堯曰第二十』。

書内正文偶有蟲蝕,但不影響文義。第七册末頁附作者的其他著作簡介及『三野彌兵衛著述目録』等。

目録

象麓先生著

不許翻刻
千里必究

論語象義

全部七卷

觀漁園藏

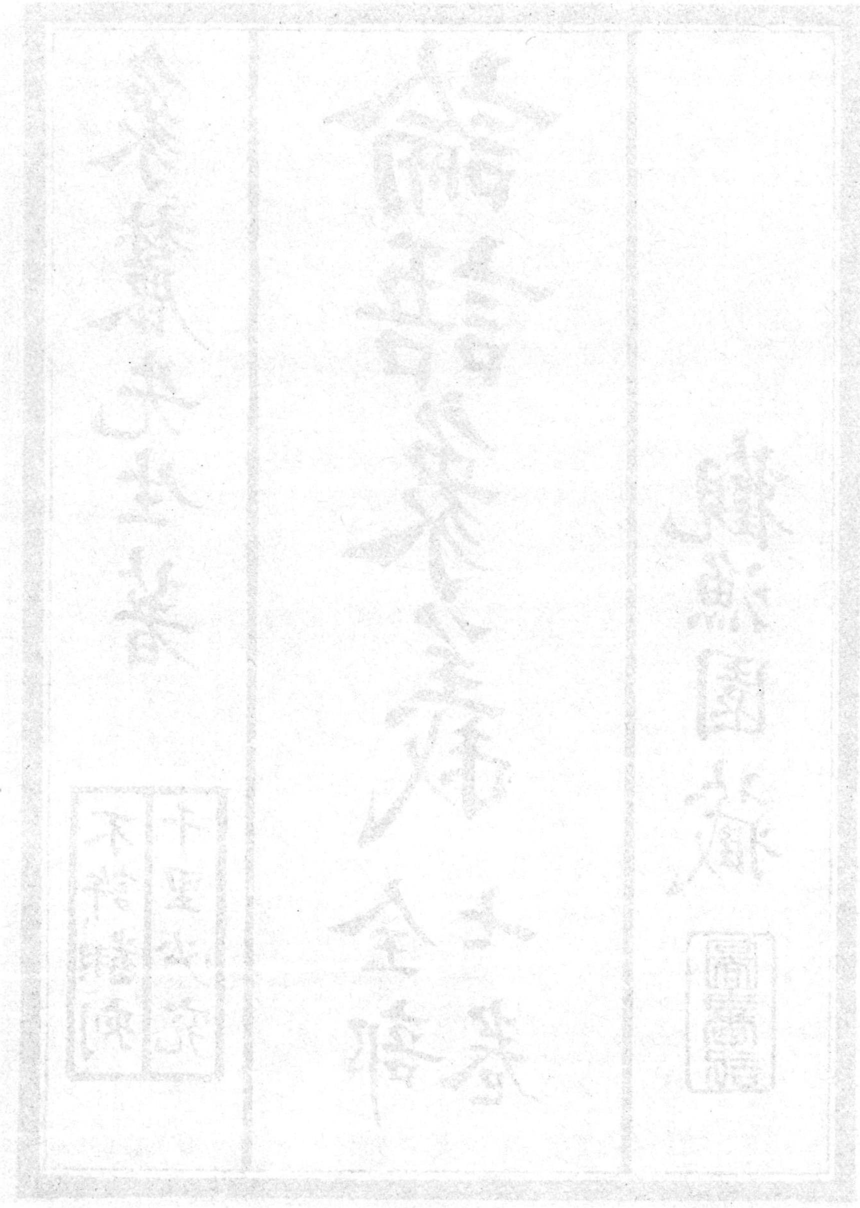

論語象義序

古之學。何其艱也。易曰。習坎重險也。水流而不盈。行險而不失其信。蓋其學也。往来乎重險之中。反復其道。脩之弗獲則弗措。其已獲也。猶有所立卓爾。是以雖曰井有仁。往不爽其所履其施諸政教也。猶影之從形。響之應聲。其立也斯立。其道也斯行。其綏也斯来。其動也斯和。是以禮樂之化。洋溢乎四海之外。膏澤與天地之流。百姓日庸而不知。鳥獸魚鼈亦莫不寧矣。此乃聖人之所以經營天下。而不失其信也。恭稽孔子盛德。蓋其在于斯耶。自文王既沒。五百有餘年。斯文之在茲。孔子一人而已。故曰。天之未喪斯文也。匡人其如予何。於是孔子重其天職。徧歷乎天下。按列國治亂。

觀其會通。以俟天之休命。雖然。滔滔者
天下。往而不還。知德者希。則木鐸於斯
道也。當期於千載而已。於是退而叙詩
書。正禮樂。贊易道。脩春秋。教育門人。而
傳道於後代者。此乃孔子之所以大奉
荅於天命者也。其所忠告邦君大夫。所
教誨門人小子。循循法言。譬之精金美
玉。鑽之彌堅。仰之彌高。實萬世之大訓。

孰其有不欽崇者哉。是以門人原思琴張之徒。痛惜其語之離散。後世無述之者。相與蒐輯。作論語二十篇。及孔子既沒。門人散乎四方。天下漸為戰國。百家之學競起。先王之道大荒焉。當是時。士之為學也。亡論訓詁與微言。以其所見為道。闊辯不經。公然滔天。及秦之時。挾書之律嚴。六經遂隱。而斯道戹窮焉。漢

魏以来。碩學大儒。世不乏其人。相競作
解於六經。其書之多。不啻汗牛充棟。各
以為左右逢其原。雖然。百家餘風。猶未
殄。六經之義。錯然紊。信矣。嗚呼。今之為
學也。吾其誰之適從乎。方今我
東方昌大融朗之化。天下優游乎寧平。
百姓歌九叙者。殆將二百年。當是時。休
徵竝臻。俊民之輩出。不讓中土。而有吾

靜齋先生者起於藝陽。實能出乎其類。拔乎其萃。鉤徵言於深。致訓詁於遠。仍其名。而辯其辭。辯其辭。而審其事。闡發六經幽旨。炳乎猶日星之繫乎天矣。予嘗事先生於京師。受六經論語之訓傳。先生之於學。始條理於六經。終條理於論語。譬猶先披蓁茅。浚大谿。導水於高山之巔也。其勢莫沛沛然而歸其瀆者焉。竊也自奉師敎。沈潛反復於此。而古言之難。惟恍惟惚。覈之訓詁。撥之微言。十易裘葛。述之訓傳。凡七卷。名曰論語象義。嗚呼。竊也忝浴手

昭代之恩澤。遺其固陋。釋聖人之言。自知僭踰不堪其任。雖然。其所折衷悉述

先師之意。不敢臆說矣。凡百君子。幸不責予不逮。有取於察邇言之義。則是其

區〻之心。所以聊事先師。而供吾天職也。

文化八年辛未夏六月庚申

東讚　三野元密謹序

論語象義

總論

吾聞諸靜齋先生曰、論者論道也、又論列之也、和其長短、列其次叙、以成其文理、此之謂論也、論道者、不敢損益於先王之道、活然行於當世之謂也、語者、言之成章、可誦以服膺者也、亦可以爲教戒也、亦可以詔後世也、故論語者、孔子論道之言、而學詩書禮樂、以成其德者、可誦以服膺、亦可以詔後世、使其皆知所自修治之方也、其不能自修治者、誦其一二語、以服膺之、則亦可以自教戒也、

一論者論道也者、古者先王之創業垂統也、有三道焉、一曰典、謂典禮制度也、二曰謨、謂修文德之方也、三曰論、謂制義應時也、夫先王既建典禮制度、修之以文德、以行之於其世、遂將成其後人、曰典禮制度一建、而不得變之、後世子孫雖非其人、循而守之、則不失天下國家、若有其人而有其志、則循其謨訓、以修其文德、而活用典禮制度、此所以作謨訓也、然循其謨訓之道、不可直用之、故立論

道之方、以詩書禮樂教之、論之而制義、制義而制事、故三公之職、以論道言之、故其詩書禮樂之教、所以成其論道也、故論語者、詩書禮樂之教、以成其論道之語、故云論語也、夫聖人之以論道立教者、不問其國之典禮制度何如、必循其國之故、以論我文德、而活用之、小人東西華面、徐更其典禮制度、又制其謨訓、則民不自知所以然、而我亦可以創業垂統、故聖人以論道爲教者、以畏天命也、畏聖人之言也、不犯上作亂也、故成湯之在夏代、亦論道而行也、然後成其典謨也、文王之在殷代、亦論道而行也、然後成其典謨也、孔子之於論語、亦此義也、故孔子之言、以論語稱之、以畏天命也、畏聖人之言也、不犯上作亂也、故君子之道易爲也、雖處九夷、而不問其國之典禮制度何如、必循其國之故、可以行我文德、可以活用其禮俗制度、故曰、君子居之、何陋之有、是故聖人之言德言也、德言者、可以行於我、可以行於人、可以處彼、可以處此、苟不能如此、則不足云德言也、苟不能至此、則不足云修聖人之道也、故稱論語者、亦德言也、古者天子有三公、諸侯有孤卿、以當此任矣、可爲天下國家、制義而從事、其六卿師尹奉其典禮制度、不敢損益、而獨得論道於其職中、故古之經紀國家者四焉、一曰詩書禮樂、其教術也、二曰禮樂彝倫、其教化也、三曰典禮制度、其政事也、四曰功役貨食、其事業也、三公孤卿論道、引之於謨訓、以和此四者、以此經紀邦家、以此燮理陰陽、故修詩書禮樂之教、以成論道之德、三公孤卿之任、惟此其人、亦可以爲六卿師尹、故論道之語、可以成仁知之君、可以成三公孤卿、可以成六卿師尹、此稱論語、亦德言也、故稱論語者、以明此成德之言、而皆有信驗、可以成人、此所謂君子自修而成人者也、又明修詩書禮樂之教、以成其德者、離於詩書禮樂、中立而不倚、其效如此、使後世學者必至此域而後止、此所謂中道而廢者也、亦成人之道也、有此數義、故曰、論者論道也、語者可誦以服膺者也、一周官曰、大師大傅大保、玆惟三公、論道經邦、燮理陰陽、論也者、和其長短、列其次敘、以成其文理也、云論道者、明在先王之道、未敢損益也、道也者、禮樂彝倫之教化、通之於典禮制度、合之於天神人鬼地祇、而爲見行於世也、經者、經紀之也、燮者、和順之也、理者、理導之也、凡云理者、皆以理導貨材言之也、易之繫辭說卦皆然也、陽者日之所照、而溫和之氣存焉者也、陰者日之所不照、而寒惡存焉者也、綜之晝夜亦陰陽之類也、故天道雖多、而不出於陰陽之中也、是天材之本也、天材以陰陽爲本、而地材人材亦以天材爲本、故擧陰陽以包三材也、晝夜風雨寒暑霜露、此之謂天材、是鬼神之所行、而萬物鳥獸之所成也、萬物鳥獸、此之謂地材、是此天材地材、取而裁用之、此之謂人材、所以成功役制事業也、而陰陽爲之本矣、易之彖繫所說者、皆此事也、夫冢宰司徒宗伯司馬司寇司空、柄持國家之典禮制度、而爲之政也、故周官曰、掌邦治邦教邦禮邦禁邦政邦土、凡以邦稱之者、以典禮制度言之也、是皆一建而不可變者也、三公獨得論其道以經紀邦國、活用其典禮制度也、夫先王之所以垂統創業有三道焉、一曰典、謂建禮樂制度、使後世循而守之、而不可變者也、二曰謨、謂後世君臣苟有其人、則使知活用典禮制度之方也、三曰論、謂典既不可變、謨亦不可直用、故論其謨以制義、義以制事也、故三公之職、以禮樂彝倫之教、論之於時宜、和之於典禮制度、然後信之於天命、明弼之於政刑、幽助之於鬼神祇、必爲活然見行於當世也、又功役事業貨食之制、和順之於天道陰陽、以理導之、裁用三材、明於鬼神祇之所成、歸之於天命、以引之於禮樂彝倫之教、於是使邦國之民皆知行禮樂彝倫之爲天命、功役事業貨食之爲天道、而不迷惑也、此所謂變而通之、使民不倦、神而化之、使民宜之也、民既皆知行禮樂彝倫之爲天命、功役事業貨食之爲天道、而不迷惑、則君人者、承上下神祇社稷宗廟、山川鬼神莫不寧、鳥獸魚鱉咸若、故其效能使生殺之候不迷錯、故曰、納於大麓、烈風雷雨不迷、大麓三公也、亦稱阿衡、衡平也、禮樂彝倫之教化、合之事業貨食之制、皆取平於此也、詩曰、尹氏大師、維周之氐、四方是維、天子是毗、使民不迷、是也、曰何以禮樂彝倫之教化、合之於鬼神祇也、曰周官三孤之職曰、貳公弘化、寅亮天地、此三孤貳公、而云弘化、寅戰愼也、亮助也、此云戰愼、則天地以鬼神言之、則公云道者、主禮樂彝倫言之也、又云寅亮天地、可從而知也、是戰愼鬼神、以教化言之也、亮助鬼神、以事業言之也、故三公之職然也、其以陰陽言之、何也、曰功役事業貨食之制、恐小人或用其機智、或以其聚斂、而變化先王之正刑故也、又欲明功役事業貨食之制、以天道爲之、則禮樂彝倫之教化、以天命爲之也、其在諸侯、置孤卿以論道弘化、以經邦家、變理陰陽、寅亮天地、以弼其君、故晉隨會貫宅陽子皆爲大傅、講求典禮、以定晉國之法、此諸侯孤卿其職當天子之三公、故禮書亦稱孤爲公、論語曰、出則事公卿、皆謂此職也、一仲尼修詩書禮樂、以大成其教、然後上自王公大人、下至士庶人、君子之道、無所不可修而自處者、是聖人之道、大成於仲尼也、蓋自堯舜以來、殷湯文武、教術雖備、大氐宜於時通、而不宜於處窮、詩書所載、其言雖周、苟非中智、則不能會其歸而制其義、以處其德、必誦仲尼之教、以應詩書禮樂、則能得會其歸成其德、而制其義也、又宜於時通、而宜於處窮、終不失君子之道、是聖人之道、大成於仲尼也、夫詩書禮樂、本也、大成於論語也、故曰、述而不作、述者、因其故而弘之也、曰然則堯舜禹湯文武周公之教、猶有所不足者乎、曰否、此即畏天命者也、聖人之道、以用賢為天命、以用賢之人、為天職、而堯舜禹湯文武周公、得其位、而制教之人也、若制賢人處窮之教、以詔後王、是使後王曰賢人雖無用之可也、故堯舜禹湯文武周公之教、無有賢人處窮之教者、畏天命故也、獨在仲尼不然、躬述堯舜禹湯文武周公之教、以處窮時、獨以其德為處窮之道、而不有所作者、亦畏天命故也、一論者論列之也者、以子貢子張子夏子游曾子琴張原思言之也、其義七焉、一則昔在堯舜昉文德之教、行之於斯民、而夏后乃作二典二謨、以大成堯舜禹文德之教、非以成己而已、所以成當世之人也、非以成當世之人而已、所以成後王仁者也、亦所以成後民也、及殷之時、以堯舜二典二謨、爲成湯之文德、作湯誓仲虺之誥湯誥、以大成成湯之文德、及周之時、復以堯舜二典二謨、爲文王之文德、而武王周公作泰誓牧誓武成洪範、以大成文王之文德也、何以不作成湯文王之典謨、曰成湯文王之文德、不與堯舜二典二謨異也、而成湯文王、論而用之而已、故不作成湯文王之典謨、使之與堯舜同其德也、所以尊成湯文王也、由是觀之、雖成湯文王述之也、非獨孔子不作也、及至孔子、修堯舜禹湯文武周公詩書禮樂之教、以爲仲尼之文德、而子貢子張子夏子游曾子琴張原思七子論列論語、以大成仲尼之文德也、夫君子繼人之志、述人之事、成人之美、君子之道也、非以成己而已、所以成當世之人也、非以成當世之人而已、所以成後王仁者也、亦所以成後民也、仁者己欲立而立人、己欲達而達人、皆古之道也、其二、則仲尼既修詩書禮樂、以成其德、於是子貢子張子夏子游曾子、皆上智之人也、以爲詩書禮樂之教、大而博而散、苟不得其門而入者、不得會其歸集以一之、以成其德也、故論列仲尼之語、以成論語、使夫後世學詩書禮樂之教者、以論語爲門而入而會其歸集以一之、以成其德也、此總舉論語言之也、其三、則使夫後世學詩書禮樂之教者、將成其德、則就此所論列仲尼語之中、觀其容貌、觀其所以學、觀其所以思、觀其所以言、觀其所以行、然後觀學詩書禮樂、以成其德者、其效如此、而若親受業於仲尼之門也、此以論列數章言之也、其四、則使夫後世學詩書禮樂、既成其德者、以仲尼之語爲主、而應變於詩書禮樂、宜於時通、宜於處窮、終不失君子之道也、此總舉仲尼之語言之也、其五、則使夫後世學詩書禮樂、既成其德、以處三公孤卿之任、者以此和長短、列次敘、聯數章、而成文理者、以為其軌範、論道應時、以經紀邦家、燮理陰陽、千轉萬變而不畔也、此以論列數章言之也、此五者所謂君子名之必可言也、言之必可行也、行之必可傳也、其六、則曰夫聖人之言、廣大深遠、鈞之一言也、賢者見其大者、不賢者見其小者、要不失於畏天命、不失於忠信、不失於德言、無有非教者、故其於孔子之言也、無敢損益者、夫無敢損益者、使夫賢者不賢者、各見其所見、以成其德也、亦惡以己推之於聖人也、所以尊聖人之言也、所以尊德言也、其無序者何也、夫序也者、序其所以言之意者也、以一局之者也、君子之言、所謂德言也、君子一言以為知、一言以為不知、君子於其言、無所苟而已矣、故君子之言、即所謂德言也、不可以一局者也、亦使夫賢者見其大者、而不賢者見其小者也、亦所以尊德言也、仲尼之言、已不可損益、而亦無序以道其由、則聖人之意、難可以見也、後世學士、其於聖人之言、不免有畔也、故論語將載仲尼斯語、則或取仲尼異時之語、或雜以衆弟子之語、和其長短、列其次敘、以成其文理、因寓之以衆弟子逆聖人之志者、使夫後世學士見由此以逆聖人之志、則庶幾其不畔也、然而未敢的然斥其義、必依傍而言之、惡以己推之於聖人也、亦所以尊聖人之言也、亦不待後世賢者以己也、亦待不賢者以教誨之道也、尊聖人之言、畏天命也、不待後世賢者以己、爲恭也、待不賢者、以教誨之道、忠信之至也、其七、則凡論語之書、論列數章、亦爲論語、論列一篇、亦爲論語、論列上論、亦爲論語、論列下論、亦爲論語、合上下二論、以論列之、亦爲論語也、其和其長短、列其次敘、以得其文理、而論列之、則子貢子張子夏子游曾子琴張原思七人、實合其心而爲之、曰何以論語之書、成於七人合心而爲之、答曰、論語之書、分而爲二、復合其二、以爲一、而終焉、上論始於學而、終於鄉黨、下論始於先進、終於微子、微子之篇、明君子之出處者也、夫君子學而成德、德成而入官、故出處者、君子之終也、故以此終之也、此所謂分而爲二者也、子張之篇、明傳仲尼之道者也、堯曰之篇、明仲尼所傳之道者也、以此二篇總結前十八篇也、此所謂復合其二以爲一者也、夫前十八篇與終之堯曰篇、子貢子張子夏子游曾子琴張原思之七人、相與論列之、其修飾文辭、則琴張原思實當其任、而子張一篇、琴張原思二人獨成之、然子張之篇、終不明說傳仲尼之道、而舉升堂入室之語、首之以子張、次子夏、次子游、次曾子、皆聯牽而言之、獨於子貢特舉之、是首於三子以子張、而包四子以子貢知仲尼者、又終之以仲尼生榮死哀、比德於堯舜、於是受之以堯曰篇、明說仲尼所傳之道者也、其意猶云仲尼所傳之道、即堯舜禹湯文武之道、而五子之所傳者、仲尼之道也、猶云堯舜禹之時、有皋陶、而稷契垂伯益夔龍附之、以成三聖之道、仲尼之徒、有若子貢、而子張子夏子游曾子附之、以成仲尼之道也、必舉五子升堂入室之語者、猶虞書先舉堯舜禹皋陶之德、而後舉其事與言也、以示其論列而傳之不畔、所以使人信之也、古之道也、學問之道、唯信爲能入之故也、孔子曰、信而好古、亦此之謂也、故舉堯曰之篇、所以使人信仲尼所傳之道也、舉鄉黨之篇、所以使人信仲尼之言也、此二者、七子所論列、而子張之篇、二子所以存意者也、曰是七子所相與論列之、則何以不皆名七子、而獨名原思琴張二子、答曰、此則孔門之諸子、所以卓越於衆家者也、子貢子張子夏子游曾子原思琴張、既已相與論列之、遂使原思琴張二子修飾其文辭、又悉舉其所論列之功、歸之於二子、二子遂成其志、以修飾文辭、故稱五子以字、而自述以名、是禮也、曰然則子張之篇獨舉五子、而不及二子何也、答曰、五子既舉其所論列之功、歸之於二子、二子亦不自處其功、而自述以名、又作子張之篇、其意則曰、凡所論列而傳仲尼之道於後世者、皆五子之功也、吾二人者皆所不能及也、而自述以名、則二子之修飾文辭、自可知也、是二子自處以禮、又讓其功於五子、而不自失其實、此仁

者成人而不失己之道、此即孔門之諸子、所以卓越於衆家也、

一論語稱呼於人之辭、其例有五焉、其一、則汎交於外人之道也、邦君於異邦之君、以國與謚言之、於魯邦之君、獨以謚言之、不以國擧之、內魯而外諸邦之辭也、述仲尼之志也、親父母之邦也、親父母之邦、厚之至也、此以論語爲魯論語也、以論語爲魯論語、使夫學者以仲尼之所內爲內、而觀仲尼之語也、故其有齊論語、雖自傳者言之、亦不知論語之言也、凡稱呼於人之辭、邦君於異邦君、以國與謚言之、於魯邦、獨以謚言之、不以國擧之、內外之辭也、其於卿大夫士者、正卿以謚與子言之、次卿以謚與字、衆大夫而下、汎以姓與字言之、仕於家叛者、與執技而仕者、皆以姓與名言之、此以禮從事也、正卿以謚與子者、謚以位與行者、子以孝德者也、凡稱人爲子者、皆從此來者也、正卿以謚與子者、季文子、孟懿子、甯武子、季康子、陳成子、孔文子、陳文子、季桓子、公叔文子、是也、次卿以謚與

字者、謚以位與行者也、字以年德者也、以字配謚、春秋傳所謂以字為謚者也、孟武伯臧文仲晏平仲臧武仲、叔孫武叔、是也、衆大夫而下、至於庶士、賤也、汎以姓與字言之、以別其人也、遽伯玉孟公綽、公明賈世叔、王孫賈裨諶、卞莊子桓魋、陽貨孟之反、季子然公伯寮、是也、仕於家者、不與公子齒、故其藪者雖在庶士、猶得不齒也、故貶而名之、公山弗擾佛肸、是也、執技而仕者、役於衆士者也、庶士與衆士齒者也、故得名、執技者、大師摯亞飯干、三飯繚四飯缺、鼓方叔播鼗武、少師陽擊磬襄之類、是也、是皆以禮自處者也、此汎愛衆而交之道也、凡有功德於官、而以官通者、必通官而稱之、君子樂稱人之善也、令尹子文行人子羽、葉公祝鮀、是也、其稱大夫僎者、君子成人之美也、其官之顯、而其人不聞、又忩其姓名、而猶舉其官者、恐沒人之善、而待著之者也、陳子敗大宰、是也、此皆用禮貴和者也、自此而上、汎交於外人之道也、其二、則凡以德稱者、或於古人、或於今人、其所號言者、必

以稱揚於世、而萬人所共知者、此與衆樂稱人之
善者也、亦所以尊其德而內之也、微子箕子、以爵
通者也、比干、以名通者也、管仲、有謚、而以字通者
也、伯夷叔齊、子產左丘明、以字通者也、柳下惠老
彭、以號謚通者也、虞仲夷逸、朱張少連、或以字通
者也、伯達伯适、仲突仲忽、叔夜叔夏、季隨季騧、皆
以字通者也、此在古人者也、其在後人者、儀封人
以微官、接輿以狂、長沮桀溺以名、其德可想、此所
以從其志成其人、而尊其德也、此亦用禮貴和也、
其三、則凡稱呼於仲尼者、六道也、其一、則去姓而
獨稱子者、內之辭也、其私尊無與二者也、以爲知
德而尊之之辭也、故對於衆弟子、必以子稱之、是
即知德而私淑、尊之無與二者也、於上論中、對於
魯卿大夫、皆去姓稱子、內而親之也、以進之於知
德之列也、葉公問政、是知尊孔子、故進之於知德
之列、而對之以子也、其二、則尊敬其適之辭也、凡
君臣相對者、皆具姓而稱之、哀公問孔子、齊景公
問孔子之類也、君前臣不得以德伸者也、於下論

中、對於魯卿大夫、皆具姓而稱之、尊內之卿大夫、而不以德伸也、上論親之、下論尊之、君子於內之卿大夫、盡其尊親也、是禮也、遽伯玉之使、稱孔子對之者、尊其主而客之也、同是對君也、孔子以姓與子稱之、有若宰我以姓與字稱之、以別師與朋友、是記者之禮也、其三、則外之之辭也、凡對外人、亦皆具姓而稱之、以明不同道也、上論中在季氏八佾稱孔子者、貶季氏而外之也、陽貨孺悲對之稱孔子者、罪二子而外之也、陳司敗葉公微生畝、以外人對之者、以不知孔子者也、其四、則異之於他人、而尊之之辭也、異之於他人、而尊之者、通姓與子稱之、則以姓與子稱之者、是獨立而不倚之辭也、於季氏篇、通以孔子稱之者、以此篇之語、此創於孔子、獨立而不倚、明此乃孔子也、微子篇、竝於微子箕子比干而異之、亦明此乃孔子也、又竝於接輿長沮桀溺荷蓧丈人而異之、亦明此乃孔子也、堯曰篇子張問政、竝於堯舜禹湯文武而異之、以此仲尼之德於此衆聖人也、子張問仁之事、以明孔子獨當此德也、自此而上、皆異於他人而尊之者也、其五、則以德相親尊之辭也、以德相親尊者、以夫子稱之、子游爲武城宰、夫子莞爾笑之、於子路行以告、夫子憮然也、其他儀封人之以夫子爲木鐸、子貢之問伯夷叔齊、而夫子不爲也、大宰夫子聖者、顏淵之夫子循循然、曾子之夫子一以貫之、子禽之夫子聞政、是皆以德相親尊之辭也、其六、則以衆人相尊之辭也、衆人相呼者、以姓與字稱之、其去姓稱字、內辭也、外人而用內辭、有尊之意也、其內人而施內辭於外人者、亦以衆人相尊也、禮之殺也、賢之等也、衛公孫朝曰、仲尼焉學、叔孫武叔毀仲尼、是也、其在內人者、子貢仲尼不可毀也、又曰、仲尼日月也、是對衆人者也、此數道皆禮之隆殺也、其四、則稱衆弟子者、不與前二例同也、此例有三義、一者用內辭、朋友相親之道也、二者用褒貶、朋友相切之道也、三者因俗之所尊稱之、以明君子與俗之異也、亦教誨之道也、此去姓稱字爲本例、何則仲尼稱子者、內辭也、故弟子去姓稱字、亦爲內辭、則是本例也、子貢子張、子夏子游、仲弓伯牛、子路子賤、子羔、是也、具通姓字而稱之者、非與本例異、但因其時之稱呼便也、故通姓字、雖非內辭、而猶若內辭也、顏淵閔子騫、曾晳冉有、公西華司馬牛、樊遲宰我、公冶長漆彫開、原思南容、琴張、是也、此朋友相親之道也、宰予之晝寢、冉求之自畫、皆以姓與名稱之、夫名之者、貶絕之、又外之也、所以忠告之也、冉求之聚斂、仲尼以爲非我徒、故不更貶之也、此三者、貶絕而外之例也、宰我之短喪、樊遲之學稼、子路之野、是其德量之所在也、故不貶絕而外之、夫君子自強不息之道、是當勉之者也、當勉而不勉、是不爲之者也、非不能者也、此貶而外之者也、德量之所在、非所貶之也、此而貶之、則是貶天下之人也、故君子不爲之、是朋友相切之道也、有子曾子二人、終始以姓配子稱之、閔子冉子、亦皆一稱之、夫以姓配子者、以姓與德通於天下者也、獨立而不倚之言也、冉子之請粟、以姓配子者、譏諷之言也、閔子在側、以其德貌稱之也、皆獨立而不倚之言也、有子曾子之二人、終始以姓配子者、時俗之所德而稱之、以姓與德、通於天下者也、有子以其貌似聖人、而時俗尊之、孟子所傳、雖近兒戲、而足以徵時俗之所尊也、已是時俗之所尊、故有如孟子所傳之訛也、曾子以其方正尊容、而時俗尊之、載記所傳、盡飾之道、亦足以徵時俗之所尊也、孟子數稱曾子、亦見化於時俗之所傳也、故有子曾子二人、終始以姓配子者、因用時俗之所德而稱也、因用時俗之所德而稱者、微意有二焉、其一、則使後世學者知容貌之觀、盡飾之道、亦不可廢也、何則以有子曾子之德、不過子張子游數子、而時俗之所尊、不在彼而在此也、其二、則使後世學者知君子之所尊有在焉、而不眩時俗之所尊也、時俗之所尊、君子不必尊之、而時俗之所不尊、君子有尊者在焉、則君子之所尊可見也、何則顏淵子貢於諸子中、獨拔其萃者也、閔子騫與焉、有子曾子與子張子羔子路子游子夏等倫也、而子張秀焉、然時俗之所尊、不在顏閔子貢及子張之輩、而獨在有子曾子也、仲尼所稱、獨在顏閔子貢、而子張及之、仲尼謂子貢曰、女與回也孰賢、曰柴也愚、參也魯、師也僻、由也喭、子曰、回也其庶乎、屢空、賜也不受命而貨殖焉、億則屢中、此論柴參師由回賜一時之言也、不以子曰冠柴參師由、而冠回賜者、以明仲尼之論回賜、不與柴參師由、而柴參師由雖有出入、大是等倫也、又於閔子騫則曰、言必有中、於子貢則曰、億則屢中、是閔子騫出子貢之右之言也、又子張之問仁與政、仲尼獨答以行於天下、此即子張亦出於數子者也、由是觀之、君子之所尊、時俗不必知、而時俗之所尊、君子不必眩之、此君子之所尊、必有在焉者也、故曰、因時俗之所尊稱之、以明君子與俗之異也、亦有教誨之道、是也、自此而上、皆朋友之道也、其五則胥附之人、以姓與字稱之、所以外而別之也、林放陳亢、棘子成孺悲、陳子禽之屬、是也、凡胥附之人、進之以字、退之以姓、子禽問夫子聞政、是尊德者也、故進之以字、處之於知德之列也、以比內之衆弟子也、至下以仲尼比子貢上、則不知德者也、故退之以姓、所以退而外之也、孺悲既是以姓字稱之、是胥附之常例也、退而外之、其義無所見、故稱孔子對之、所以退而外之也、其於葉公、亦有胥附之道、凡胥附之人、有尊德之意、故比之於他人、已親也、比之於朋友、已疏也、亦有尊德之意、是以進退之、則所以成其人也、忠信之至也、

三野元密謹識

總論終

論語象義卷之一

日本　東讚　三野元密伯愼　著

學而第一

論語之名其篇、猶詩之名其詩、俱不設名義、直取字於首章而已、若此篇、以學勸人、則當名勸學、而今不然者、若以勸學名之、則是以一局之者也、以一局之、則於聖人之言、有不盡者矣、凡聖人之言、其義深遠、舉一隅則必具三隅、故其學之也、譬之撞鐘、大叩大鳴、小叩小鳴、莫不各應、賢者不賢者所見之量、生其義矣、故每篇皆不設名義、是所以使夫賢者不賢者各見其所見、以取其義、以脩其學也、又所以避以己推諸聖人也、故此篇但名學而、貴無義者、所以尊信孔子語之極也、以下諸篇皆倣此、古者學而後入于官、學以爲

爲政之本、故以此篇置第一、次之以爲政篇、以下諸篇、次序之義、皆類于此、學者思諸、

子曰。學而時習之。不亦說乎。有朋自遠方來。不亦樂乎。人不知而不慍。不亦君子乎。

孔子獨去姓而單稱子者、內辭也、其尊無與二者也、子者、孝德之稱也、孔子躬已行子道、使天下人又行子道、使後世人又行子道、繼志述事之道、行於天下與後世、此乃其孝之大者也、孔子殊有此盛德、故門人去姓單稱子、極尊於其師、相共稱之、而非與他人共稱之者、故爲之內辭也、學者、謂學詩書禮樂也、時者、謂一而不措、至再至三也、習者、習復也、說猶兌說也之說也、謂有得之於心、釋然自慊也、學問之道、難易有二焉、一則學而習之也、此其易者也、一則學而思之也、此其難者也、故亦者、亦學而思之也、不亦乎者、贊嘆之辭也、言學而時習之、雖不若學而思之、習之一而不措、至再至

三、習復之久、亦有得之於心、釋然自慊焉、是其可贊嘆者、故曰、不亦說乎、朋者、同類也、來者、來聚也、有者、一有一無之義也、樂猶知者樂水之樂、謂進而不止也、亦者、亦上知之人學而思之、獨寐寤樂道者也、言有朋自遠方來、與朋共樂道、進而不止者、雖不若上知之人、學而思之、獨寐寤樂道者、而亦與朋共樂道、進而不止、則無異乎上知之樂道焉、是其可贊嘆者、故曰、不亦樂乎、人者、指士以上也、知者、徹知也、猶知德者鮮矣之知也、慍者、蘊也、謂其心蘊結也、君子者、居易俟命、人不知而不慍者也、亦者、亦上知之人學而思之、獨寐寤樂道、其躬行君子、居易俟命者也、言有朋自遠方來、與朋共樂道、進而不止者、雖不若上知之人學而思之、獨寐寤樂道、其躬行君子、居易俟命者、而亦與朋共樂道、進而不止、不慍人之不己知、則其行猶如君子居易俟命者、雖未爲君子、其行近乎君子焉、是其可贊嘆者、故曰、不亦君子乎、凡學問之道、以況見行於衆爲貴、故先擧易學之方、爲此篇首章、

亦勸學之義也、

有子曰。其爲人也孝弟。而好犯上者鮮矣。不好犯上。而好作亂者。未之有也。君子務本。本立而道生。孝弟也者。其爲仁之本與。

有子魯人也、名若、字子有、凡以姓配子者、以姓與德通天下者也、此書唯有子曾子二人、始終以姓配子、此時俗之所德而稱也、戴記所傳、盡飾之道、及孟子所傳、有若其貌似聖人、亦足以徵時俗之所尊矣、而記者從而稱之者、所以使學者知容貌之觀、盡飾之道、亦不可廢也、此章舉學而思之、以明比前章、則學之難者也、犯陵犯也、上謂諸在己上者也、鮮少也、矣決辭也、亂謂犯位盗之也、夫若有王者、必世而後仁、謂之周南召南之化也、當是時、天下之廣、人民之多、無有犯上作亂者、孝弟以成風、山川鬼神、亦莫不寧焉、有子以爲將爲仁於天下、在爲周南召南矣、於是擧孝弟者數人、列觀其爲人則孝弟而好犯上者鮮矣、不好犯上、而好作亂者、未之有也、然則均數仁之風、無若使天下之民爲孝弟之人、是有子始起思也、君子旣脩一德在位者也、本指孝弟出於一德者也、務事力也、道者己由之而行、使人又由之而行者也、謂五典五禮五服五刑之用也、又謂五典喪祭民事事業也、其與、皆疑辭也、謙而言之也、言有子又思之、其使天下之民爲孝弟之人、雖堯舜爲之、其猶病諸、雖然君子旣脩一德在位者、將爲仁於天下、則專力孝弟之教於宗廟學宮之間、宗廟之禮、所以教孝也、養老之禮、所以教弟也、此謂務本也、本旣立命之於卿大夫士、則五典五禮五服五刑之道、油然生焉、令之於萬民、則五教喪祭民事事業之道、油然生焉、然君子之臨于天下也、凜乎若朽索之馭六馬、視聽言動非禮樂則不行、而鼓舞之久、東西華面、不知不識與孝弟之風、無有犯上作亂者、

亦猶周南召南之世也、然則孝弟也者、其爲仁之本與、雖云爾、聖人之作事、不可以已推之、故有子設疑辭、謙其言也、

子曰、巧言令色、鮮矣仁、

此明學士非以剛毅木訥處其身、則其業終不成也、巧言、謂巧其言無情實也、令色、謂令美顔色無本質也、爲巧言者、必以令色行之、故曰巧言令色也、鮮少、矣決辭、曰鮮矣者、絕無之也、而曰鮮者、君子避所不見、緩其言也、鮮矣仁、猶云鮮矣乎仁也、言爲巧言令色者、外貌如實、內心爲虛而已、仁者之行不然、文質彬彬、內外相合而行、故曰巧言令色、鮮矣仁也、剛毅木訥之人、內外充實、雖非仁者、近乎仁者之行、故學士絕去巧言令色、處於剛毅木訥、則當期於成其德也、

曾子曰、吾日三省吾身、爲人謀而不忠乎、與朋友交

而不信乎。傳不習乎。

曾子魯武城人也、名參、字子輿、以姓與德通天下、
其義詳于有子章、今不贅于此、此章明學而脩行
也、吾者、己一人之辭、謂非施教於人、唯勤於己也、
三猶云屢也、省警省也、吾日三省吾身、先爲下文
舉綱也、謀者、議人事也、忠者、厚也周也、中心爲忠、
也、我設中於心、取之於心中、其發而行之也、無所
不周徧、其成也皆歸於厚、謂之忠也、凡接人之道、
恒以中爲規矩、應事以施其忠焉、人之謀于我、其
人若類吾父兄、則顧我厚于吾父兄如何、取中於
心中、以謀其事、其行之也、無所不周徧、而其成也
厚矣、然人情怠忠于人、故屢警之脩其行、如此、故
曰爲人謀而不忠乎、君子以文會友、以友輔仁、故
交者、相往來之謂也、信者驗也、言與行相副也、古
與今相副也、君子之道、以文會友、以友輔仁、相往
來而交會、故交會之際、言行相副、有驗於功實、則
得言行之信也、古今相副、有驗于功實、則得古今

之信也、於是得以成其己、又得以成其人、而人情懈於信、故屢警之、脩其行如此、故曰與朋友交而不信乎、習習復也、傳傳之於人也、學問之道、學而習復之、則釋然徹於己、既徹於己、傳之於人、則人亦釋然懌之、此脩己而成人之道也、若夫學而不習復、則范乎無得於己、又以傳之於人、則人亦范乎無懌之、此損己而損人也、故不爲之矣、且拂其道、以傳之於人、則害將從之、故學士之情、恒失于速成、故屢警之、脩其行如此、故曰傳不習乎、曾子恒忠以成人、信以成朋友、習復以成小子、皆脩己成人之道也、此乃學仁之行也、又忠以謀政事、信以發號令、爲政之道也、而習復以施教、則民亦釋然懌之、敷教之道也、此宜行於家、又宜行於朝廷者也、所以爲德言也、

子曰。道千乘之國。敬事而信。節用而愛人。使民以時。

此明始臣邦政、在專主節用也、古者天子稱萬乘、諸侯稱千乘、大夫稱百乘、皆語其富也、此古言也、

非必以數求之也、道者治也、謂除其蔽而通條理也、道千乘之國、言建國以來、風俗與時移、政事與人改、則凡百制度、鬱塞不通、上下奢靡、國家荏苒耗衰、則君子之匡之、譬之猶先壅邪徑、浚川谷、導水於山上、條理皆通、莫萬物不潤焉、此謂道千乘之國也、事謂政事也、政事皆天事也、故以敬行之也、虞書曰、天敘有典、勑我五典、五惇哉、天秩有禮、自我五禮、有庸哉、天命有德、五服五章哉、天討有罪、五刑五用哉、政事懋哉懋哉、此政事爲天事也、欽崇以奉之、方正以行之、則曰敬也、信有三焉、一則信於成事也、二則信於號令也、三則信於己也、此三者、以信己爲本、故未能信己、則不能成事之信、又不能成號令之信也、敬事而信、言政事皆天事也、欽崇以奉之、方正以行之、信於號令、信於成事、信於己、則莫不上下翕然奏其成功焉、此謂敬事而信也、用謂國用也、又謂士大夫之資用也、節謂度宜爲之限也、以德言言之、則當云愛人而節用也、今不然者、此章專主節用言之、故揭節用微言其義也、夫子所以希言利也、人指士以上也、於慨曰愛也、愛人仁之行也、節用而愛人、言今量國用、度宜爲之限、則士有不免于刑戮者、而上哀矜之、而宥其事、庶幾來日改其過、此以仁愛人者、一也、又更度士大夫之資用、爲之限、均家之有無、則士大夫皆知其分、致其富、庶幾爲上所用、供其天職、此以仁愛人者、二也、此謂節用而愛人也、民者國之本也、時者天時也、成民事者也、使民以時、言凡治國之本、先在使民務農、農之成、在使民敬天時、故上恒以敬天時、令於民、則民信上之所令、莫不四方俄然競于農桑、而上將有事於溝洫也、又將有事於宮室也、見營室方中、起其土功、則民莫不思令之有信、敬天時、竭其力焉、此謂使民以時也、

右五章爲一段、第一章、明爲學之易者也、第二章、明爲學之難者也、二章合明使學者仍其所好爲其學、則各竭其才、亦無餘蘊也、第三章、明士之處己、非去巧言令色、處剛毅木訥、則其學

與行終不成也、第四章、明學問之道、非徒爲學耳、非脩其行、則其學終無益也、第五章、明既爲學又脩行則其德終成、其德終成、則當以知國政也、

子曰。弟子入則孝。出則弟。謹而信。汎愛衆而親仁。行有餘力。則以學文。

此明脩行以成其學也、謹謹嚴也、又謹密也、以執事言之也、信信驗也、以言言之也、汎無彼此之辭、衆謂衆人也、仁謂賢而有仁行者也、餘力謂間暇也、文指詩書禮樂也、此文設轉換之辭成章也、猶云弟子入則孝、出則弟、入則弟、出則孝也、又猶云弟子入則孝、出則弟、行有餘力、則以學文也、而中間置謹而信、汎愛衆而親仁二句、備言行及接人之道也、言凡弟子之行、入則以孝事父母、出則以弟事長者、入則以弟事父兄、出則以孝事老者、出也入也、竭力於孝弟之道而已、而已從執事也、事

無小大、謹嚴謹密、無所略耳矣、已遜而出言也、必有信而由之耳矣、而汎接衆人也、無好無惡、蕩然愛之、而其所好而親者、賢而有仁行者而已、弟子竭力於是、行有餘力、則學詩書禮樂、以致先王之道物事爲、以期於成德、是聖人之教小子、肅肅雝雝、以有造也、

子夏曰。賢賢易色。事父母能竭其力。事君能致其身。與朋友交言而有信。雖曰未學。吾必謂之學矣。

子夏姓卜、名商、衞人也、凡仲尼去姓稱子者、爲內辭、故門人去姓稱字、亦爲內辭、是爲本例也、子貢子張、子夏子游、仲弓伯牛、子路子賤子羔、是也、其通姓字而稱之者、非與本例異、但因其時之稱呼便也、故通姓字、雖非內辭、而猶若內辭也、顏淵閔子騫、曾晳冉有、公西華司馬牛、樊遲宰我、公冶長漆彫開、原思南容琴張、是也、此明友相親之道也、後皆倣此、此章明先學脩其行也、上賢賢之也、下

賢謂賢者也、色猶吾未見好德如好色者之色也、易謂更易也、言學士欲學而脩德、先賢賢者、以好色之私情、易好賢之公情、則賢者怨其誠、莫知而不誨之者矣、此主學言之也、事仕也、夫禮教重而事輕、君父取重、臣子取輕、是禮也、故凡事君父、則皆曰事也、竭盡也、猶神大用則竭之竭也、勉而纔堪、則曰能也、言先賢賢者學道、內以父爲尊、己下執執其事、能竭其力、無所餘矣、外以君爲尊、己下執事、能致身於其職、無所私矣、此謂能行大倫也、交謂相往來輔仁也、信有信於行也、又有信於言也、與朋友交、言而有信、猶云與朋友交而有信、與朋友言而有信也、言朋友之道、相往來而脩行、有信於其行、相切瑳而學道、有信於其言、此謂學而進德也、曰者、有人曰未學也、吾者、不顧他之辭、必者、懸斷之辭、言學士既賢賢學之、能事父、能事君、又能盡朋友之道、而猶不爲足於心、曰未學、雖曰未學、是自爲恭也、吾必謂之學矣、

是子夏設此人、自問自答也、

子曰。君子不重則不威。學則不固。主忠信。無友不如己者。過則勿憚改。

此舉行事於朝廷、與勤學於家之二途、明使以尊重輕移二者、時時誦持、而脩之之道也、君子在位之稱也、重、尊重也、謂莊以臨之也、威、威嚴也、敬之所起也、言君子立宗廟朝廷之際、不莊以臨之則其容不威嚴、其容不威嚴、則無人所起敬矣、故宗廟朝廷之際、其所行、皆天命天事也、君子不可不持尊重有威嚴也、此君子持尊重一道也、固偏固也、堅執己不移也、主謂的主也、子以四教、文行忠信、君子進德脩業、忠信所以進德也、夫子以忠信爲的主教者如此也、下文四句用則字二、爲轉換之法、以生其義也、夫學士學則不固、納人之嘉言、益我之學、此素爲然矣、若我已所得、與人之所言、優劣不分、則列其二言、的主此忠信、以正其優劣、於是全其忠信者、我就而取之、以進其德、此其輕移者、一道也、無者、一有一無之義也、凡學士與朋友同志、相謀而共行之、其見不如己者、則無友之可也、損己之道也、若與朋友相謀共行之、其行與事、優劣不分、則的主忠信、以正其優劣、於是全其忠信者、我就而共之、以進其德、此其輕移者、二道也、勿者、教戒之辭也、憚謂忌難也、夫我之行與事、若見有過、則必勿以忌難引之、當疾改之也、若嘗所行之行事、與今所制之行事、善惡不分、則的主忠信、以正其善惡、於是全其忠信者、我取而行之、以脩其行、此其輕移者、三道也、此其輕移者三道、尊重者一道、君子時誦持、所以脩於家、行於朝者也、

曾子曰。愼終追遠。民德歸厚矣。

此明君子臨喪祭、皆處厚行之也、此文當云愼喪愼祭、而今云愼終追遠者、訓辭也、愼者、愼重也、愼密也、以行事言之也、追者、慕往時而起之也、如見之於此也、此文當云愼終追遠、則民德歸厚矣、今

不用則字者、以德言避其害也、若上不愼喪祭、則民德亦歸薄之故也、示其愼喪祭者、上下之常道也、言君子之爲政、政事當以厚行之、而喪祭二道、猶當以厚行之者也、故上若有喪、則喪人之終也、今親忽然死、此悲哀之所起也、於是每事以悲哀、愼重之、每事以悲哀、愼密之、以行喪禮、此厚之至也、又上有事於宗廟、則慕往時而起之、祭神如神在、以致其誠敬、則此神之所格也、厚之至也、於是上使四方之民觀之由之、則四方之民觀感上之所行、莫不其德歸厚矣、此君子在上、厚行喪祭之道、小人在下、厚行喪祭之道、猶有自然如此者、此所以用德言也、武成曰、重民五教、惟食喪祭、亦言此義也、

子禽問於子貢曰。夫子至於是邦也。必聞其政。求之與抑與之與。子貢曰。夫子溫良恭儉讓以得之。夫子

之求之也。其諸異乎人之求之與。
此明君子以德禮接於人也。子禽姓陳、陳人也、相
傳爲陳亢者非也。陳亢別人也、皆胥附之人也、凡
胥附之人、以姓與字稱之、所以外而別之也、林放
陳亢、棘子成、孺悲、葉公、陳子禽之屬是也。胥附之
人進之以字、退之以姓、子禽問夫子聞政、是尊德
者也、故進之以字、處之於知德之列、以比內之衆
弟子也、至以仲尼比子貢、則不知德者也、故退之
以姓、所以退而外之也、待胥附之道也。子貢名賜、
姓端木、衞人也、凡書問曰者、問之貯於心而已、非
爲脩德問之也、尊親其德、則稱之夫子也、是邦、猶
云是邦彼邦也、抑者、反語之辭也、溫主顏色、包容
貌也、其材不邪回、身處豈弟、則謂之良也。我欲尚
人謙、莊其容、欲得人之善、虛其心、則謂之恭也、凡
禮物不極其盛、備其制、則謂之儉也、讓有三焉、禮
教人之所重、使人先行之、我從而行之、事人之所
輕、我先執而爲之、其讓一也、若我有嘉謀、則先啓

其端、使人成其嘉謀、此讓之大也、其讓二也、又有禮讓之讓、用於常行、其讓三也、温良德容也、恭儉讓禮貌也、夫子以德容禮貌、爲聞政之基也、其者、懸期之辭、諸者、緩辭、其諸、緩懸期之決者、容所未見也、與者、謙而疑之辭也、夫子温良恭儉讓以得之、猶云夫子温良恭儉讓、以温良恭儉讓得之也、言夫子之接人也、以温良爲德容、以恭儉讓爲禮貌、見人之有德、則己下而尊之、見人之有禮、則己就而親之、己尊親人之德禮、則人亦尊親己之德禮、於是人無有他腸、各以其政聞諸夫子、此謂夫子温良恭儉讓、以温良恭儉讓、得聞其政也、

右五章爲一段、第一章、明先行學從之也、第二章、明先學行從之也、合二章、示其學與行互相成其德也、第四章、明其德既成、則宗廟朝廷之際、皆以厚處於事也、第五章、明以厚處於事、皆以德禮爲其基也、合二章、示君子在位爲政也、而中間置第三章、明其學與行、及爲其政、皆以

忠信為的主也、

子曰。父在觀其志。父沒觀其行。三年無改於父之道。可謂孝矣。

此明孔子述天子諸侯所行之道、使士大夫亦行其道也、古者天子諸侯諒陰三年不言、百官總己以聽冢宰三年、唯天子諸侯有此道、而士大夫無有此道、故孔子述之、使士大夫由此道也、觀比觀也、比觀衆事、知其所歸之要也、凡子之事父、父在則比觀父之顏色、知志之所在、不待其命、以義和禮、發事而行之、使父為好義好禮之人、此使父德益崇也、父沒則不能比觀其顏色、而知其志、故比觀父之恒所行、知其所歸之要、以義和禮制事行之、此雖父沒、三年無改於父之道、使父德益崇也、亦可謂孝矣、此諒陰三年之道、所以見行於士大夫也、有子曰。禮之用。和爲貴。先王之道。斯爲美。小大由之。有所不行。知和而和。不以禮節之。亦不可行也。

禮之用有二焉、一則猶國用財用之用也、謂於行禮爲用者也、尊禮之言也、一則謂用先王之禮於今日、爲我用之道也、此微言、有子之意也、和猶和羹之和也、加一味、調衆味也、謂合事以教、合事教以禮、以制其事也、先王之道、謂先王嘗合事以教、合事教以禮、以制其事、已由之而行、又使天下人由之行也、斯猶云斯以、指和之道也、美美觀也、謂禮以文之也、小小事、大大事也、度宜等其長短、則曰節也、此章以省文成其義、猶云禮之用、和爲貴、先王之道斯爲美、小大由之、小大由之、有所不行、有所不行、知和而和、知和而和、不以禮節之、亦不可行也、言凡禮之用有二焉、其於行禮爲其用者、雖多有之、特以和之道爲貴也、又君子在位、以其德用先王之禮、活用之於今日者、以和之道爲貴也、何則先王創業之時、合事以教、合事教、以禮以此和爲美觀、小大由之行之、後王繼先王之業、亦皆小大由之行之、然歷年之久、世變風移、則有所不行、有所不行、則觀時勢與人情、和合於事與教禮、損益行之、則亦可行也、然徒專勝時勢人情、不以禮節之、則反拂於人情、亦不可行也、故人情之勝禮者、擇而去之、時勢之勝禮者、抑而屈之、專主禮節之、則亦可以行也、

有子曰。信近於義。言可復也。恭近於禮。遠恥辱也。因不失其親。亦可宗也。

有物立於內、一定不渝、彼此相副、則謂之信也、所謂以臍下立者也、義者宜也、裁私情、引之於道、則謂之義也、近近似也、復踐言也、收其放心、下於人、莊嚴其容、則謂之恭也、己自慙、則曰恥也、自人羞我、則曰辱也、因親也、謂故舊之可親也、宗猶小宗大宗之宗也、此章明取人之道、及勸人之道也、以

取人言之、則猶云信近於義、言可復也、可宗也、恭近於禮、遠恥辱也、可宗也、因不失其親、亦可宗也、是以亦字生此義也、言有人于此、以信有立、而其所言、雖不中義之正、近似於義、則其言可踐而行也、是我尊之可宗也、又有人于此、以恭處己、其所行、雖不中禮之正、近似於禮、則我不爲自可恥之行、人亦無加辱之事、是我尊之可宗也、又有人于此、篤於其親、又不失故舊之可親、則雖不及信義恭禮之人、是我尊之亦可宗也、此三者、取人之道也、以勸人言之、則夫信以義立、則内所以執德也、恭以禮成、則外所以接人也、信義塞於内、恭禮充於外、則其言可復、又可遠恥辱焉、而猶尚進而不止、内篤於其親、外不失親於其因、則厚之至也、可謂内外彬彬者也、是勸人之道也、

子曰。君子食無求飽。居無求安。敏於事而愼於言。就有道而正焉。可謂好學也已。

此明在位君子學而脩事也、凡食求飽、居求安、此人之私情也、故私情之所起、掃之入於好學、故飽安二句、重而言之、深戒之也、猶云賢賢易色、謂每私情之起、以好學易之也、二句照下敏字、及好學一句、示篤於求道也、敏者疾也、速也、文審曰敏也、君子若得事於心、則不以苟偷舍之、速和禮教文之、審得其次敘、則謂之敏也、所謂敏則有功、是也、愼愼重也、又愼密也、有道謂凡士雖有爲者、未至德行之位者也、不求備於人、故以有道言之也、此文猶云君子食無求飽、居無求安、敏於事、而愼於言、就有道而正焉、又敏於事、而愼於言、發號出令、行之於國家、可謂好學也已也、言在位君子食求飽、則其漸遂甘酒嗜音、居求安、則其極遂峻宇彫牆、此乃世祿家之常情也、故在位君子、食無求飽、居無求安、每私情之起、掃之入於脩事、猶云賢賢易色、慮事恒如此、則其事乃格、其事乃格、則不以苟偷舍之、速以禮教文之、審得其次敘、則蓄之於心、愼密其言、下己之尊、禮有道之士、就而正其事、則有道之士、尊宗君子以禮就于己、竭己謀之、則事與禮教、調和得其宜、於是君子愼重之於心、愼密之於言、入告其君于內、出令之于朝曰、斯謀斯猷、惟我后之德也、其行如此、則可謂好學也已、此君子之能好學者也、夫好學其人甚希、夫子唯稱顏淵、而今以好學稱之者、此勸人之言也、故曰也已、用未盡之辭也、

子貢曰。貧而無諂。富而無驕。何如。子曰。可也。未若貧而樂。富而好禮者也。子貢曰。詩云。如切如磋。如琢如磨。其斯之謂與。子曰。賜也始可與言詩已矣。告諸往而知來者。

此明施教於士大夫、成萬民之風、又微言學宮所教之道也、凡以貧富言之者、以士大夫以上言之

也、別於庶民貴之也、佞悅爲諂、傲逸爲驕、可者、姑許之有所未盡之辭也、樂者、求斯道、進而不止、寐寤無餘念也、上曰可也、下曰者也、再結上、合二事爲一事、於文辭爲循環法也、微意所存也、詩衛風淇奧篇、如切如瑳者、言學也、如琢如磨者、言自脩也、子貢引此詩、取學官之教也、其者、懸期之辭也、與者、疑辭也、觀詩之道、先比觀數章、知其風之所存、既知其風之所存、而後知其風之所來、此觀詩之道也、往者、指貧而樂、富而好禮者也、來者、指如切如瑳、如琢如磨也、言子貢以爲今將匡國家、先施政行教、以政與教爲貴、德爲尚齒、舉善矜不能、以是爲教爲政、則庶士之未得祿位、而貧且賤者、其心咸有所向且貴、以富貴外視之、故其心無餒、其心無餒、則無以佞悅屈於人之風、又士大夫之既得祿位者、咸其心有所向且貴、以貧富外視之、故其心無自滿假、其心無自滿假、則無以傲逸高於人之風、既已庶士之貧賤者、無以佞悅屈於人之風、士大夫之富貴者、無以傲逸高於人之風、彼都人士、咸貴德尚齒、則成功之善者也、故問之於夫子、正其得失也、故曰貧而無諂、富而無驕、何如也、於是夫子斷子貢所撰曰、可也、可也有二義焉、一則子貢所問、姑許之、而有所未盡也、二則士大夫之風、至貧而無諂、富而無驕、則所移於萬民之風雖惡則不爲、未能有勸善之事、此有未爲足、故姑許之曰、可也、於是夫子以爲庶士之未得祿位、貧且賤者、無意於求祿位、唯德之爲貴、唯道之爲重、以間暇無事、復爲難得、求道脩德、進而不止、以爲其樂、又士大夫之既有祿位者、以其富用財於禮、以其貴制禮之節、逸樂燕游、如忘之、視聽言動、唯禮之好、則此上下好德禮之風、彬彬無間然者也、既已都人士之風如此、則所被於萬民之化、亦貴德重禮、富貴貧賤、如忘之、故日去舊染、進於道、勸於善、四方靡然成貧而無諂、富而無驕之風矣、此比比之於子貢之撰、則爲可踰而升、故子貢忽悟此風俗之所起、自上設學宮之教、使士大夫切瑳以講學、琢磨以脩身、以來、故引詩曰、如切如瑳、如琢如磨、其斯之謂與也、夫觀往而知來、觀詩之道也、子貢學已知觀詩之道、故承夫子之言、而有此問、故夫子許子貢曰、賜也、始可與言詩已矣、告諸往而知來者、夫觀詩之道、君子之所以生先見之明也、比觀此數章、知其所歸之要、以知其所來之本、故君子觀左而知右、觀右而知左、觀風而知政、所以有先見之明也、

子曰。不患人之不己知。患不知人也。

此明學士辨損益二途、而警其己也、患患難也、謂猶惡身之有疾病也、知徹知也、言以人之不己知爲患、則有二損焉、故不爲也、一則我已脩德、人知我德而用之、則我當有爲、而人不知我知此、則無用於學、於是自棄而不進其德、其損一也、二則我已脩德、人知我德而用之、則我當有爲、而人不知我而用之、則是我智之見縛於古道也、今則不然、於是變其操、諂諛阿從、無所不爲矣、其損二也、又

以不知人為患、則有三益焉、一則曰知人甚難矣、我有德而能知人之德、我無德何能知人之德、於是患己不知人、益脩其德、其益一也、二則患己不知人、益脩其德、則終為見知於人、當見用於世矣、其益二也、三則終為見知於人、當見用於世、則已能用人、可輔其政矣、其益三也、此之謂有二損三益也、

右六章為一段、前三章分為一列、第一章、明士大夫之行、皆以孝為極也、第二章、明凡孝之行以禮和事、美觀以行之也、第三章、明事父之道、不願難、或取信義、或取恭禮、或取因親、取適父志者、從而行之也、後三章分為一列、第四章、明在位君子、好學進德、以孝制事、發之於朝廷也、第五章、明在位君子、正事於有道、猶子貢之正事於夫子、又其政教之極、在設學宮之教、起禮樂之風也、第六章、明士之學於學宮、知三益二損、以進其德也、

以上三段、合爲一篇、始一段、備爲學之始終、以爲大綱也、次一段、擧少者之學與行、以爲其目也、次一段、擧長者之學與行、以爲其目也、而其末章、皆擧爲政之道、以明學之所向、唯在爲政也、

爲政第二

周官曰、學古入官、議事以制、政乃不迷、此古之制也、此篇論爲政之道、次之於學而篇者、從古之制也、子夏曰、仕而優則學、學而優則仕、子使漆彫開仕、對曰、吾斯之未能信、子說、皆謂此道也、

子曰。爲政以德。譬如北辰居其所。而衆星共之。

此明治民之政也、政者、正也、制令也、制令、謂制法禁令也、爲者、謂先以教博施於民、使民喩其

教、而後以其教、和合之於制法禁令、以其制法禁令、布之於萬民也、能左右之曰以也、德者、得也、他足曰德也、德者、君子之所以自感而後感人者也、此德既得於己、則生物之本也、施於人、則又使人生物之本也、故與之於人、則於己不費、於人則爲受大惠者也、故其詁曰他足也、爲政以德、主教言之、譬如北辰居其所、而衆星共之、包民職言之也、何則古者以星辰導民職、故分星辰而用之、所以示其義也、北辰譬執政之人也、取執政之帥民職、必以星辰教其時也、衆星、恒動東西、則取萬民亦恒動不定也、此用微言、避衒言也、何則治民之政、以洗心臨之、以德帥之故也、言治民之政、初先因其制度、通其條理、以其教敷萬民之上、萬民之聽與不聽、如無其心、以洗心臨之、庶幾萬民以此自得、再亦以之、三亦以之、則萬民終饜足此教矣、而其諭民職、以天時和合農事、以地候和合農事、使萬民自得饜足、亦猶始而止矣、於是更以制法禁令、和合其已所敷之教與民職、以分施之於民上、使其萬民自得饜足、亦猶如其始矣、此謂爲政以德也、然而萬民之無恒、不能不猶衆星之轉動東西不定、於是執政大夫見其如此、爲之不轉動、處己如磐石橫地軸、敷其教、施其政、毅然不動、則其萬民之移動東西不定者、終各居其所處、感服其政教、顯若化之、譬猶北辰之居其所、衆星旋繞而歸向之也、此謂敷德之驗也、

子曰。詩三百。一言以蔽之。曰思無邪。

此主明君子待民之道、包明鼓舞之道也、詩者詞也、志之曰詩也、謂上志所之、則民志所之也、蔽猶覆也、覆不出於外也、思無邪、見于魯頌駉詩、言凡詩者、民志所之也、故三百之詩、萬民三百人之志、而其中似有邪有慝者、猶不可防止、然而萬民之志、非有邪有慝、不可防止者、三百之詩中、以一言覆之、無出於此外、唯駉詩曰思無邪耳、然則萬民有邪有慝者、自上爲政之有邪有慝來者也、非萬

民有邪有慝、可得而知也、此陽論詩之義、陰明待民之道也、又言萬民三百人之私情、猶三百詩之私情、其御三百之私情也、非一一應之可御者、其私情在左則御之之道在于右、其私情在右則御之之道在于左、鼓之舞之、終引其私情、歸之於道焉、而其臨之也、以一言蔽、曰我立此謀猷也、非有邪有慝、立此謀猷也、一欲生民也、二亦欲生民也、於是四方之民、翕然懷好生之德矣、此謂以洗心臨民也、說卦傳曰、離也者、明也、萬物皆相見、南方之卦也、聖人南面而聽天下、嚮明而治、謂此道也、

此包明鼓舞之道也、

亦以微言言之者也、

子曰。道之以政。齊之以刑。民免而無恥。道之以德。齊之以禮。有恥且格。

此表舉治民之政、裏明治士大夫之政也、此用微言者也、道治也、通利其條理也、其義有二焉、一則

分部庶官政事、上下内外通其條條、使人民知之
由之也、一則分部庶官政事、和之以制法禁令、上
先由之而行之、使民人亦由之而行之也、齊者、等
也、截而等之也、刑者、謂五刑五罰也、民免而無恥、
有二義焉、一則民人能守法、則雖有免於刑戮、終
無有廉恥之心也、一則民人陽則能守法、免於刑
戮、陰則背法爲惡之心、未嘗止也、此微言也、道之
以政、齊之以刑、民免而無恥、言今將立政道其民
人、先分部庶官政事、上下内外數其條條、使民人
知之由之、而因已分部庶官政事者、又和之以制
法禁令、分數之於民人之上、上先由之而行之、使
民人又由之、而行之、如此者有年矣、而博觀民人
之上、則有由之而行之者、又有不由之而行之者、
於是上欲齊一之、以其不由之而行之者、爲敗法
制犯禁令者、威之以五刑、懲之以五罰、此謂齊之
以刑也、既爲之如此、則民人畏其五刑、懼其五罰、
而不犯其制法禁令、守之免於刑戮、然而民人以
爲、上之數政用刑也、徒從其所好耳、非敢愛我而

然、於是終無有廉恥之心、上下否隔而止矣、此謂民免而無恥也、此其正義也、又民人以爲上之數政用刑也、非敢愛我而然、徒從其所好而然耳、於是民人亦從己之所好、陽則能守法、而免於刑戮、陰則背法爲慝之心、未嘗止也、此以微言言之也、君子之所知也、德者、使民人自得之、又饜足之、教而行之者也、禮者、民人以己所自得且饜足之德、出其容貌而行之者也、其出之於容貌而行之也、有尊卑貴賤上下大小內外、而其行分焉者也、其用心也、以人爲可居其位之人、已乃以心與貌下於人、立人而待之者也、格者、至也、感而至于道也、道之以德、齊之以禮、有恥且格、言今將以德禮導其百官、教其萬民、先分部庶官政事、定其制法禁令、於是以庶官政事與制法禁令、分與之於百官、以行之於其政事、上又以其所由之道、明教之於百官、令曰惟此庶官政事、各和此制法禁令而行之、其所由之道、仁也義也、仁以生之成之、義以裁其私情、引之於公情、此令百官之道也、既令百官如此、然後敷教於萬民焉、一則教五典之道也、一則諭民職之道也、先教此二道、而使萬民自得之、饜足之也、於是又庶官政事、與制法禁令、明之於萬民之上、使萬民益知五典民職之不可不勸以爲、行焉、此謂道之以德也、爲之如此、則萬民皆以爲上之所爲則皆成我民也、忠信何如此厚也、萬民既如此、雖然、猶尚有未由之而行之者、於是上欲齊一之、以其善民之由之者、禮而待之、以其惡民之不由之者、不敢顯揚其惡而咎之曰、彼亦我民也、我民而何有逆此教者哉、彼不由此教者、實非有邪有慝、我未爲以容貌教之故也、於是上再以五典民職教之、以制法禁令示之、而以尊卑貴賤上下大小內外之禮、以容貌導之、則彼不由此教者、感上之不咎其己、又感其忠信之厚、皆翕然歸於其教、四方終至於齊一、此謂齊之以禮也、夫四方終至於齊一、然而猶尚有敗教犯禮之惡民、於是上以爲、我固不好刑殺、不欲威罰、數教再三、且以禮教之、而彼敗之犯之、是取罪於天也、我雖不好刑殺、不欲威罰、如天之刑之罰之何、於是上加之刑罰、則惡民以爲我自取罪於天也、四方聞之者、感於上之用刑罰、皆出於好生之德、各生廉恥之心、感感焉感而至于道焉、此謂有恥且格也、此文不顯曰用刑罰者、凡用刑罰治民、君子所忌憚也、故不顯曰刑罰、此畏天命故也、又顯揚刑罰而治民、則民不畏反生邪慝者也、故用微言不明言之也、凡士大夫不知政刑之道、又不知德禮之道、又苟免無有廉恥之心、則君子賤之、爲民德古之道也、故此章陽擧治民之政、陰用微言明治士大夫之政、此乃所以貴士大夫爲忌避也、

子曰。吾十有五而志于學。三十而立。四十而不惑。五十而知天命。六十而耳順。七十而從心所欲不踰矩。

此明先王建學制、使天下之士由此學制、爲之行之、則孔子亦同於衆士、由此學制、爲之行之也、故

依傍先王之禮制言之者、其條有五焉、一則謂設學制而育才也、二則謂用士有次第也、三則謂使爲政教之人也、四則謂爲政教有次第也、五則謂優尊老者之道也、且此文用字六、此衆士從制之辭也、于字亦從制之辭也、古之制、士大夫之子、自八歲入于瞽宗、誦詩讀書、學舞習絃歌、此欲及骨骼未堅固、使其心樂以爲其德行之地也、及十五歲、其骨骼漸堅固、其志氣亦已定、於是始志於先王之道、一向之不敢二其志、入于鄉序、又入于瞽宗、又入于大學、大脩詩書禮樂之教、又學周易春秋、衆士皆從禮制入于學宮、如此、孔子亦從其制、志于學、此君子在其世、不犯其制、古之道也、故曰、吾十有五而志于學也、立者、謂不倚於古、不倚於今、吾一古今、中立而不倚也、衆士已志於先王之道、入于鄉序、入于瞽宗、入于大學、大脩詩書禮樂之教、又脩周易春秋、獲之於古、徵之於今、活然可以行之矣、故其德之成也、不倚於古、不倚於今、脩化古今、中立而不倚、出可以就于官政、衆士皆由禮制脩學如此、孔子亦同於衆士、從其制也、故曰三十而立也、以上二句、謂設學制而育才也、此其一條也、以是爲非、以非爲是、迷其條理、則謂之惑也、衆士已其德之成也、不倚於古、不倚於今、脩化古今、中立而不倚、出以就于官政、則各以其德制述其官事、以其績歸之於官長、雖然就于官政之未久也、未能無以是爲非、以非爲是、迷其條理、故或執行官事、或出入于學官十年、優游饜飫、慮自發、謀自出、令之於屬官、無有惑者、於是四十而爲官長、衆士皆由學制、進官如此、孔子亦依傍禮制言之也、故曰四十而不惑也、以上二句、謂用士有次第也、此其條二也、士既進爲官長、雖發慮出謀、令之於其屬官、無有惑者、猶尚以其學不爲自足、復以官政之暇、往來學官數年、載色載笑、戒疾不殄、烈瑕不瑕、好生之德、洽于人心、則天更命之治兆民、故五十命爲大夫、爵亦隨之、始錫命服、聞國政、故曰五十而知天命也、衆士大夫皆由禮制、命爲大夫如此、孔子亦依傍禮制、以大氐言之也、孔子以非常大德、早已中立不惑、且知天命、其爲日也已久、故雖未至五十、徧歷天下、應其聘命、此已徹知天命、畏敬天職之故也、而今雖及五十、無有諸侯用孔子致命服者、於是孔子以爲天生德於予、而爵命終不至、此天無意使予行道於今日、有意使予傳道於將來也、於是徹知此天命、毅然不撓、退正詩書禮樂、贊易道、脩春秋、傳道於後代、故曰五十而知天命者、微言於孔子依傍先王禮制、有其身別知天命也、此一句、亦謂用士有次第也、又謂使爲政教之人也、此其條三也、順者逆之反也、人言逆我耳者、今反順我耳也、六十而耳順一句、此非以先王禮制言之者、直受上句、謂孔子自知天命、奉行之之驗也、又微言爲政教之有次第也、孔子既五十而知天命、無復意徧歷天下、退正詩書禮樂、以傳道於後世爲任、則當時天下之刑政、如不聞之者然、雖然、非常大德、有所過者化焉、則人情之不得止、聞政教之善否、不能無入其耳而逆於其心、然而此知非天命、奉其天命、終日乾乾、將以此道傳之於後世、則十年之久、人情之難制、終爲天命所化、雖聞政教善否、無有入其耳而逆於其心、猶風之吹萬物、過而無迹、故曰六十而耳順也、此以孔子言之也、此其正義也、又以微言明之者、起上一句、以承於此一句、又引下一句、以屬此一句、以成其義也、凡君子之行道於天下也、以上下貴賤皆有天命、徹識之於己、而後行道於天下者也、故天命之道、命之於民人、使之行之、譬猶水之就下沛然者也、然而及行之之半途、民人必以私情防之、訛言發焉、流言起焉、於是君子聞之、逆於其耳、疑天命之難信、若一二變其制令、則四方之政、俄然亂焉、故君子聞訛言流言之起、則此乃爲道之見行吉兆、毅然不動、處之猶如磐石之横地軸、愈堅固其志、莊以臨之、孝慈以愛之、舉善矜不能、則四方之民咸歸心焉、此乃天命勝之私情之障礙者、渙然散也、於是始之入於其耳逆於其心者、今皆得入於其耳、而順於其心、其數大氐不出於十年、而君子益信人道之爲天命、禮以臨之、樂以動之、則人民之所行且爲、不知不識、至於從心之所欲而不踰矩、於是君子之待之也、以寬恕慰之之曰、大德不踰閑、小德出入可也、責之不咎、則四方之民翕然向之、而上之維持風俗、愈益永久也、此謂爲政教之有次第也、此其條四也、矩者謂常法也、先王之禮制、七十而致仕、不與實客之事、杖於朝、乘於安車、從心之所欲、唯大德不踰閑、小德不咎出入、從其放縱耳、此謂考終命、天之所以降福於君子也、故曰七十而從心所欲、不踰矩也、此謂優尊老者之道也、此其條五也、以孔子言之、則依傍禮制、七十致仕、其行亦如此也已、

右四章爲一段、第一章、明以德與政、治民之道也、第三章、明以德禮刑政、治士大夫之道也、中間置第二章、明凡治士大夫萬民、皆以思無邪處己也、第四章、明凡爲政、先在擧賢、擧賢先在設學制造士也、

孟懿子問孝子曰。無違。樊遲御。子告之曰。孟孫問孝於我。我對曰。無違。樊遲曰。何謂也。子曰。生事之以禮死葬之以禮。祭之以禮。

此明孝有内外二道之別也、孟懿子魯正卿、仲孫何忌、懿謚也、凡謚之制、正卿特以謚配子、謚以位與行者、子以孝德者也、唯正卿以孝德者、示為民之標準也、正卿、孟懿子季文子、甯武子季康子、陳成子孔文子、季桓子公叔文子之類、是也、後皆倣此、樊遲名須、魯人也、御者、為孔子御車也、無違、謂内之孝也、侍父母左右、觀色知志、和禮行之也、稱孟孫者、表辭也、以家言之也、以忠語之、則曰告也、朋友相告之道也、我者、表顯之辭也、生與死與祭、皆觀其志、觀其行、以禮和之、此謂外之孝也、凡書問者、將脩之而問也、問孝問仁問政之類、是也、言孟懿子為魯正卿、問孝於孔子、將行之、孔子對曰、

無違此言孝子侍父母左右觀色知志和禮行之
內之孝也此孔子以爲孟懿子今爲正卿偶問孝
道先答之以內之孝則又當問外之孝於是先答
以內之孝然而懿子終不問外之孝少焉孔子退
出外門樊遲御車孔子以朋友忠告之道語之於
樊遲曰孟孫臨士大夫萬民之家也而問孝於我
我對曰孝子侍父母左右無違其志可也於是樊
遲以爲夫子爲吾師而今以朋友之道忠告於我
此難解一也又稱孟孫者以家言之外臨士大夫
萬民之言也我亦表辭也而其所答內之孝也此
其難解二也於是樊遲曰何謂也孔子遂發外之
孝曰孟孫之於孝也內之孝既盡前言矣外之孝
觀父之顏色而知其志和之以禮行之於士大夫
萬民之前則士大夫萬民咸曰孟孫氏之好禮也
此父之志也其父好禮我何不敬其人其外孝一
也又其父既沒也觀其行知其志終三年無改於
父之道和之以禮造之棺槨衣衾以節制之陳其
簠簋而哀慼之哭泣擗踊悲以葬之則士大夫萬

民咸曰、孟孫氏之好禮也、其父好禮、我何不敬其人、其外孝二也、又三年之喪已終、中月而禫、造之宗廟、以鬼享之、春秋祭祀、以時思之、則士大夫萬民咸曰、孟孫氏之好禮也、是皆父之志也、其父好禮、我何不敬其人、其外孝三也、於是樊遲始聞孝之有內外、又思朋友忠告之道、退告之於懿子、使懿子知孝之內外、則異日懿子進德、亦可期而已、

孟武伯問孝。子曰。父母唯其疾之憂。

此明事父母之本、在己先見信也、孟武伯魯大夫、仲孫彘、武謚也、凡謚之制、次卿以謚與字、謚以位與行、字以年德者也、以字配謚、春秋傳所謂、以字爲謚者也、孟武伯臧文仲、晏平仲臧武仲、叔孫武叔之類、是也、後皆倣此、孟武伯問孝將脩之、故書問孝也、憂憂苦也、此文反復讀之、始得正義矣、其義有二焉、言孝子之事父母、每事代父母之勞、父母之命、無以憂苦避之、悉竭其力而行之、唯於父

母有疾、不能已代其疾、夙夜鬱於心、爲憂苦而已、此一義也、孝子旣盡至誠如此、於是其父母以爲、此子恒代我之勞、每事竭其力而行之、我心休休焉、一無爲憂苦、唯恐此子率然有疾、不能如之何、此我心爲憂苦而已、此二義也、君子不如是則大孝不行、舜之號泣于旻天、夔夔齊慄、瞽亦允若、是無他、以至誠見信于父母故也、此章亦謂至誠也、

子游問孝。子曰。今之孝者。是謂能養。至犬馬。皆有能養。不敬何以別乎。

此明孝者五典之本、主敬而行之也、子游名偃、姓言、魯人也、今者、古之對、以薄言之也、貶之則曰者也、勉而纔堪、則曰能也、養、養給也、犬以守禦、馬以代勞、皆有養給之事焉、至者、自五品等言之也、欽崇以奉之、方正以行之、則曰敬也、主天命言之也、何者、有指之辭也、言子游嘗以爲凡一家之內、立

五品之等、養給其父母、則此乃孝也、於是既治其家、愈問孝、將脩其道、故書問孝也、夫子答曰、古之行孝也以厚、今之行孝也以薄、故今之孝者、是謂能養也、若夫以纔堪養給爲孝、則自嫡子母弟庶子臣妾、以至於犬馬、皆有纔堪養給之事、父子之道天倫也、若不敬天倫、則何以別於臣妾犬馬有養給之事乎、是故古之行孝也、愛以養其親、敬以尊天倫、厚之至也、此謂古之孝也、

子夏問孝。子曰。色難。有事弟子服其勞。有酒食先生饌。曾是以爲孝乎。

色難、謂比觀父之顏色之爲難也、所謂父在觀其志者、是也、先生謂父兄也、饌飲食也、曾猶乃也、層抑之辭也、言子夏既有事、則服身行之、以安父兄之勞、有酒食、則先薦諸先生、以罄其歡、是似於孝弟、故問以正之、將脩其行、故書問孝也、於是夫子答曰、孝之行、比觀父之顏色、以知其志、是爲難也、

比觀父之顏色、以知其志、和事以禮、已代其勞而行之、又以禮和酒食、薦諸先生、已下而隨之、此使其父與先生、爲好禮之人也、此謂色難也、今有事則弟子服其勞、有酒食則先生饌、雖猶孝、未足爲孝、曾是以爲孝乎、不足稱孝也、此夫子勵子夏、進一等也、

右四章爲一段、第一章、明孝有內外之別也、第二章、明先見信而後見任、爲行孝之本也、第三章、明孝出於天命、主敬而行之也、第四章、明凡行孝、取始於父之顏色也、

子曰。吾與回言終日。不違如愚。退而省其私。亦足以發。回也不愚。

此明大度之人不小察、包微言取人之道也、顏回字子淵、魯人也、終日、謂久也、不違、依之不離也、退、

顏淵退還也、私、與門人私語也、省察也、起往時省察也、言吾擧吾所欲、與回言之之久、回意與吾所

欲相依而不離、如愚者唯唯諾諾而已、而回退還之後、省察其往時與二三子私語者、其言亦足以發其所不言者、由是觀之、回之如愚者、非是愚、以大度之人符合其言、而不小察故也、此夫子說顏淵有大度、又聞一發十、而語之也、

又微言取人之道、以進退察之也、

子曰。視其所以。觀其所由。察其所安。人焉廋哉。人焉廋哉。

此明知人之道也、以之左右其己、以之左右其人、則謂之以也、視留心而見之也、所由、謂道術也、或先王之道、或善人之道、或刑名之道、或戎貊之道、是也、人焉廋哉、人焉廋哉、重言之者、德言也、自戒之也、國語曰、有秦客廋辭於朝、韋昭云、廋隱也、以隱伏譎詭之言也、焉安相通、言有人于此、施政能左右其事、吾將知其人、則先留目於其所左右之事、視而取之、或三事、或四事、比觀此衆事、以知其

所歸之要、則此所由之道、非先王之道、則必善人之道、非刑名之道、則必戎貊之道也、此知其所由也、於是又審察其人安己爲足之量、一定其器之大小、則其人雖欲以其器之大小、己獨知之、無使人知之、而人焉廋哉、人焉廋哉、必無有可廋之地矣、人既如此、則我乃警其所安、以愈脩先王之道、可以進其德矣、此所以用德言也、

子曰。温故而知新。可以爲師矣。

此明以材取人也、温、燖也、燖尋相通、左氏傳、哀公十二年、吳子使人請尋盟、魯使人對曰、今吾子必曰、尋盟、盟若可尋也、亦可寒也、乃不尋盟也、賈逵云、尋、温也、猶若温尋故食也、是温訓尋、自古相傳也、故新皆以事言之也、師以人師言之、又包大師少師也、言凡國家之事、皆有昔見行今爲故事者、温尋其爲故事者、猶如昔見行、使之活然可行、此乃斯人之德也、而又且以此所作之道、用知今日

新所為之事、制之亦使之活然可行於今日、是斯人之所作、有驗於功實也、若斯人脩道至此、則我可以為我師矣、又用諸國家、可以為大師當論道之任也、

子曰。君子不器。

此明君子之德量也、器者、適人之使用之名也、器各有品、譬之百官也、言君子者、長民之德、所以用器者也、其德不適目前之使用、及其使人也、器之、故曰、不器也、夫子曰、君子不可小知、而可大受也、又曰、吾少也賤、故多能鄙事、君子多乎哉、不多也、皆言君子不器也、

子貢問君子。子曰。先行其言。而後從之。

此明君子之名與行也、子貢既有得於君子之名、問而將脩己、故書問君子也、君子長於善者也、言謂其令也、從之、謂其言從己行之之後而發之也、言凡長於善者、躬行其善、而使人從之者也、故君

子躬先行其所令、而後令之於人、猶云從我所之而來、故人民俄然從之、是有長於善之名、而有長於善之實也、可謂君子也、又曰、古者言之不出也、恥躬之不逮也、亦語君子之言行也、

子曰。君子周而不比。小人比而不周。

此明君子小人行己之別也、凡君子小人相對稱之者、訓辭也、欲使學者擇其善惡而脩己、此訓人之道也、後皆倣此、周、周洽也、比、比黨也孔安國曰、忠信爲周、阿黨爲比、是也、言君子以忠信爲德、故及其與人爲事、周洽而盡己也、又以義爲尚、故無與人比黨而利己也、小人不以忠信爲德、又不以義爲尚、其心在營己耳、故小人見利、則比黨而利己、及其與人爲事、見以爲他人之事、故無周洽而盡己也、此君子小人行己之別也、

右六章爲一段、凡取人之道、察公私之言行、彼此相副、而後取之、故置第一章也、又將知人以

視觀察三者、究極之德、則直如見其肺肝然、故置第二章也、又有人于此、徹知故事新事、使之活然於今日、則舉可以爲大師、故置第三章也、以上三章爲一列、明取人之道也、又在位君子、貴大量、而不貴小察、故置第四章也、君子貴大量、而不貴小察、唯正其言行、可以爲善之長、故置第五章也、君子爲善之長、正其言行、其言行不出義與忠信、故置第六章也、以上三章爲一列、明在位之君子也、

子曰、學而不思則罔。思而不學則殆。

此明爲學之道、學思二者、不可廢也、罔者、猶隔靴搔癢也、謂不徹於己也、殆者、臨事而阻縮也、謂似得而未得也、言爲學之道、學古之道、不思諸今日、則猶隔靴搔癢、終無徹於己耳、故學古之道、思諸今日、則的然視諸掌上矣、又思事於今日、不學諸古、則臨事而阻縮耳、故思事於今日、學諸古、取徵

由之、則臨事而活然矣、故爲學之道、用學思二道、始徹於己而已、

子曰、攻乎異端、斯害也已。

此明爲學之道、各執一端、以致其道也、攻治也、猶攻金之工之攻也、謂用力鍛治也、異端、謂楊墨申韓之類、其他異端於先王之道者也、言先王立詩書禮樂之教、使人學以致治國家之道、學其道、則皆有端緒、而攻之以格其物、若舍之他求、則皆謂之異端也、學者若用力於異端而攻之、其所得者、斯害也已、其他無所得也、

此夫子教戒學者之言也、

子曰、由誨女知之乎、知之爲知之、不知爲不知、是知也。

此明爲學之道、有知之之方也、仲由字子路、又稱季路、卞人也、諄諄告之、則謂之誨也、女者、尊者呼

子弟之辭也、知者、徹知也、謂徹其事於己、而爲己有也、爲者、擇之之辭也、言夫子呼子路語之曰、由女當審記之、誨女攻此學事、徹之於己、以爲己有之方乎、凡學事、徹於己爲己有者、擇而爲此徹於己而爲己有者、以行之於己、其未徹於己而爲己有者、擇而爲此未徹於己而爲己有者、以求徹於己以爲己有、使其事物皆然、則其事物無不徹於己而爲己有者焉、是即徹之於己、而爲己有之方也、此二者相輔而進、

此謂知之之道也、

子張學干祿。子曰。多聞闕疑。愼言其餘。則寡尤。多見闕殆。愼行其餘。則寡悔。言寡尤。行寡悔。祿在其中矣。

此明學詩書禮樂之外、別以見聞學而脩己也、子張名師、姓顓孫、陳人也、干、犯也、求也、學猶學稼之

學也、謂學詩書禮樂之外、又別有學之也、多聞、謂古今賢者所言所行也、多見、謂今之賢者所行所爲也、疑、未信也、殆、未安也、尤、尤怪也、寡、少也、言、子張見世之士有脩其己、自我犯求祿、以將仕者、以爲凡士皆無恒產、則犯求祿、亦不可爲非義、故今問諸夫子、將學之、故曰子張學干祿也、於是夫子曰、凡士多聞古今之所行所爲、所著於政教號令者、擇取其信於事者、以脩之於己、闕其疑者、暫舍之、愼以其餘信於事者、發於言、則人以其言爲信然、寡有尤怪矣、又多見今之所行所爲、所著於禮教政者、擇取其信於事者、以脩之於己、闕其殆者、暫舍之、愼以其餘信於事者、發於行、則我行之之後、寡自悔矣、夫自人以我言寡尤怪、自我以吾行寡自悔、則其言行確乎可信者也、可見信於人、見信於人、則祿亦在其中矣、

右四章爲一段、凡爲學之道、以學思二道、致徹之於己、故先置第一章也、既雖以學思二道、致

徹之於己、非各仍其端緒、究其條條、則不能、故次之以第二章也、夫仍其端緒、究其條條、非以知之之道、格其事物、則不能、故次之以第三章也、夫學詩書、講禮樂、學之常道也、而常道之外、又別仍見聞、學而脩德、故次之以第四章也、

哀公問曰。何爲則民服。孔子對曰。舉直錯諸枉。則民服。舉枉錯諸直。則民不服。

此明舉人與作事二道也、哀公、魯君之謚、名蔣、定公之子也、凡直書問、則將問而行之脩之也、書問曰、則將但問之貯諸心、以待其用也、今哀公之意、問正道之外、作事民速服者、將直脩之行之、然則當直書問之例也、雖然、哀公所問、求正道之外、民速服者、其意似有詐術、若明君將行詐術、則此著君惡也、著君惡者、此非臣道、故書問曰、示哀公之意在將但問之貯諸心、以待其用也、是掩君惡、成

君美者、即臣之道也、故書哀公問曰也、子之於父、亦用此義也、學者思諸、凡君臣相對者、皆臣具其姓稱之、今對哀公以孔子、君臣之辭也、此君前臣不得以德伸故也、後皆倣此、舉直錯枉、舉枉錯直、比喩之言也、以積材言之也、哀公問於政有爲之事、而孔子舉比喩之言以對之、何則比喩之言、取義無方、可以博包政事故也、取之政事、則直謂直道也、枉謂枉曲而非先王之正也、取之於用人、則直謂材中用也、枉謂材不中用也、言作事之道、舉直事行之、以壓夫枉曲非先王之正者、則非獨使枉者爲直者所壓、而自直也、萬民亦俄然服之、用人之道、舉其材中用者、錯之於其材不中用之上、而帥之、則非獨使其材不中用者、各中其用也、萬民亦俄然服之也、又作事之道、舉枉事行之、以壓夫直道奉先王之正者、則非獨使直道奉先王之正者不服也、萬民亦俄然不服之、用人之道、舉其材不中用者、錯之於其材中用之上、而帥之、則非獨使其材中用者、不服而盡力也、萬民亦俄然不

服之也、此孔子所以皆以正道而對之、使哀公不貴詐術、轉惡而爲善也、

季康子問、使民敬忠以勸、如之何。子曰、臨之以莊則敬、孝慈則忠、舉善而教不能則勸。

此明以禮教帥民之道也、季康子魯正卿、季孫肥、康謚也、季康子爲政、將以敬忠成民俗、而問之、故直書問也、上論孔子對於魯正卿、皆去姓單稱子、內而親之也、下論皆具姓稱孔子、外而尊之也、親之者、進知德之列也、尊之者、不得以德伸也、孔子唯於魯正卿、以尊親而待之、是禮也、後皆傚此、敬忠、民致於上者、勸在民身上者、故曰以也、敬敬教事也、以文物而嚴明、謂之莊也、齊明盛服、非禮不動、謂之莊也、言上於郊社宗廟之事、以文物而嚴明、則民敬上之教也、於朝廷政事、齊明盛服、非禮不動、則民敬上之事也、上既躬行其孝、以慈使下、又教其民以孝慈、則民忠於其上、夫上行其禮樂

服其孝慈、以此教民人、於是有善其教者、則舉其人用之、使其人助己、教不能善其教者、則萬民勸上之教也、

或謂孔子曰。子奚不爲政。子曰。書云孝乎。惟孝友于兄弟。施於有政。是亦爲政。奚其爲爲政。

此明君子之求政、異乎人之求之也、凡不足知君子之道、以衆人待之者、皆謂之或也、夫子之求政也、異乎人之求之、或人不知之、故今有此問也、以孔子接之者、以外人待之也、下稱子曰者、雖或人不知孔子之志、惜孔子不見用於世、故以知德之列親之也、奚者、何之易辭也、子奚不爲政、猶云子奚不爲爲政、故下文曰奚其爲爲政也、書云孝乎、反言問之也、言子因或人所問答曰、子當讀書、書云孝乎、子當求之於心矣、已而遂曰、書云孝也、惟孝友于兄弟、施於有政、是亦爲政、吾所爲如此、奚

其爲爲政也、此夫子因或人所悟、而諭之也、亦成人之道也、而又不失内治其家、外治其國之要也、

子曰。人而無信。不知其可也。大車無輗。小車無軏。其何以行之哉。

此明事之大小、皆以信成其功也、在衆人中稱人、以立己者、謂之人也、又包士君子言之也、大車、牛車也、輗者、轅端横木、以縛軛者也、小車、駟馬車也、軏者、轅端上曲鉤衡者也、大車小車、喩大事小事也、有物立於内、一定不渝、彼此相副、則謂之信也、所謂以臍下立者也、易曰、風自火出家人、君子以言有物、而行有恒、是也、凡君子之信、以有物言、故以有無言之、不與信不信同、信不信、事也、有信無信、德也、學者思諸、言衆人中自稱人、以立己一人、而云有爲於事者、苟内無有自立之信、則此必無恒者也、今日雖有其可、而我不得確然許之以爲可也、何則今日之可、明日翻然以爲不可故也、車

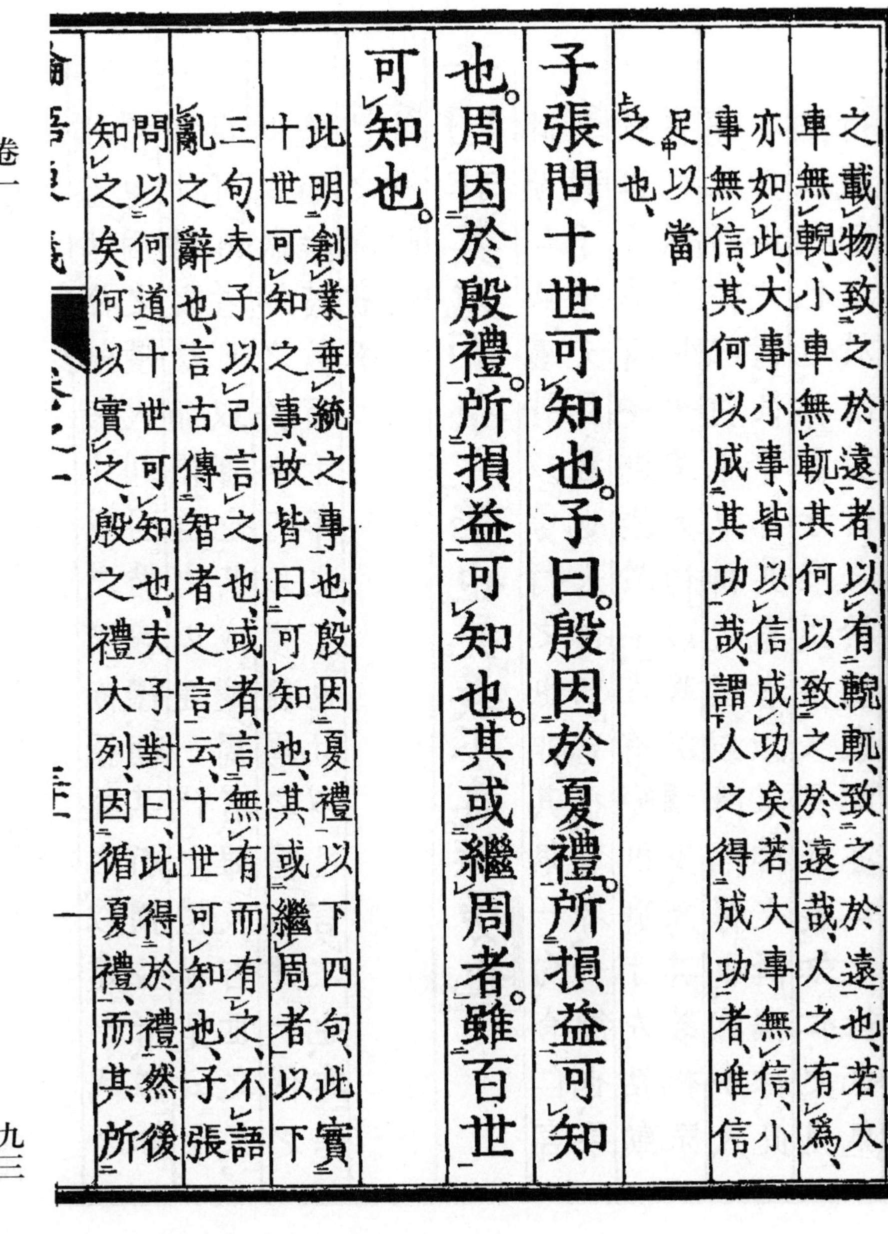

之載物、致之於遠者、以有輗軏、致之於遠也、若大車無輗、小車無軏、其何以致之於遠哉、人之有爲、亦如此、大事小事、皆以信成功矣、若大事無信、小事無信、其何以成其功哉、謂人之得成功者、唯信足以當之也、

子張問十世可知也。子曰。殷因於夏禮。所損益可知也。周因於殷禮。所損益可知也。其或繼周者。雖百世可知也。

此明創業垂統之事也、殷因夏禮以下四句、此實十世可知之事、故皆曰可知也、其或繼周者以下三句、夫子以己言之也、或者、言無有而有之、不語亂之辭也、言古傳智者之言云、十世可知也、子張問以何道十世可知也、夫子對曰、此得於禮、然後知之矣、何以實之、殷之禮大列、因循夏禮、而其所損益者、徹知殷十世之下、而損益之、以建一代之禮也、周之禮大列、因循殷禮、而其所損益者、徹知周十世之後、而損益之、以建一代之禮也、是云十世可知者、可以實也、其或繼周者、雖及百世之久、猶尚徹知之於今、可以損益周之禮、以建一代之禮、而維持數百千年之下也、此以己言之也、非信己之深者、不能及此也、

子曰。非其鬼而祭之諂也。見義不爲。無勇也。

此明仁與義皆以勇行之也、非其鬼一句、含仁言之、對于下文見義也、人神曰鬼也、勇者、一德也、果斷進之、右有變則應於右、左有變則應于左、活動在己、無所懼也、言先行政教於國家、薦其義祀宗廟、此乃仁之行也、鬼神之所以降福祿也、然今人不辨仁之行、徒祭非其鬼者、以求神之降福祿、此諂以利己也、非君子之道矣、又見此義、知仁之見行、裁制之於政教、行之於國家、此亦仁之行也、鬼

神之所以降福禄也、而今人雖見義之所在、不能裁制之於政教、行之於國家、逡巡措而不論、此怯弱而無勇者也、非君子之行矣、故君子之於國家、勇以處己、義以制之、仁以行之、於是鬼神以福禄錫之、小人則不然、怯弱以保其身、不知仁與義有爲于國家、徒求利己、善祭人之鬼神、雖善祭人之鬼神、鬼神不降福禄、所降唯災變而已、此文以微言行之、故其辭隱而不顯、此所以戒小人好利、而得災變也、

右六章爲一段、凡爲政之道、先以擇賢任之爲本、故置第一章也、凡爲政、以禮教二者爲主、以臨于其民、故次第二章也、治國先在治家、故次第三章也、以上三章、分爲一列、凡治國家大事小事、皆以信爲基、故更置第四章也、夫大事小事、以信爲基、而主據之者、禮樂制度而已、故次第五章也、夫禮樂制度之見行、唯在以仁義勇三者臨之、故次之置第六章也、以上三章、又爲

一列、

以上五段、合為一篇、凡為政、先知大經而行之、故置第一段也、以孝弟終始之、故置第二段也、以擇賢任官為本、故置第三段也、擇賢任官、其本在設學宮造士、故置第四段也、夫為政、先知大經而行之、其義如第一段、而又非知小緯出入之、則其政不成、故終之置第五段也、一篇總明為政之道也、

論語象義卷之一 終

論語象義卷之二

日本　東讃　三野元密伯愼　著

八佾第三

此篇總論禮樂之興廢也、古之制、學而後就于官政、小事大事、和於禮樂而行之、故次學而以爲政、次爲政以此篇、此所以合三篇爲一列也、此篇凡二十四章、齋夫子嘗作註解、其義精密深奥、猶如舉一隅反三隅、而傳寫所歷、間有難讀者、今不敢改之、仍舊文傳于此、讀者察諸、

孔子謂季氏八佾舞於庭。是可忍也。孰不可忍也。

此稱孔子者、尊八佾舞是天子之樂、故稱孔子也、旣云季氏、又云於庭、皆微之之辭也、又尊天子之

樂、而微季氏也、凡云謂者、皆私辭也、其如謂韶武、謂公冶長南容之類、是也、其云謂曰者、私而公之之辭也、如子謂仲弓曰、子謂顏淵曰之類、是也、此云謂而用私辭者、禮居此邦、不譏其大夫、今孔子有譏於季氏、故用私辭、示其義也、是者、斥八佾舞也、孰者、誰何之甚辭也、言八佾舞者、天子之廟樂也、故孔子私謂季氏八佾舞於私廟之庭云、天子之廟樂、是且爲可忍而僭之也、公侯人君之禮、孰不爲可忍而僭之也、謂忍於其君、以爲已、則無所不僭也、而云孰者、亦不語亂也、此譏之以禮、又不語亂、欲季氏之聞之改其過也、八佾、舞列也、天子用八人、諸侯用六人、大夫用四人、士用二人、春秋經曰、考仲子之宮、初獻六羽、羽者、舞者之所執也、旣云六羽、是六人所執羽也、故左氏傳謂之羽數、也、又曰、六羽、六佾也、然則天子諸侯大夫士用八人以下、可知也、舞者、聖人寓德容者也、後世註左氏者、以八八六十四人、六八四十八人爲說、若數十人執羽舞之、則雜然亂列、德容終不可觀、非聖

人所以制舞之意矣、學者察諸、

三家者以雍徹。子曰。相維辟公。天子穆穆。奚取於三家之堂。

三家、斥季孫孟孫叔孫也、者者、徹之之辭也、奚者、何之易辭也、非咎之辭、自疑之辭也、雍者、天子宗廟之徹歌也、詩見于周頌、此夫子非譏三家、詩有斷章取義、假問於三家而求益也、故不用私辭、書子曰也、言三家者歌雍詩、以徹其家廟時祭之饌、於是子曰、雍詩曰、相維辟公、天子穆穆、此於三家之堂、奚所取之也、我未喩之、然而三家必當有所取之也、此以己為未喩之、而以三家為當有所取之也、亦禮居此邦、不識其大夫故也、然味夫子之言、有雍詩美大、而以三家之堂為陋小之意、故上文云者以徹之、以示其識意也、凡歌者在堂上、舞者在中庭、故上章云於庭、而此云堂也、子曰。人而不仁。如禮何。人而不仁。如樂何。

仁之爲德、己之有也、猶云仁則己、己則仁也、智亦然、故云不仁不智、而不云無仁無智、是以己德言之也、其云無仁無智者、以無仁人智者言之也、不與不仁不智同也、言先王以仁作禮樂詩書之教、使人脩此禮樂詩書、以成其仁、既成其仁、則以此仁制政事人事行之、然後行先王之禮樂、則活用其禮樂、以致其大用也、禮者、將人行者也、樂者、將人情者也、故人己處仁、以禮將其行、又以將人行、則人行可得而將也、人己處仁、以樂將其情、又以將人情、則人情可得而將也、若其人己處不仁、而以禮將其行、又以將人行則終不能將其行、又不能將人行也、己處不仁、而以樂將其情、又以將人情、則終不能將其情、又不能將人情也、不云人而不仁、如禮樂何、而必云人而不仁、如禮何、人而不仁、如樂何者、以禮樂各異其用故也、林放問禮之本。子曰。大哉問。禮與其奢也寧儉。喪與其易也寧戚。

林放魯人、於孔子、胥附之人也、胥附之人、以姓與字稱之、所以異於門人外之也、林放見世俗之人、妄以禮為美觀、徒侈其用、以為是禮之末弊、不可長行也、先王制禮之本、當不在此、故問之也、夫知禮之本、則可行、可繼、可敬可哀、故曰、大哉問也、士之所行之禮三焉、一曰、吉禮、冠昏相見鄉射飲酒之類也、二曰、祭禮、三曰、喪禮、其祭禮屬吉禮、故此章禮與喪對說也、禮者吉禮、而祭禮在其中也、喪者喪禮也、禮與其奢寧儉、言禮財之用也、喪與其易也寧戚、言禮之行也、此文猶云禮與其奢也寧儉、與其易也寧難、喪與其奢也寧儉、與其易也寧戚、互其文相省也、易猶治也、難之反也、戚艱慼也、又以哀戚行事艱慼也、故以戚言之也、凡為已行之脩之而問之、則云某問某、如問孝問仁、及此問禮之本之類、是也、故孔子亦以行禮對之也、言夫子對林放之問曰、知禮之本、則可行可繼、可敬可哀、大哉問也、汝勉行之、禮於其用財、其儉與奢俱用之也、寧捨奢而取儉、儉猶近節、節者、繼之本也、於其行之、其易與難俱行之也、寧捨易而取難、難猶近敬、敬者、難之本也、喪於其用財、其儉與奢俱用之也、寧捨奢而取儉、儉猶近節、節者、繼之本也、於其行之、其戚與易俱行之也、寧捨易而取戚、戚猶近哀、哀者、喪之本也、此先王制禮之本、在可行也、在可繼也、在可敬也、在可哀也、

子曰。夷狄之有君。不如諸夏之亡也。

夷狄、陋小之名也、諸夏、中國也、中國禮樂之國、故稱夏也、夏大也、對夷狄之陋小、故曰夏也、亡、存之反也、此章明先王制禮之本、在尊其君也、言諸夏之所以爲諸夏者、在禮樂以尊其君也、今其君雖存在、而視之猶亡、恣僭其禮、此不知制作禮樂之本、而自陷不義、故曰、夷狄之有君、雖其國無禮樂、

猶知尊其君、則不如諸夏有禮樂之國、其君雖存在、而視之猶亡也、謂不義之甚、不知禮樂之本也、

季氏旅於泰山。子謂冉有曰。女弗能救與。對曰。不能。子曰。嗚呼。曾謂泰山不如林放乎。

旅者、陳也、祭山曰旅、禹貢曰、蔡蒙旅平、是也、泰山者、魯之望也、凡謂己之私意、非公之於人人、則云謂某曰也、弗者、不聲之不平也、不者、平辭也、曾猶乃也、層抑之辭也、此時季氏將旅未旅、冉有來告孔子、林放在坐、先問禮之本、而冉有與聞之、既而林放去、冉有因告孔子、以季氏將旅於泰山、故稱林放以進冉有、而季氏亦不聽、遂旅於泰山、故云季氏旅於泰山、以成其終始也、孔子非仕季氏、亦非季氏所問、故孔子以私意告冉有曰、此非輕事、汝弗能救其陷不義與、不平其聲、所以勵冉有救之也、而冉有作平辭對曰、不能也、作平辭對曰不、能者、不用力於救之也、於是孔子勵進冉有曰、嗚

呼可憐哉、陷不義、且陷不智也、汝既爲季氏宰、於季氏之失禮、汝之失禮也、而汝爲此言、汝心曾謂泰山之明神、不如林放輩、而享彼俻僭之禮乎、當爲此事、若謂泰山纔如林放、則林放已譏俻僭之禮、泰山之明神、不享可知也、不當爲此事、若爲此事、一則慢其明神、而不享於明神也、二則陷不義之僭禮、以犯其上也、三則己與季氏俱爲不智也、四則使季氏不得有爲於國也、五則使己不得有爲於季氏也、嗚呼可憐哉、夫名不正則言不順、言不順、則事不成、事不成、則禮樂不興、此孔子之言、使冉有忠於季氏、使季氏不犯其上、又己處不譏其大夫之禮、又其言足以興禮樂、是一語也、而有此四德、所以爲聖人之言也、

右六章爲一段、先王制作禮樂、審尊卑貴賤上下內外之別、使人由之而行之、所以置第一章第二章也、雖審尊卑貴賤上下內外之別、使人由之而行之、非君子脩仁而將禮樂、則不能、所

以置第三章也、又先王制禮、其本在可行可繼可敬可哀、所以置第四章也、又先王制禮、以尊君父爲本、所以置第五章也、而禮之本原出於天、則明神皆知其本焉、所以置第六章也、一段總明禮樂之本也、

子曰。君子無所爭。必也射乎。揖讓而升下而飲。其爭也君子。

凡脩禮樂、以成其德、而及其行之、又文之以禮樂、君子之道也、君子無所爭、謂於政事人事也、揖讓而升下而飲、其爭也君子、謂行其禮也、射之爭、謂下以勝負飲酒也、言君子之於政事、又於人事、終無所爭也、然必求其所爭也、其唯射乎、除此之外、無有所爭也、文之以揖讓、以歸之於無所爭、則其爭亦即君子也、夫君子以無所爭、以行其政事人事而處其己、於是又行其禮樂、以教其揖讓、因將之

以其仁、則使民俗化之、無所爭訟、由此道也、故曰、能以禮讓爲國乎、何有、不能以禮讓爲國、如禮何、又曰、爲國以禮、其言不讓、是故哂之、又曰、聽訟吾猶人也、必也使無訟乎、皆謂此道也、

子夏問曰。巧笑倩兮。美目盼兮。素以爲絢兮。何謂也。子曰。繪事後素。曰禮後乎。子曰。起予者商也。始可與言詩已矣。

好口輔、謂之倩也、白黑分、謂之盼也、絢、絢爛也、詩言婦人質有巧笑之倩、美目之盼、而紅粉以爲粧、則其美愈益可觀、猶如繪事先布丹青、然後以素分界其間、則其文章愈益絢爛可觀也、子夏誦此詩、既思而有得矣、但素以爲絢之義、未的審之、故先問此義、而後將以質其所得、故曰、何謂也、考工記曰、凡畫繢之事、後素功、謂繪事所以絢爛、素爲之也、故夫子對子夏所問曰、繪事後素也、子夏既

得其所問不違己之所見、故遂質其所得曰、政事後禮、猶繪事後素乎、何謂後禮、曰以君子之行事言之、則因人情之美、成之以忠恕、猶如巧笑之倩、使其各得其條理、猶如美目之盼、而後以禮節制其行也、以制政事言之、則取人情之美、成之以忠恕、猶如巧笑之倩、使其各得其條理、猶如美目之盼、然後以禮節制其行也、以興禮樂言之、則取人情之美、成之以忠恕、猶如巧笑之倩、使其各得其條理、猶如美目之盼、然後以禮節制其行也、凡諸政事皆如此、然後興禮樂也、故子夏之所問、以爲仁與爲政言之也、夫子將言繪事後素、政事後禮、而未得其言、而子夏能言之、以起發夫子之意、故曰、起予者商也、聖人之道、以詩爲爲仁之田、爲爲政之田、爲仁者、因人情、以制其行、爲政者、因人情、以制其事、故以詩起予於其行、起予於其事、子夏之言、於詩得此數者、故曰、始可與言詩已矣、

子曰。夏禮吾能言之。杞不足徵也。殷禮吾能言之。宋

不足徵也。文獻不足故也。足則吾能徵之矣。

能者、纔堪之辭也、杞宋不足徵者、言其國家漸衰而文獻俱無可徵也、禮謂常禮也、常禮如冠昏相見鄉射飲酒聘食饗燕喪祭之類是也、文謂典禮也、典禮制度之禮也、獻者、以德行其典禮常禮、而詩書皆然、能言之者、謙辭也、凡禮言之易、行之難、用之之人也、與賢小異、賢以德言之、獻以文言之、故以能言之而謙也、凡禮以此徵彼易、我為此徵難、故以言之而謙也、言夏之常禮、吾纔堪言之、將言之、而行夏禮之杞、漸已衰小、不足以為徵也、殷之常禮、吾纔堪言之、則將言之、而行殷禮之宋、漸已衰小、不足以為徵也、夫杞宋之漸已衰小、不足以為徵者、其典禮漸微而不足、又行典禮常禮之人、亦微而德不足、故杞宋漸既至此衰小也、若典禮獻人俱足、則杞宋猶隆盛也、杞宋隆盛、則吾能言其常禮、以徵之於其典禮與獻人之所行用也、此章夫子明行禮之道也、其意言行禮之道、典禮

以動爲用、常禮以靜爲用、而典禮與常禮、其道則
犬牙相錯、常禮可以活典禮、典禮可以活常禮、譬
如經緯兩者、不可相離者也、二者雖備、苟非獻人
以德而行之、則不能爲其徵、無徵、則人民不信之、
人民不信之、則禮樂不興、故行禮樂之道、必備此
三者、而後可得而興起禮樂也、其意又言、國家之
所以隆盛者、以隆盛其典禮與常禮故也、典禮常
禮、既已隆盛、則獻人與之、獻人與之、則國家隨而
隆盛也、其意又言、君子行禮之道、其言不可無徵、
言無徵、則事不成、事不成、則禮樂不興也、此三者、
皆語行禮之道也、聖人之
言、深矣遠矣、不可不察也、

子曰。禘自既灌而往者。吾不欲觀之矣。或問禘之說。
子曰。不知也。知其說者之於天下也。其如示諸斯乎。
指其掌。

禘者三年大祭之名也、天子諸侯皆有焉、其祭之本明天命、而信之者也、天子祭上帝於祖廟、以太祖配之、而群昭群穆以次祭之、其祭之義、天子以天下爲家也、諸侯以一國爲家也、五典五禮五服、行之於天下與一國、行政事以仁、制事業以義、皆謂之天命也、行此天命、以天道天時天行天變、而三年一成、以歸之於上帝、所以明天命也、故禘也者、以上帝爲鬼神祭之、故曰禘也、禘也者審諦昭穆也、故天子之禘、取以上帝爲鬼神祭之、而審諦其昭穆以明天命而行之也、諸侯之禘、取審諦其昭穆、以明承上帝天命而行之也、故天子諸侯、皆有禘祭以明天命也、諸侯唯魯以周公之故、禘祀上帝於大廟、以周公配之、是以周公爲聖人之禮也、禮聖人代天言之、代天作之、故聖人獨得配上帝而祭之也、魯之禘禮、自既灌而往、與聖人制禮之本志相失者多、然處其國不敢議其禮樂、故曰、吾不欲觀之矣、亦古之禮也、先王制作天地宗廟之禮、使人民皆得觀之、故易曰、大觀在上、下觀而化之、是也、故觀亦禮之用也、孔子既說禘灌之後不欲觀之、而或人在坐、因問禘之說也、說者、意謂也、示者、觀示也、指示也、不知者、禮之於民之用也、故曰、民可使由之、不可使知之也、知而不知者、君子以禮蒞衆用晦也、故易曰、君子以蒞衆用晦而明也、或人問禘之說、孔子對曰、觀其禮則不欲之矣、於其說則不知也、然而其禮至大、能知其說、而堪行者之於天下也、其視天下之了然、猶如置物於掌上而觀示之、故欲知禘之說者、非致其德則不能、知其說者、是欲使或人勉致其德、以自知其說也、然而既勉致其德、以自知其說、亦不出於其於天下、使其了然如置之於掌上、而指示之也、此即禘之說也、天子諸侯既行五典五禮五服以仁、行政事以仁、制事業以義、皆謂之天命、既奉行此天命、將之以天道天時天行天變、而感動天下國家之人心、於是行其禘祀、降上帝於下土、以就夫命事、則天下國家之人人、悉皆了然的知天子諸侯之所行、皆是天命也、猶如置物於掌上、而示指之、夫聖人之言、深矣遠矣、云觀其禮、則不欲之矣、於其說、則不知也、而使或人思而得之、則或人自知禮之於民、其用在使之不知不識、觀而感之、感而化之也、云知其說者之於天下也、其如示諸斯乎、則或人思而得之、乃知知而不知者、是君子行禮之大用也、故易曰、君子以蒞衆用晦而明也、又云非有其德、不能知禘之說、則使或人勉致其德以自知其說、是一言以成或人之德也、故使或人能思而得之、則知禮之觀也、知民之不知也、知君子之知而不知也、知禘之說、知行禘祀之所本也、

祭如在。祭神如神在。子曰。吾不與祭。如不祭。

吾者、內之之辭也、祭如在者、古經之言也、專說制作祭禮之意也、祭神如神在者、蒐輯者、釋經之言也、而專說行祭禮之意也、神謂外神祇也、吾不與祭、如不祭者、孔子自說祭其宗廟之意也、此將明天神地祇宗廟祭祀之禮、萬人觀感之孚也、而天神地祇之禮、天子諸侯之事守也、君子思不出其

位、而孔子未得其位、故終不說事天神地祇之意、獨有說事其宗廟致誠敬之意者、故蒐輯者先取古經之言而釋之、又接之以孔子之言、以明萬人觀感之義也、此言天神地祇之祭、及宗廟之事、行之能致萬人觀感之孚者、其禮得三道焉、先王制作天神地祇宗廟之祭禮、以如見其鬼神祇於此爲意、以制作其禮、此其一道也、及其行其禮之人則以敬執其禮事亦以如見其鬼神祇於此、此其二道也、以奉天神地祇宗廟之祭事、自以爲已事、天子諸侯奉天神地祇宗廟之祭事、本爲生成萬民、而自以爲已事、則是以生成萬民而爲已事也、以生成萬民而爲已事、則是以萬民爲子也、此其三道也、夫天子諸侯得此三道、以奉天神地祇宗廟之祭事、以大觀天下、則萬民顒然、感而孚之、一則使萬民敬鬼神祇、皆謂洋洋如在其上、如在其左右也、二則使萬民皆貴於其事與利、必以其義也、三則使萬民皆處禮之中正也、易曰大觀在上、順而巽、中正以觀天下、觀盥而不薦、有孚顒若、下

觀而化也、此之謂也、此仁人以誠敬而顯其微也、

王孫賈問曰。與其媚於奧寧媚於竈何謂也。子曰。不然。獲罪於天。無所禱也。

王孫賈衞大夫、當塗者也、獲者、探弋而取之也、與其媚於奧、寧媚於竈、當時世俗有此言、故王孫賈引而諷之也、王孫賈將諷孔子、故意作此問曰、世俗之言云、其媚於奧與竈俱、是爲媚也、俱是爲媚、則寧舍奧而取竈者、此言何謂也、將使孔子云竈當塗用事、故舍奧而取竈矣、奧有常尊而不用事、竈雖不尊、而當塗用事、奧以喻君、竈以喻執政也、執政卽已也、故孔子爲不知諷意者對之曰、世俗之言、不然也、奧尊竈卑、天之定義也、與其媚於奧、寧媚於竈、以利言之也、以利爲之、故意失於天之定義、則我自探弋而取罪於天也、我自探弋而取罪於天、則是自作孽也、自作孽以招天禍、則雖奧

竈而無所禱也、孔子以此對王孫賈也、使之一則
知鬼神祇皆是爲天之諸屬、若我失於天、則不可
獲於鬼神祇也、得於天、則雖不禱於鬼神祇、而鬼
神祇助之也、何以得於天、盡人之道、即所以得於
天也、使之二則知自作孽、以招天禍、則無所禱於
鬼神祇、而不可諂也、使之三則知君子之道不可
獲於君、不可引於臣、必盡人之道、以待命於天也、
若反此道、以利爲之、而外其義、則我獲罪於天、無
所禱也、使之四則知天神地祇所爲者利也、取此
利、必以其義、用此物、必以其仁、此謂天之命也、若
反此道、以利爲之、而外其
義、則獲罪於天、無所禱也、

右六章爲一段、凡禮之所化、以讓爲大、所以置
第一章也、禮之見行、制事於人情、則見行焉、所
以置第二章也、禮之必見行、文獻足、而後必見
行焉、所以置第三章也、禮之大統、爲禘之禮、其
大用在觀、又在不知焉、所以置第四章也、禮之
大用在觀、又在不知、其觀感之孚、出於上之誠

敬矣、所以置第五章也、凡禮、其本原出於天、無禮無義、獲罪於天、則無所禱矣、所以置第六章也、前段明禮之本、後段明禮之所以見行、合前後爲大段、

子曰。周監於二代。郁郁乎文哉。吾從周。

此孔子語聖人制作典禮禮樂之方也、監、監視也、監戒也、言周家以夏殷二代之敗事、爲其監戒、曲爲之防、然其制度曲防、皆寓之於典禮禮樂之中、使人不見其制度曲防、而惟觀典禮禮樂郁郁乎文而已、聖人何以貴文乎、所以致觀之孚也、一則使君子感以致其德也、二則使萬民觀感而化之也、三則使其君尊嚴而神也、四則使其制度曲防永世不弛也、此聖人所以寓其制度曲防於典禮禮樂之中、以爲德術也、夫夏殷二代之禮、非云不備、其典禮禮樂與制度曲防、岐爲二途者有之、至於周家、則皆寓其制度曲防於典禮禮樂之中、上可以成天下國家、下可以成後世君子、故孔子曰、

吾從周也、從者、擇之之辭也、乎哉、皆觀感美之辭也、

子入大廟、每事問。或曰。孰謂鄹人之子知禮乎。入大廟、每事問。子聞之曰。是禮也。

鄹人之子、以孔子爲少而不足之辭也。大廟者、大祖之廟也、一國之典禮禮樂、皆自大廟而出焉、此禮樂之大宗也、故其後嗣人君及臣子之於大廟也、其禮以君與父與師之道奉之、此先王所制、一國大廟之禮也、故天子之清廟、有君父師之道於天下也、夫臣子之於君父、不可質問其疑事、而子弟之於師、疑事可得問之也、夫臣子之於君父、可以謹恪執其事、而子弟之於師前、不可以知禮自處也、故仲尼始入魯大廟、每事必問之於舊人、而爲之、此以臣子子弟之禮、自處其事也、先王之制大廟、有君父及師之道也、而每事問而爲之者、臣子子弟之禮也、而仲尼始爲之、故或人譏之也、夫

君子之於禮、無所有爭、又必成其人、故或人以孔子爲少而不足以譏非之、孔子不問其所譏非之、是無所爭也、又以或人爲其不思之故、以禮爲非禮、曰入大廟每事問、即是禮也、思則自得其爲禮也、是禮也者、斥其事、喩之之辭也、

子曰。射不主皮。爲力不同科。古之道也。

主皮、謂貫皮也、中皮也、爲力、謂以射爲力事也、科者、制辭也、制科以法令行之者也、不云不同道、而云不同科者、欲明武力之射以法令行之也、言禮射以教化行之者也、力射以法令行之者也、禮射爲正、而力射副、故禮射云射、而力射云爲力、明正與副之辭也、禮射不主貫皮、不主中皮、而主其和於禮樂而中也、何則教化之道、不貴力也、故孔子不語力也、以射爲力事、各有其制科而爲之以法令行之、夫以射爲力事、各有其制科而爲之、以法令行之、不與禮射同其道、是禮射與力射雖殊其

途、然而及其行之、則以禮射爲上、而力射爲下、又引其力射、而歸之於禮射之教化、而止、此禮射力射、雖殊其途、而其終皆歸之教化、而由之、故曰、古之道也、此謂以教化爲表、而藏武力於背也、夫道也者、顯然由之也、故歸力射於禮射、以此之故也、力射謂田蒐軍社之事之類也、蓋孔子見當時行禮射者、主貫皮中皮而失禮射主和於禮樂而中之道、大有害於禮道、故發此言、以正今之失、而明古之射道也、

子貢欲去告朔之餼羊。子曰。賜也爾愛其羊。我愛其禮。

告朔之禮、父子之道也、祭祀之禮、合君與父之道也、父子之道、主親忠、故其饌餼之、餼也者、餽禮也、君父之道、主嚴而文、故其饌皆於宗廟爲之也、告朔猶父在子朝朝暮夕也、餼羊、所餽之禮以羊、故

此云餼羊、下云其禮、必餽其禮者、孝養之道也、故告朔之禮、私也、祭祀之禮、公也、天子諸侯皆用羊、取養之義也、凡告朔之禮、君臣皆皮弁素積、假於大廟、既設筵几、饌餼羊、然後告朔而受曆、次至於三廟、又設筵几、饌餼羊、但以月朔告之、猶朝朝暮夕之義、次至於禰廟、其義如三廟之禮也、事已畢、遂出禰廟之廟門外、應門之內、君南面而立、以聽朔政、又以頒月朔於内外官吏、此謂之朝廟也、此告朔之大槩也、告朔之禮、本餽其禮、蓋於此時、君不親告朔於廟、獨餽其禮也、是失告朔之本義、而存其禮物、故子貢欲去告朔之餼羊也、愛惜也、夫羊禮之物也、禮之財也、告朔禮之名也、餼羊禮之事也、又告朔禮之本也、餼羊禮之末也、而仲尼曰、賜也爾愛其羊、我愛其禮、此有四義、君子見其禮之末、而思求其禮之全、則無禮之不可知、是其一也、君子見其物、見其財、聞其名、聞其事、而思求其禮、則無禮之不可知、是其二也、此二道者、教君子學禮之方也、而聖人之求遺禮者、蓋亦不出於此也、君子唯於行禮也、不愛其財、不愛其物、夫然、故萬民貧而樂之、富而好用其財物於禮、是其三也、君子之所以不愛其年、而愛其禮者、其忠信厚於愛人成人故也、是其四也、此二道者、君子欲行禮樂於國家者、非以此二道、則不能活用禮樂、以致其大用、故曰、人而不仁、如禮樂何、亦所以教君子行禮樂也、

子曰。事君盡禮。人以爲諂也。

此章似可云事君盡禮、則人以爲諂也、而不云則者、欲明事君盡禮、固臣下當然之事、而不顧人言也、凡云則者、爲此而取彼之辭也、此章若云則、則其義猶云事君盡禮、則人以爲諂也、然則行禮者、當以其時消息也、故此章不云則、但云事君盡禮、人以爲諂也、其言如怪之者、而不用斷語、所以示行禮者、以不爭爲尚也、言事君盡禮、固臣下之所當必爲者也、而人以爲諂也、是人之非也、我當盡

其禮、而不顧人之言也、孔子言此者、其義有三焉、一則明君子之行禮、不以人言消息其禮、必謹奉其禮而行之也、二則明君子之事君、而致其忠者、必將其忠以禮也、三則君子之行禮、教民不爭者也、若爭而行禮、則如不行禮然矣、失行禮之本意故也、

右五章爲一段、夫子之盛德、已至論三代制度焉、所以置第一章也、周道已衰、人無知大廟之禮者、唯夫子知而行之、所以置第二章也、又人無辨禮射力射者、唯夫子能辨之、所以置第三章也、又告朔之禮將廢、唯夫子能匡之、所以置第四章也、又以禮事君、人以爲諂、唯夫子不顧人言、而行之、所以置第五章也、一段總明世衰道微、人無知禮樂者、唯夫子能知禮樂也、

定公問。君使臣。臣事君如之何。孔子對曰。君使臣以禮。臣事君以忠。

定公魯君、名宋、襄公之子、昭公之弟、凡邦君、於異邦以國與謚言之、於魯邦獨以謚言之、不以國舉之、內外之辭也、他皆倣此、稱孔子者、君臣之辭也、定公問曰、君使臣、爲之如何、臣事君、爲之如何、其云之者、必有所指而爲也、爲之者、術也、若其術、則我當爲之、而不可强之於人也、然則定公之所問、其意在云君使臣爲之如何、則臣事君以忠爲之如何也、而云君使臣爲之如何、則臣事君以忠爲之如何、則是術而非德言也、以已制人故也、若云君使臣爲之如何、臣事君爲之如何、則君臣各問其所爲也、定公非辨此德言之人、此輯論語者、以臣成君之美也、亦成仲尼之志也、成君之美者、其道在達君之志、而我將之以成其美也、若沒君之志、而別表其美、則飾言也、非君子之言也、故君子成君之美、在以君之志而成其美也、成仲尼之志者、亦成君之美也、故以臣成君之美、而成仲尼之志者、此所謂仁者能成人之志者也、使人汎然觀之、則若君臣各問其所爲、是爲君子之言也、而細玩其辭、則見君使臣、爲之如何、則臣事君以忠爲之如何意、是爲君子之實也、故蒐輯者、以此作辭者、成此三道也、一曰、君子成人之美也、二曰、明以臣行君事之道也、三曰、仁者成人之志也、君使臣以禮、臣事君以忠、言人君不問臣下之以禮與否、獨克己以禮、而使其臣、則臣事君以忠也、此似云君使臣以禮、則臣事君以忠、而不云則者、一則明君自脩其禮、臣脩其忠、則此各責其德、而不以己制人、此君子忠信之道也、二則明使臣不責禮於君、而曰雖君無禮、而己不可不忠也、三則明人君取臣以忠、而不責備其禮、此教人君以寛也、故不云則也、而事君盡禮、人臣之道也、然若云君使臣以禮、臣事君以禮者、則此使人君不脩其身、而責臣以禮、此苛察之所起也、故不云臣事君以禮也、夫定公問君使臣爲之如何、則臣事君以忠爲之如何、此以術問之也、而孔子對之以君自崇其禮、臣自崇其忠、此脩己而不責人、君子之道也、而君使臣以禮、則臣事君以忠、此德術存其中、君子之實也、故孔子之對、其成君道者二焉、其成臣道者三焉、其成君道者、一曰、教人君以寬、而不尚苛察也、二曰、教人君克己崇德、以成其德術也、其成臣道者、一曰、臣之事君、雖不以德命之、而臣將之以禮、以成其命也、二曰、臣之事君、必成君之美、而不成其惡也、三曰、臣之事君、雖使之不以禮、而臣事君以忠、將其忠必以禮也、故此章孔子自處其禮、對之以忠與禮、而蒐輯者於上章、舉臣事君必以禮、皆明此意也、

子曰。關雎樂而不淫。哀而不傷。

此章明三義也、一明取於詩之方也、二明化民成俗之道也、三明聲樂之中正也、樂而不淫、取之於辭、則關雎首章、及第三章、是也、哀而不傷、關雎第二章、是也、取之於樂聲、則其聲和暢、而不出法聲之外、是樂而不淫也、其聲哀婉、而不傷細、是哀而不傷也、取之於風俗、則上之風化已行、以成其俗、

然後此風詩起焉、是其俗之已成也、味其文義、樂而不淫、主辭而言之、而聲在其中也、哀而不傷、主聲而言之、而辭在其中也、其舉關雎、示取於詩之方也、又舉化民成俗之道也、其明聲樂之中正者、關雎之和暢而哀婉、哀婉而和暢、其哀婉者、不至於傷細、其和暢者、不出於荒陂危怨之聲、此正樂之造於中正者也、學者於此取聲樂、則知聲之中正也、其明取於詩之方者、關雎詩之始也、舉詩之始者、示學者取三百篇、每篇皆然也、凡學詩之道、於其三百篇、每篇皆就其辭與聲、以求其情之所在、而總之於一途、譬如汝墳勤而不懼、騶虞富而好禮、芣苢無思無慮之類也、何以使人勤而不懼、何以使民富而好禮、何以使人民無思無慮、即就其辭與聲、以觀其所起、以觀其終所歸、而知進退張弛其政事、活用其禮樂、以成此德俗也、其明化民成俗之道者、關雎風俗之極也、故關雎者、教君子成俗之極也、化民之道、雖千轉萬變、而其於極致者、不出此樂而不淫、哀而不傷也、故化民之道、以此爲本爲地、而出入損益其政事禮樂、凡化民之道、民情有所和樂、而不得關之、有所哀思、而不得關之、若關此二者、不決則溢、非持遠久之道也、故化民之道、就其所和樂、而導其和樂、使之不淫也、就其所哀思、而導其哀思、使之不傷也、何以爲之、先治民之産、使之富且庶、又治民之獄訟、以忠信、無怨於其上、以禮樂成卿大夫之風、使之貧而樂、富而好禮、行其政事、以禮樂忠信之道、又行其法禁號令、以禮樂忠信之道、又聽民之獄訟、以禮樂忠信之道、又升民之産業事業功役、以禮樂忠信之道、恒久此道、則使萬民成樂而不淫、哀而不傷之德俗也、

哀公問社於宰我。宰我對曰。夏后氏以松。殷人以柏。周人以栗。曰使民戰栗。子聞之曰。成事不説。遂事不諫。既往不咎。

宰我名予、魯人也、凡君前臣不得以德伸、故孔子之對君、皆以姓與予稱之、宰我有若不然、以姓與字稱之、以別師與朋友、是記者之禮也、社者神地而祀也、哀公以爲社與宗廟等其尊、而宗廟是祖宗之神、其尊當然、社獨何爲而等其尊而祀之、不知其謂、故問之也、宰我引夏殷周松柏栗之事、而獨說周人以栗之義、以明社之用、則引夏殷以松柏者、以明社之體也、故連引夏殷周、以松柏栗、以全社之用與體也、凡國家之政事軍事、法令事刑罰事、食貨事、皆其社之所管也、故謂之社事也、言哀公問宰我曰、社者何爲設而祀之乎、宰我對曰、社者夏后氏植松以爲社、松者公也、社即上帝之所官、而於地祇在君道、故亦稱后土也、公亦君也、殷人植柏以爲社、柏者伯也、社於地祇有長伯之道、故亦稱冢土也、周人植栗以爲社、栗者栗也、凡社之所管、政事軍事、食貨事法令事刑罰事、苟有犯之、栗然嚴然、無有所赦、以此示民使民爲戰栗、周人將以此意示民、故植栗以爲社也、凡社之所管、皆爲事政、故孔子擧成事遂事、以事言之也、刑罰亦社之所管、故以咎言之也、成事、事之已就其成者也、遂事、事之成其六七、而未終其二三者也、其云子聞之曰者、熟味文義、孔子以宰我云使民戰栗、爲不可說之言曰、此既往之事、非所咎也、然而使民戰栗之類、成事遂事亦不可說、不可諫者也、凡既往之事、皆不可咎、此有害於事、而有損於道、不可不知也、夫宰我之對之、有二失焉、一則失成君德之道也、二則失成民德之道也、孔子之言之、非咎之也、成之之也、一則明祀社使民戰栗之道、自非夫不說成事、不諫遂事、不咎既往、而以忠信成人處之、則嚴社事、而不能使民戰栗也、二則明我說使民戰栗、則使人君不勉崇德、而以威力肅肅也、若說使民戰栗、則民不以社事爲嚴、而其心索然不出其心力也、我說吾成事之謂、則民以我爲齎其忠、又爲文過也、若說人之成事之惡、則人以我爲敗人而成己也、若說人之成事之善、則人以我爲徒尚其口而無心處其實也、我諫上之遂事、則以我爲沮敗民之心力也、若諫人之遂事、則諫人以我爲沮敗人之事、而使人不能有繼也、若諫下之遂事、則民以我爲翼其智、而沮敗下之遂事也、我咎上之既往、則以我爲誹己不忠而使上難乎進善也、若咎人之既往、則人以我爲害己不怨、疏以惡之也、若咎民之既往、則民以我爲使不在誨之、以己制人而不勸於教化也、此十二道者、我大失忠信於人、而大有害於道、故君子於此十二道、不可不知也、

右三章爲一段、凡朝庭之事、君使臣以禮、臣事君以忠、此爲爲政之本、所以置第一章也、凡社之用、雖在庶官政事刑罰軍事、朝庭之事、先德教、後威罰焉、所以置第三章也、凡德教事政、其所爲雖多、其所期、在導人情、持永久之治焉、所以中間置第二章也、一段總明施政於朝庭也、

子曰。管仲之器小哉。或曰。管仲儉乎。曰管氏有三歸。

官事不攝。焉得儉。然則管仲知禮乎。曰邦君樹塞門。管氏亦樹塞門。邦君爲兩君之好有反坫。管氏亦有反坫。管氏而知禮。孰不知禮。

管仲齊大夫、名夷吾、謚敬仲、以字通者也、器謂有爲於天下國家之德術也、德術有大小、易曰、君子藏器於身、孔子曰、工欲善其事、必先利其器、又曰、用之則行、舍之則藏、皆謂君子脩詩書禮樂以致有爲於天下國家之德術、固有之於己、待時而出用之、故曰器也、三歸猶諸侯三官司徒司馬司空也、謂之三歸者、猶教事歸司徒、軍事歸司馬、土事歸司空、而不以司徒司馬司空稱之者、避諸侯之制也、或人所問管仲、而孔子稱管氏者、明稱管仲之器小者、以有爲於天下國家稱之、而非以管仲家事躬行稱之也、又明治其內而及外也、焉得儉、儉亦一大德也、得之者亦足多也、故曰焉得儉也、不云管仲而知禮、而云管氏而知禮者、一明不責人以難也、一明治其內而及外也、有爲於天下國家以禮、是其難者也、治其家以禮、是其易者也、治家而及國、治國及諸侯、是治內而及外者也、孰不知禮、既己云、而又云孰者、深辭也、其云小哉、哉亦深辭也、焉得儉、焉者、猶淺辭也、是使或人自味其言、而知管仲之所以小者、適在不以禮與儉爲天下國家、以禮爲天下國家者、先治其家、既已治其家、而及其國、既已及其國、而及諸侯也、以儉爲天下國家者、不如以禮者之善遠甚矣、然而儉亦一大德也、得其儉道、以爲天下國家、亦足以爲多也、使管仲得此儉道、以有爲天下國家、則此其所成就者、既足以爲多也、以儉爲天下國家者、亦先治其家得儉道、既己治其家得儉道、而及其國、既已及其國、而及諸侯也、故皆稱管氏也、又舉管仲不知禮、必再謂亦者、以明禮道上可以兼下、而下不可以兼上也、又以明己踐其禮、而後可匡正天下邦君以禮、匡正天下卿大夫士以禮也、而云管氏

而知禮孰不知禮者、孔子微言使管仲知禮、執以
爲德術、則不如此其小也、其微言之者、孔子自
惜管仲之地事、而自道其志也、非管仲之功而不
許之也、故或人問以管仲、而孔子對以管氏、此不
責人以難、則孔子不小於管仲之功者明矣、然云
管仲之器小哉、以其施之於天下國家、執以爲德
術者、謂小小也、德術有大小、而功有善否、故孔子
不小於管仲之功、而小於其所執之德術也、此章
之義、深矣微矣、然會此數義、以味其言、則管仲之
功可觀、而孔子之所小可知也、夫管仲匡正天下
諸侯疆土、匡正天下諸侯之官事、又匡正天下諸
侯之軍事民事、以扞衞中夏之邦、而絶夷狄之侵
陵、其功可謂大矣、然於其德禮也、小大出入皆所
不問也、獨執己之方畧、以爲其德術、故其德澤之
漸、不得遠久也、然其於所爲者、非與聖人所爲者、
大有徑庭、但於聖人所爲者、有本末大小耳、故孔
子多管仲之功、而小其器也、故或人問管仲儉乎、
孔子對以管氏有三歸、官事不攝、焉得儉也、言使

管仲處其儉德、匡正天下諸侯之官事、各得其儉德、又匡正其疆土軍事民事、皆得其儉德、則亦足以多焉、其器之所以小者、適在此也、然而管仲之功亦大矣、非云必施之於天下諸侯、而後為大也、施之於其家、斯可也、或人未達孔子之所言、以為管仲必其備官、或是知禮故也、故問之也、孔子對以邦君樹塞門、管氏亦樹塞門、邦君為兩君之好、有反坫、管氏亦有反坫、管氏而知禮、孰不知禮也、言使管仲內處其禮、而後匡正天下諸侯之官事以德禮、又匡正天下諸侯之疆土軍事民事、以德禮、又匡正天下邦君以德禮、又匡正天下之大夫士、以德禮、則周召之治、可復起、而文武之道隆盛如此、則德澤之流、可以及數百千年也、然而亦管仲之功大矣、非云必施之於天下諸侯而後為大也、施之於其家、斯可也、嚮使管仲知禮、則必不為樹塞門、及有反坫、其樹塞門、及有反坫、其所不知禮、又其德術之所以小者、適在此也、此孔子自道也、故為微言、使或人思得之、亦所以成或人也、子語魯大師樂曰。樂其可知也。始起翕如也。從之純如也。皦如也。繹如也以成。

語者、以忠誨告之、使之爲法則也、魯大師者、親而內之也、釋所以語也、其必云語魯大師樂者、大師主樂之聲者也、聲者樂之物也、非樂之德、故此爲大師語之、使之爲法則、語樂之物也、非語樂之德也、其者、懸期之辭也、知者徵識之也、雖不至聞樂聲之地、雖不至制樂聲之地、徵識聞樂聲制樂聲之道、可以懸期善否於今日也、作起也、從猶如隨從之從也、翕猶如翕然之翕也、合而盛也、純如、八音克諧也、皦如、無相奪倫也、繹如以成者、謂樂聲之事、全擧於此四如也、而無復餘蘊也、言魯大師者、主樂之聲者也、而魯者己父母之國也、故孔子親而內之、以樂聲之道、以忠誨告之、使之爲法則、曰樂聲之道、雖不至聞樂聲之地、雖不至制樂聲之地、徵識聞樂聲制樂聲之道、則可以懸期其善否於今日也、凡樂聲其始起時翕如也、翕如之中、既隨從之以純如也、純如之外、更無餘事、純如之中、既有皦如也、皦如之外、更無餘事、翕如純如皦如之中、皆有繹如也、繹如之外、更無餘事、以此四者、總擧樂聲之全體、則無有餘蘊也、故雖不至聞樂聲之地、可以徹識聞樂聲之道也、雖不至制樂聲之地、可以徹識制樂聲之道也、此章凡四云也者、皆此外更無餘事之辭也、凡約此章有四義、一曰、示聞八音樂聲之道也、二曰、示制八音樂聲之道也、三曰、示推之以知聞絃歌樂聲之道也四曰示推之以知制絃歌樂聲之道也、故此章不云子語魯大師曰、樂其可知也、必云子語魯大師樂曰、樂其可知也、再云樂樂、以示凡樂聲之道、此外更無餘事、更無餘蘊也、

儀封人請見曰。君子之至於斯也。吾未嘗不得見也。從者見之。出曰。二三子何患於喪乎。天下之無道也

久矣。天將以夫子爲木鐸。

上四句有五義焉、一曰、先其官守也、二曰、成己之尚德也、三曰、成君子不輕絶人也、四曰、居謙而不失己之實也、五曰、君子以禮成人也、云君子之至於斯也者、言吾有官守、縱令不得往見君子、而君子之幸至於斯也、安得不見而已、此先其官守也、成己之尚德也、云吾未嘗不得見也者、言吾雖不能居知德之列、而未嘗爲君子所斥、纔見之則已得之矣、此成君子不輕絶人也、居謙而不失己之實也、其云儀封人請見者、以明執禮而來也、從者紹介見之於夫子者、此成儀封人執禮而來也、成儀封人執禮而來者、成吾爲君子也、此君子以禮成人也、失位曰喪也、將者、期將來之辭也、木鐸者、徇道路傳教令者也、故取夫子非作教令者、是傳教令者也、下四句有五義焉、一曰、君子愛人以德也、二曰、君子不責人人以難也、三曰、君子畏天也、四曰、君子知天命也、五曰、君子成人之美也、儀封人言、二三子何患於喪乎、天下之無道也久矣、當不患其喪、而患於成其道也、此君子愛人以德也、二三子何患於喪乎、天下之無道也久矣、無有知德者、固其所也、二三子何患於喪也、此君子不責人人以難也、天下之無道也久矣、天將以夫子爲木鐸、徇先王禮樂之道於道路、使天下與將來皆知先王禮樂之道也、不期之於百世、而期天下與將來、此不以己測天也、此所謂君子畏天也、夫子不得位而作禮樂、而失位獨傳先王禮樂之道於百世、其功彼與此均、故於此二者、皆無以爲己患、此儀封人之知德也、此所謂君子知天命也、其云出曰者、成儀封人之知德也、我既成儀封人之知德、又明其知天命、此所謂君子成人之美也、

子謂韶。盡美矣。又盡善也。謂武。盡美矣。未盡善也。

謂者、私言之也、言謂而不公言之者、先王之禮、天下有道、則庶人不議禮樂故也、善謂寓德行之善

子曰管仲之器小哉或曰管仲儉乎誤解器小為儉曰管氏有三归官事
不摂焉得儉乎曰然則管仲知礼乎誤解三归摂為知礼不曰邦君樹塞門
管氏亦樹塞門邦君為兩君之好有反坫管氏亦有反坫管氏而
知礼孰不知礼

於舞中也、美謂容觀之美也、盡善也者、十而十、皆得其善也、但未如盡美之爲至也、故不能盡無所出入也、未盡善也者、十而九得其善、而其一未得其善也、故武其盡美爲至、而善猶有所未盡也、故盡美皆曰矣、而盡善皆曰也也、此章有二義、一則示學舞之道也、一則示制舞之道也、凡學舞之道、知舞之屈折者、非徒屈折以致其容觀之美也、舞之周旋者、非徒周旋以致其德之善也、以此二者舞、置其心於成己、則以盡容觀之美、以盡德行之善也、於五禮五典政事人事、莫不應而施、則學舞之成也、凡制舞之道、其術有二焉、一則寓容觀之美於舞中、何謂容觀之美、曰祀容穆穆濟濟、軍容赫赫明明、朝容皇皇顒顒、學容肅肅雝雝、禮容蹌蹌濟濟、宮容申申夭夭、何謂德行之善、曰直而溫、寬而栗、剛而無虐、簡而無傲、故君子制事以禮也、制其忠信以樂也、制其容觀之美、德行之善、以舞也、能合三者以爲一途、而於五禮五典政事人事、莫不應而施、則舞之盡美盡善也、蒐輯者之意言、使孔子制舞、則必因韶之盡美之爲至、而又必因盡其善之所未盡、使韶必盡至美至善、而無有所加也、又必因武之盡美之爲至、而又必因盡其善之所未盡、使武必盡至美至善、而無有所加也、此蒐輯者之意也、

子曰。居上不寬。爲禮不敬。臨喪不哀。吾何以觀之哉。

此章有四義也、分爲三事、居上不寬、一也、爲禮不敬、一也、臨喪不哀、一也、此君子於人、不責之以難也、此爲一義也、居上不寬、事也、爲禮不敬、臨喪不哀、禮也、事與禮、其言似不相次者、明此三言相爲終始也、猶云居上不寬、則爲禮雖敬、臨喪雖哀、吾何以觀之哉、爲禮不敬、臨喪不哀、則居上雖寬、吾何以觀之哉、此君子於已以難也、此爲二義也、爲禮不敬臨喪不哀、敬哀、所謂教化之善也、吾何以觀之哉、觀者、美之觀也、居上不寬、事也、是明嘉事吉事、文之以敬、喪事文之以哀、以致其美觀、此制

禮之道、亦盡美盡善也、此爲三義也、居上不寬、事也、爲禮不敬、臨喪不哀、禮也、吾何以觀之哉、美之觀也、君子制事以禮與和、以致其美觀、此君子以禮與和、而制其事之道也、此爲四義也、言居上而寬、是在其人爲一大德、亦足以觀之也、爲禮而敬、是在其人爲一大德也、臨喪而哀、是在其人爲一大德也、亦皆足以觀之也、若居上不寬、則其餘居上所爲之事、吾何以觀之哉、爲禮不敬、則凡爲禮之事、吾何以觀之哉、臨喪不哀、則其餘治喪之事、吾何以觀之哉、此君子於人、不責之以難也、君子於己之道、則不然也、居上而寬、因文其寬以禮、故御衆臨下、文其寬以禮也、凡爲禮者、文其事以敬、故嘉禮吉禮、文其事以敬者也、臨喪者、文其事以哀、故葬禮凶服、文其事以哀者也、夫君子居上以寬爲本、爲禮以敬爲本、臨喪以哀爲本、故君子居上不寬、則爲禮雖敬、臨喪雖哀、而吾執何物爲本、而觀之哉、爲禮不敬、臨喪不哀、則居上雖寬、而吾執何物爲本而觀之哉、此君子於己之道、則以難者也、先王制禮以二道也、一曰盡善、謂敬哀教化之善也、二曰、盡美、謂觀之美也、既盡敬哀教化之善、因文其事、以美其觀、此先王制禮之道也、凡以禮與和制其事、必文其事、以禮與善、而致其美觀、此君子以禮與和、制事之道也、

右五章爲一段、孔子已小管仲之器、若使孔子當管仲之任、禮樂行於諸侯、天下歸於仁、亦可以知焉、所以置第一章也、孔子若當管仲之任、則制樂聲、制舞之德、固有備矣、所以置第二章第四章也、孔子德爲聖人、雖至制樂聲制舞之位、天之所命、不在今、而在將來、所以中間置第三章也、若天使孔子有爲于今、則已以寬居上、以敬爲禮、以哀臨喪、使諸侯卿大夫、又皆行寬敬哀三者焉、所以置第五章也、右小段凡三、前段明孔子盛德徹識禮樂也、後段明非獨徹識禮樂、其盛德、在制樂聲制舞、又爲天下將來之師也、中段明以其盛德、以臨于天下也、禮忠以

行於朝庭、刑罰軍旅庾官之政、承之社稷、以成周南召南之化也、小段三、合爲大段、以上大段二、合爲一篇、前大段、明禮之大本、及鄉黨朝庭、天神地祇人鬼之衆禮也、後大段、明孔子悉徹識古之禮樂、猶將創制今之禮樂、敷行之於天下也、

里仁第四

此篇總論學仁而脩德、脩德而行仁也、古之人、行政事以仁、行人事以仁、所行莫非仁者、故以前三篇爲一列、更以此篇起端也、

子曰。里仁爲美。擇不處仁。焉得知。

仁者、人也、親也、柔因曰仁也、惠愛者、仁之用也、凡仁之爲道也、爲人爲親、爲柔爲因、其爲德也、爲哲爲剛、其爲行也、爲中爲和、爲厚爲强、其爲名也、有爲於立己而立人、達己而達人之名也、故仁者非

行非德、爲制德與行之規矩準繩也、然非以此爲德、以此爲行、則非所謂仁者也、故自仁者而言之、則亦若德也、亦若行也、故其於學之也、擇有爲於立己而立人、達己而達人之道、而以躬處之、此爲仁也、其於脩以爲德也、處有爲於立己而立人、達己而達人之道之地位、則姑名爲仁也、是皆仁之本義也、里仁爲美、猶諺云祿朱爲赭也、此夫子時之諺語、而夫子引之也、里、里居也、言里居之有仁俗者、居之之人不以此爲意、則雖不足成德、而其容自然薰習、以爲美貌也、況君子脩仁以成德者乎、脩仁以成德者、擇其仁事與仁術而聚之、雖擇其人事與仁術而聚之、不身居其所擇之仁事與仁術、以處其行與事、則安得以仁事與仁術、徹識之於己乎、又安得薰習之美、形見其威儀容貌乎、故君子脩仁成德、其道二焉、一則擇其仁事與仁術而聚之也、一則居其所擇之仁事與仁術、以處其行與事也、若此則其仁事與仁術、內徹識於己、外形見其威儀容貌、可謂君子也矣、此舉學仁之、

道也、

子曰。不仁者。不可以久處約。不可以長處樂。仁者安仁。知者利仁。

不仁者、以士言之也、士志於學、而無意於成德、又無意於善其行、則內無所執於己、內無所執於己、則不能恒久其道、此之謂不仁者也、言士志於學、既無意於成德、又無意於善其行、而內無所執於己、則不能恒久其道、故不可使久處約地、久處約地、則不期濫、而必可濫也、不可使長處樂地、長處樂地、則不期溢、而必可溢也、無他、內無所執於己、故不能恒久其道也、故士志於學、而欲久處約地、安己而不濫、長處樂地、安己而不溢、以恒久其道、則莫如求仁、仁者安仁、知者利仁、夫知者之求仁也、擇仁術與仁事、以學與習行與思、脩之練之、必徹之於己、而固處之、此之謂知者也、知者之處約地、非徒然處約地、即用此約地、以致處約地之仁術仁事、其處樂地、非徒然處樂地、即用此樂地、以仁致彼處樂地之仁術仁事、凡知者之求仁、莫不皆然、在此則利在此之仁、在彼則利在彼之仁、於其所過物、必增進其仁術與仁事、猶如商賈之於利贏、故曰利仁也、知者利仁、旣集而大成其仁德成其仁行、通外內而爲一、不倚古、不倚今、萬物由我而生、此之謂仁者也、仁者處約地、則於其約地、以安行其仁、處樂地、則於其樂地、以安行其仁、故及有爲也、能使大夫士萬民久處約地、而不敢濫、長處樂地、而不敢溢、此仁者安處其仁德與仁行、以行其仁術與仁事者也、凡求仁之道、以得知爲先、

此章孔子勸人以求仁之言也、故先言仁者之事、遂及求仁之方、故曰仁者安仁、知者利仁也、

子曰。惟仁者能好人。能惡人。

惟者、謂知者以下皆所不能也、能者、明學而耐此也、以學而耐此而言之者、勸人以成仁之辭也、不

云能好人惡人、而云能好人、能惡人者、以明仁者好人、則能使其人去其可惡之惡行、以成其仁、惡人則能使其人就其可好之德行、以成其仁也、又明仁者以好人、而足以能成其仁教、以惡人、足以能成其仁教也、不以賞人刑人言之者、以明仁者以好生不殺、以成其仁教也、以言其德術彌大者、其教治彌不假物、故仁者能以人成人、故其好人惡人、皆爲爲仁之大用也、言仁者己安其仁、而處之、又使人各安其仁而處之、何以之故、仁者以人成人也、以人成人者、善以人帥人、故其好人惡人、皆爲爲仁之大用也、仁者之好人以仁也、能使其人去其可惡行、以成其仁、其惡人以仁也、能使其人就其可好之德行、以成其仁、又能以其好生不殺之道、以成就其仁教、故仁者賞一人、足以能成萬人之仁、刑一人、足以能成萬人之仁、故其有賞刑、適足以成好生不殺之道、以成其仁教也、惟仁者己安其仁而處之者、而後始能之、知者以下皆所不能也、然仁者之爲之、非生而善之學而後能

之、故知者之利仁者、安得中道而廢其力乎、故致其仁與否、唯在學而竭其力而已、

子曰。苟志於仁矣。無惡也。

苟、苟且也、矣者、決辭也、惡者、善之反也、與不善不同也、善不善與惡之別、善者、其志與行、足以帥人者也、不善者、其志與行、不足以帥人者也、惡者、秕汙之志、下流之行、有害傷於人、皆謂之惡也、言人不志於仁則已、苟且決然志於成其仁、則無復有秕汙之志、下流之行、害傷於人也、何以之故、仁者脩己以成人者也、脩己以安人者也、故無有秕汙之志、下流之行、害傷於人者也、今苟且志於成其仁、秕汙之志、下流之行、害傷於人者、而不能去之、則未可謂決然志於成其仁者也、故曰、苟志於仁矣、無惡也、亦以仁勸人之言也、

子曰。富與貴。是人之所欲也。不以其道得之。不處也。

貧與賤。是人之所惡也。不以其道得之。不去也。君子去仁。惡乎成名。君子無終食之間違仁。造次必於是。顚沛必於是。

凡得祿位曰富貴、不得祿位曰貧賤、皆爲士大夫言之、別於庶民貴之也、道猶孟子云道二仁與不仁而已之道也、言欲富貴惡貧賤、士大夫之常情也、故富與貴、是人之所欲也、雖是人之所欲、而不以其仁之道、以不仁之道、得此富貴、君子不處也、貧與賤、是人之所惡也、雖是人之所惡、而不以其不仁之道、以仁之道、得此貧賤、君子不去也、故君子素富貴、行仁乎富貴、素貧賤、行仁乎貧賤、君子行仁之名也、君子去仁、惡乎成其名哉、故君子無終食之間違仁、造次必於是、顚沛必於是、君子莫不汲汲於行仁焉、此之謂君子之名、而行符於其名也、此明仁之不可須臾離也、亦以仁勸人之言

也

子曰。我未見好仁者。惡不仁者。好仁者。無以尚之。惡不仁者。其爲仁矣。不使不仁者加乎其身。有能一日用其力於仁矣乎。我未見力不足者也。蓋有之矣。我未之見也。

此亦聖人以仁勸人也、我者、對人之辭也、不易物一向之、則曰好也、惡、憎避之、如追蠭蠆、則曰惡也、尚者、上也、加也、其者、懸期之辭也、矣者、決辭也、蓋者、謙辭也、言人當見之、我未見好仁者、惡不仁者、好仁者上也、無以尚之也、惡不仁者、其次也、雖其次也、惡不仁、則其必爲仁矣、如何、則不使不仁者之行加乎其身也、有人于此、不好仁、又不惡不仁、是又其次也、雖又其次也、有能一日用其力於仁者矣乎、我未見力不足者矣、雖云爾、人則當見之、我則未見力不足者也、聖人不欲與人爭、俟人之自信、故又曰、蓋有之矣、我未之見也、

子曰。人之過也。各於其黨。觀過斯知仁矣。

黨、鄉黨也、古者、士之所居稱黨、使士大夫恒往來學於其黨、故學宮有鄉序瞽宗大學之別、使士大夫以序入於其學、退講習於其黨、故稱其黨、又或稱吾黨、皆自此制稱之也、言學士大夫之入於學宮也、公卿大夫皆就其席、則其禮容嚴恪、莫不肅雝者焉、退交於其黨也、不聞亦式、不諫亦入、其嚴恪稍弛、則私情亦生、故人之過也、各於其黨、師長之仁處厚、則其黨中之過失於厚、師長之仁處薄、則其黨中之過失於薄、故今我列觀其黨中過之條條、斯徹知其仁、就其厚、加我仁之厚、就其薄、去我仁之薄、此亦夫子語擇而處仁之道也、

右七章爲一段、凡學仁、非擇而處於仁、則不能、所以置第一章也、士之進德、積道而至知者、至知者而至仁者、所以置第二章也、士已至仁者、則能好人、能惡人、唯仁者而能之、所以置第三章也、仁者之德、其盛如此、猶衆人學之難得、雖猶衆人學之難得、仁之易得、唯在其志焉、所以置第四章第六章也、及其得仁也、小之貧賤可以安仁、大之富貴可以安仁、所以中間置第五章也、其學而求仁也、觀過知仁、此爲擇仁之道所以置第七章、應於第一章也、一段總明學仁之道也、

子曰。朝聞道。夕死可矣。

此章擧夫子自求道之切也、道者、所謂文武之道、未墜地在人者、是也、夫子之時、周道陵夷、賢者識其大者、不賢者識其小者、故夫子所至、就人訪求、汲汲不已、唯恐斯道之墜於地、故曰、朝聞道、夕死

可矣、矣者、決辭也、此以死決言之、則非勸學於人之言、夫子自求道之切也、

子曰。士志於道。而恥惡衣惡食者。未足與議也。

議謂謀定事之宜也、言衣敝緼袍、與衣狐貉者立而無恥者、子路之行也、若士志於先王之道、而恥惡衣惡食者、此見奪志於情欲者也、見奪志於情欲、則今日之可、明日翻然反、今日之可、明日翻然反、則非與成事人、非與成事人、則朝庭之事、未足與議也、亦棖也慾、焉得剛之意、

子曰。君子之於天下也。無適也。無莫也。義之與比。

適主而親之、則謂之適也、莫然疎之、則謂之莫也、比者、親比而從之也、義者、宜也、故也、槪責曰義也、義者、君子以德制事之名也、言君子之立於朝、臨于天下也、無適主親之之人、又無莫然疎之之人、唯以德制事、以義成仁人、可與親比議其政教而已、此承前章、明與議政教之人也、

子曰、君子懷德。小人懷土。君子懷刑。小人懷惠。

此章以教與刑言之也、凡語刑、君子所憚、故以微言言之也、君子斥在位君子也、小人斥下民也、懷猶有也、女懷春之懷也、謂思之不忘也、君子之在上也、恒欲種德於萬民、成其教化、故思之不忘也、小人之在下也、恒欲長在其土、營生育子孫、故思之不忘也、君子之在上也、恒欲刑一人、萬人勸於善、故思其有爲而不忘也、小人之在下也、欲賴上之恩惠、成己之私情、故思其惠而不忘也、此乃所以君子畏天命、小人安私情也、而四句各一事、反復讀之、則其微言見焉、若此文作君子懷德、則小人懷惠、君子懷刑、則小人懷土、而讀之、則四句生二事、而其義始通、然猶未得微言、則又作君子懷刑而德之、則小人懷惠、君子懷德而刑之、則小人懷土、而讀之、則微言之義始見、君子懷刑而德之、則小人懷惠者、此以教言之也、言五典五刑、本天之所命、聖人承五刑於天、以討其有罪、以成其五典、此從天命之道也、於是君子恒懷有施五刑之道弗措、而以德教之、則小人知正德利用厚生之所以切於躬、又水火金木土穀之所以養其性、皆懷惠之加於己、而不忘、四方翕然感於其德、此君子懷刑而德之之道也、又君子懷德而刑之、則小人懷土者、此以刑言之也、言不敗人、不害人、以成人爲成己之道、德之行也、始終處其一、不改其道、德之體也、君子恒體此德、行此德、懷敷德於萬民、不已、而其有得也、敷教於萬民、則萬民俄然化之、然而人民之多、偶有狃姦宄敗常敗俗者、焉於是上敬五刑以從之、則小人之在下者、知上之允敬天之五刑、又知此有罪之戾於天、自招天之五刑於是小人懷其土、而不已、此君子懷德而刑之之道也、虞書曰、帝曰、皐陶、惟茲臣庶、罔或于予正、汝爲士、明于五刑、以弼五教、期于予治、刑期于無刑、民協于中、時乃功、懋哉、此章亦述此義者也、

子曰。放於利而行多怨。

放者、依也、檀弓曰、梁木其壞、哲人其萎、則吾將安放、放亦依之之義也、凡君子言義、則利在其中、故單言利、則無義者也、故大學曰、此謂國不以利爲利、以義爲利也、是也、凡君子之有爲於國家也、當據於德、依於仁、施之於有政、若夫不據於德、不依於仁、凡百之政事、放於利而行之、則百官各將利其家、萬民各將利其身、而上征利、則有害於下、下征利、則有害於上、上下交征利、則怨起乎蕭墻之內、又怨興乎邦內遠近矣、是無他、舍德與仁與義、唯利之見故也、此章語爲政有害者也、

子曰。能以禮讓爲國乎。何有。不能以禮讓爲國。如禮何。

禮者、士大夫之學以脩其行、行諸廟堂之上、則民觀而感之者也、讓者、先使人行其善、我從之、成其功者也、故讓者、禮之實也、故夫子謂子路曰、爲國以禮、其言不讓、是故哂之、亦謂此義也、何有、猶云

何難之有也、言君子立乎廟堂之上、以禮讓二者、爲政事教事於國乎、何難之有、以禮行政事教事、則民觀而感之、莫敢不敬其上、以讓行政事教事、則民勸而成功、莫敢不信其上、夫禮讓之貴如此、國家若雖禮存、讓無爲之實、則此禮已離于實、此禮已離于實、則如此爲於國之禮何、國家雖有禮、亦若無禮而已、蓋言讓爲禮之大用也、

右六章爲一段、凡志於道者、非自以死殉之、則不能、所以置第一章也、其當與議者、非忍其慾者則不能、所以置第二章也、而其有爲也、以義奉之、見利如忿、用德刑二、期之無刑、所以置第三章第四章第五章也、而行之者、禮也、成功者、讓也、所以置第六章也、一段總明有爲國者也、

子曰。不患無位。患所以立。不患莫己知。求爲可知也。

猶拂逢蠆、則曰患也、莫與罔通、謂絶而無之也、可知、謂可以見知之實也、言位者、立而行政教之處

也、君子不患無位、患立位所以行也、不患莫己知、求為可以見知之實也、患立位所以行、則我得其所以行、求為可以見知之實、則我得其可以見知之實、我得其可以見知之實、則人必知我、人必知我、則我必得其位、我必得其位、則我立其位而行之、此謂君子之實也、故君子不援於上、不求於人、特欲脩己而已、

子曰、參乎、吾道一以貫之、曾子曰、唯、子出、門人問曰、何謂也、曾子曰、夫子之道、忠恕而已矣。

吾者、內辭也、道者、夫子所學、文武之道、是也、稱吾道者、謙辭也、一者、謂多學而識之、脩以一之者也、貫者、繦也、繦以貫錢、譬一以貫道也、之者、斥衆道也、唯者、應辭也、書問曰者、時問之貯之於心也、夫子者、尊親德之辭、明曾子之志也、言時門人侍坐、夫子拔曾子於衆中、呼其名曰、參乎、吾所行之道、

雖不敢當文武之道、一以貫此衆道、實如以一緡貫多錢也、於是曾子業既逮於此、幸聞所欲問、故曰、唯、既而夫子出焉、門人以爲曾子特德進、夫子誘之如此、小子不可躐等問之、雖然一時問之、貯之於心、亦學之道也、故問曰、何謂也、於是曾子以爲脩一之事、未可語於門人、唯至一之方、可以誘之、故曾子曰、夫子所行之道多、雖所行之道多乎、其中於道者、唯忠恕二而已矣、此夫子誘曾子以一、曾子語門人以忠恕、皆不躐其等、而誘人者也、

凡成人之美、成人之善者、謂之中也、忠者中也、中心爲忠、又周也、厚也、言設中於心、取之於中心、加之於人、則無所不周、又無所不厚焉、此忠之行也、

凡父子兄弟相盡之道、以美與善相盡者也、及取之於中心、加之於人、則君子汎愛衆之道也、故曰、愛之能勿勞乎、忠焉能勿誨乎、恕者、如心爲恕、謂善德之深入於己、而感徹於心者、如己之心也、見人之所行而善者、於我心有感感焉、故見人之所行且爲者而感徹於己之心、如己心之所欲爲者、

然後己取行且爲之、則謂之恕也、故繹其所以感徹於己心、必格知其本、脩以爲己之德、及施之於行與爲、則引而伸之、觸類而長之、一以應於萬而行之、此君子脩恕而行之之道也、故君子之臨於國家、恕以制事、忠以行之、使萬民由之行之、則深入萬民之心、萬民之德莫不歸於厚者、此謂以忠恕行道也、故曾子曰、夫子之道、忠恕而已矣、

子曰。君子喩於義。小人喩於利。

喩猶曉也、君子者、在上之人也、雖在下、而有居上之德、亦謂之君子也、小人者、細民也、雖在上、而有細民之心、亦謂之小人也、君子有恥而貴公、小人無恥而好私、故君子喩之以義、則喩於義、小人喩之以利、則喩於利、各以其所好速應之也、此表之義也、然而聖人之喩人、雖導小人、猶無單以利喩之、此微言所存也、故此文猶云君子以義喩於利、則喩於義、而喩於利、小人以利喩於義、則喩於利、

而喩於義也、復讀如此、則微言明、而無語利之蔽、所以爲聖人之言也、

子曰、見賢思齊焉。見不賢而内自省也。

見賢思齊焉、謂勉崇其德也、見不賢而内自省也、謂勉脩其慝也、夫子曰、主忠信徙義、崇德也、攻其惡、無攻人之惡、非脩慝與、此章之義亦近焉、

右四章爲一段、凡欲誘人、先在脩其身、所以置第一章也、誘人之道、在不踰其等、所以置第二章也、不啻不踰其等、各就其情而誘之、所以置第三章也、誘人者、其言如此、所以置第四章也、

一段總明誘人之道也、

子曰、事父母幾諫。見志不從。又敬不違。勞而不怨。

學而爲政二篇、倶記孝之正者、此篇殊記孝之變者、此相應備正變者也、幾者幾微也、幾諫、謂見幾

微而諫之也、言孝子之事父母、恒敬天倫不違其志、勞於事不怨其艱、此其正者也、若父母有過、則見幾微而諫之、父母納之、則成其美、成其善、孝之上者也、若見不從、則又敬天倫不違其志、勞於事而不怨其艱、以及其始、此處其變者也、

子曰。父母在不遠遊。遊必有方。

有方、謂其志有所嚮也、凡孝子遠遊、則多廢養之日、故父母在、則不遠遊、此孝之正者也、然士有時而遠遊、遠遊則其志有所嚮、以成其業、此亦處孝之變者也。

子曰。三年無改父之道。可謂孝矣。

此章夫子述于大夫居喪之道也、解既備于學而篇、此爲居喪之孝、則亦類孝之變者也、再記于此者、有取於列也、註者曰、重出者、不知蒐輯者之意也、

子曰。父母之年。不可不知也。一則以喜。一則以懼。

以酒食相喜則曰喜也、詩云、吉甫燕喜、既多受祉、是也、懼然收容而畏則曰懼也、言凡爲孝子者、父母之年、不可不知也、見其壽考則可以飲食燕喜、見其老衰則可以懼然收容而畏也、此亦舉類孝之變者也、

右四章爲一段、第一章第二章、皆舉孝之變者也、第三章第四章、皆舉類孝之變者也、一段總明處孝之變者也、

子曰。古者言之不出。恥躬之不逮也。

以教言之、則曰古也、言斥號令也、和事以教、以制其號令、故以古言之也、躬、躬行也、逮猶周書云交修不逮之逮也、言古者和事以教、以制號令、其發之於邦內也、非容易出之、何則恥其躬行之不逮

也、君之躬行不逮於號令、則萬民尤怪不信之、故古者出號令、則必顧其己、信其躬行也、

子曰。以約失之者鮮矣。

撿束多物爲一、則曰約也、君子將爲於國家、則必約天下之事物、以徹識之於己、猶如洪範九疇者、是也、譬如五行、依水火者、悉皆屬水火之部、依木金土者、悉皆屬木金土之部、以天下萬物、皆收于五行之府、撿束爲五、無洩於此外、此謂約也、於是君子臨于朝庭、終日乾乾、敷洪範九疇、使出之而行之、則百官承而行之、莫不天下萬事悉舉、庶績咸凞也、此君子之有爲於國家也、故雖他人賢者、爲之、以約爲之、則失其政者鮮矣、蓋夫子勸人之言也、

子曰。君子欲訥於言。而敏於行。

訥、遲鈍也、敏、疾也、欲者、以誘人言之也、言君子欲訥於言、而敏於行也、庶幾人亦訥於言、而敏於行

也、此夫子以恕誘人之言也、

子曰。德不孤。必有鄰。

古之制、五家爲鄰、五鄰爲里、鄰者、相扶助者也、虞書曰、欽四鄰、又曰、臣哉鄰哉、此謂大臣及左右前後之人、相扶助君德、取之於鄰里之義也、言有德之人、一人立於朝而爲政、則雖如孤立、而不可孤立而止、必有朝庭扶助有德、成其政者出焉、故曰、德不孤、必有鄰、亦聖人勸善於人之言也、

子游曰。事君數斯辱矣。朋友數斯疏矣。

數必古言、謂屢諫也、臣之於君、見可諫之幾而諫之、故君納其言、而能行之、若不見幾、而屢諫之、則君不啻不納其言、反以咸辱之、故曰、事君數斯辱矣、士之於朋友、見可諫之幾、而忠告之、故朋友信其言、而能行之、若不見幾、而屢言之、則朋友不啻不信其言、反生意疏之焉、故曰、朋友數斯疏矣、故

君臣朋友之道、俱以義而合、則君子敬其道、不可屢發言而狎也、蓋五倫之道、以義而合者、唯在君臣朋友耳、子游合而言之、亦誘人之言也、

右五章爲一段、凡君子之發號令也、必行之於己、而後行之於國、所以置第一章也、君子之臨于朝也、終日乾乾、以約不失庶政、所以置第二章也、君子之行己也、欲訥於言、而敏於行、則莫有民尤之者、所以置第三章也、君子之得位也、人必扶助之、不習无不利、所以置第四章也、君子之事君也、敬以訥其言、則君無不信其言焉、所以置第五章也、一段總明爲仁之小條也、

以上五段、合爲一篇、第一段、明學仁之道也、第二段、明行仁於國家也、第三段、明行仁於國家者、脩己誘人也、第四段、明脩己誘人者、其極歸於孝弟也、第五段、應於第二段、明行仁於國家之小條也、

論語象義卷之二 終

論語象義卷之三

日本 東讚 三野元密伯慎 著

公冶長第三

此篇總論擇而學仁之道、次之於里仁篇也、又明君子擇人於朝庭、不出於此道也、

子謂公冶長可妻也。雖在縲絏之中。非其罪也。以其子妻之。

公冶長名芝、魯人也、凡云謂者、私言之也、縲黑索絏攣也、縲絏之中、謂獄中以黑索拘攣罪人也、夫子時謀其家事、私謂公冶長爲人可妻也、雖嘗在縲絏之中、以冤得其罪、則非其罪也、於是以其子妻之、古者以全首領獲終牖下爲幸、蓋公冶長非犯罪之人、夫子取之、則其簡直可想焉、凡託女子

於人、以終其身、其婿免於刑戮、則父母之願足矣、雖聖人、亦無異於是而已、

子謂南容。邦有道不廢。邦無道免於刑戮。以其兄之子妻之。

南容名縚、魯人也、夫子兄早没、夫子時謀其家事、故私謂南容爲人、邦有道不廢、邦無道免於刑戮、以其兄之子妻之、蓋南容三復白圭、以謹其言、謹其言如此、則其行之有信、亦可以知而已、夫言行、君子之樞機、發則榮辱繫焉、南容謹密言行、則邦有道不廢、邦無道免於刑戮、亦可以知而已、子者、女子之美稱也、古者婦人有三從之道、嫁則從夫、治其家、成其子道、所以有美稱也、

右二章爲一列、公治長以寃在縲絏之中、南容免於刑戮之人也、二人皆非犯罪之人、學者觀所長、擇而處仁、所以列二章也、

子謂子賤。君子哉若人。魯無君子者。斯焉取斯。

子賤名不齊、姓宓、魯人也、云謂者、私言之也、稱人云君子者、嫌己居君子議人之德、故用內辭、避其嫌也、哉者、深許之之辭、若人猶云若此人也、上斯謂斯人、下斯謂斯德也、說苑云、宓子賤治單父、彈琴身不下堂、單父治、此子賤之德、長於居上御衆者也、故子私謂子賤君子哉若人、魯無君子者、斯焉取斯、蓋言學而所得、長於君德者也、

子貢問曰。賜也何如。子曰。女器也。曰何器也。曰瑚璉也。

器者、適人之使用之名也、瑚璉者、宗廟盛黍稷之器也、夏曰瑚、殷曰璉、周曰簠簋、皆以玉飾之、貴重者也、夫子已許子賤以君子、子貢在坐、欲問己之位、記之於心、故書問曰也、子貢性高明、雖其才踰

於子賤、適人之使用之才也、故子曰、女器也、而器之類、尊卑大小不等、故子貢又問曰、何器也、於是子遂曰、瑚璉也、夫瑚璉者、宗廟之貴器、宗廟者、行大禮、出大政之處、人臣唯爲卿相者、得上廟堂、夫子以子貢比瑚璉、則子貢有卿相之才可知也、

右二章爲一列、子賤學而所得、長於君德、子貢學而所得、有爲臣之才、二子所志、各異故也、學者觀所長、以立其志、所以列二章也、

或曰。雍也仁而不佞。子曰。焉用佞。禦人以口給。屢憎於人。不知其仁。焉用佞。

冉雍字仲弓、魯人也、凡不足知君子之道、以衆人遇之者、皆謂之或也、口才曰佞也、以方幅防之、則曰禦也、口給、謂口辭捷給也、憎、惡憎也、唾而惡之也、仲弓爲人、居敬而行簡、訒於其言、故或人以爲

雍也仁而不佞、蓋世人貴佞、或人亦貴佞、故云爾也、於是子曰、雖世人貴佞、焉有所用佞、以方幅防之、口辭捷給、則不快於人心、屢見憎於人、今曰雍也仁而不佞、然而仁者大德也、不知雍也至仁、而佞則非君子所貴、焉用此佞也、此夫子欲使或人知佞非君子所貴、雍之不佞、其德固然也、

子使漆雕開仕。對曰。吾斯之未能信。子說。

漆雕開字子開、魯人也、古之制、學而入官、議事以制、故夫子使漆雕開仕、開對曰、吾斯之未能信、蓋未信諸己、恐迷亂其政、故開辭之云爾也、於是夫子感開之爲爲學之篤也、釋然說之矣、子路使子羔爲費宰、子曰、賊夫人之子、此子路之所爲、反於開之爲爲學之篤、故夫子說開而不說子路者、爲是也、

子曰。道不行。乘桴浮于海。從我者。其由也與。子路聞之喜。子曰。由也好勇過我。無所取材。

桴者、載人濟艱難者也、材者、桴之材也、皆譬之仁術也、我者、表顯之辭也、其悅見於顏色、則曰喜也、

此章夫子先定子路之德、又進一等、以微言行之也、言中國道不行、士大夫萬民之浮沈于艱難、猶如海上波濤俄起、相率沈溺、商書曰、小民方興、相爲敵讐、殷其淪喪、若涉大水、無津涯、周末擾亂、亦猶如此、於是夫子取桴材而聯之、將浮此海上、救士大夫萬民相率沈溺者、濟此艱難、使之出于寧靜之地、當是時、從夫子共與濟此艱難者、非勇者則不能、而勇者唯有子路、故曰、從我者其由也與、子路德已進、能悟微言、故聞之其喜見於顏色矣、然亦子路喜而安於其勇、則恐德畫而不能進、故夫子進一等誘之曰、由也好勇過我、然而無所取桴之材、從今以往、求仁而不已、則桴之材至于已、桴之材至于已、則仁術在其中矣、

此以微言誘子路、進一等者也、

右三章爲一列、居敬行簡、能訒其言、仲弓之行也、好勇而求仁術、子路之學也、以信成學、漆雕

開之志也、學者觀于三子學仁、則其德可成、所以列三章也、

孟武伯問子路仁乎。子曰。不知也。又問。子曰。由也千乘之國。可使治其賦也。不知其仁也。求也何如。子曰。求也千室之邑。百乘之家。可使之宰也。不知其仁也。赤也何如。子曰。赤也束帶立於朝。可使與賓客言也。不知其仁也。

公西赤字子華、魯人也、孟武伯爲魯次卿、將問三子用之、故直書問也、古者問人之德、或以仁或以知、仁知爲德之極、故也、作者之謂聖、所創業也、雖伊尹呂望不得稱聖、何則聖者、臣子之所憚也、故論語多以仁知問人之德者、爲是也、此問三子、亦其義也、不知者、夫子謙而不答也、又問者、武伯禮

而又問也、子曰、由也千乘之國、可使治其賦也、不知其仁也、夫子不以仁許子路、武伯疑冉有有仁德、故又問求也何如也、子曰、求也千室之邑、百乘之家、可使爲之宰也、不知其仁也、子華長於禮樂、異於子路冉有、故武伯疑有仁德、故問赤也何如也、子曰、赤也束帶立於朝、可使與賓客言也、不知其仁也、武伯問三子、夫子皆云不知其仁者、將使武伯漸問及仁者知者、而武伯問三子而止、於是夫子亦止、問則又將答、教之道也、

子謂子貢曰。女與回也孰愈。對曰。賜也何敢望回。回也聞一以知十。賜也聞一知二。子曰。弗如也。吾與女弗如也。

凡就其身私言之、則曰謂某曰也、子謂子夏曰之類是也、愈猶勝也、知者、徹知也、弗者、不聲之重也、

顔淵子貢爲高第弟子、夫子欲子貢知已而進其德、故就子貢私謂之曰、女與回也孰愈、子貢既省已、而知其分、故對曰、賜也何敢望回、回也聞一以知十、賜也聞一以知二、古之學、就師而聞名、則退徵言與行、聞言、則退徵名與行、聞行、則退徵名與言、全名言行、以進其學、此子貢之所以聞一知二也、顔淵不然、就師而聞名、則退徵言與行、觸類長之、引而伸之、竟至聞一以知十、此顔淵之才、所以特出於群也、故夫子許子貢曰、弗如也、非女弗如而已、吾與女共弗如也、此夫子許子貢能知其分而進學、然亦言弗如、則恐懈其學而不進、故慰子貢之意、言吾與女弗如也、所以忠恕誘人也、

右二章爲一列、子路冉有公西華、各長一事一能、顔淵子貢秀于其群、若孟武伯以次問之、則夫子必許二子以仁若知、記者列二章、示其意、學者觀之擇之、則仁在其中、又朝庭觀之擇人、

則人在其中、所以列二章也、

宰予晝寢。子曰。朽木不可雕也。糞土之牆。不可杇也。於予與何誅。子曰。始吾於人也。聽其言而信其行。今吾於人也。聽其言而觀其行。於予與改是。

檀弓曰、晝居於內、問其疾可也、夜居於外、弔之可也、寢今之內堂也、宰予犯禮制、晝居於寢、故記者書宰予晝寢也、凡門人皆以字書之、今以名書之者、誅之辭之也、戒其將以情慾廢學也、此朋友之道也、朽、腐也、雕、刻畫也、腐木其質不堅密、雖以刀施之、遂不可刻畫矣、以譬人迷情慾、則其心不堅固、雖以誨曉之、遂不可成也、杇、鏝也、糞土之牆、既蒸糞土、則其牆土腐、其上不可杇矣、以譬人惑情慾、則其體昏亂、雖以教喩之、遂不可成也、誅者、責也、與者、放辭絕之也、於予與何誅者、深責而大戒之也、中間再書子曰者、歷日發言也、成人之道也、始吾於人也、聽其言而信其行、而觀其行反其言、則此吾過也、今吾於人也、聽其言而觀其行、其行符于其言、而後知其信、於予過與改吾過、此進德之道也、予亦改其過、則猶吾進德之道也、此夫子以恕誘人者也、

子曰。吾未見剛者。或曰。申棖也。子曰。棖也慾。焉得剛。

申棖字周、魯人也、史記作申黨字周、內外充塞、雖碎不撓、則謂之剛也、剛者、一德也、虞書九德之一、故子曰、吾未見剛者、或人在坐、對曰、申棖也、子曰、棖也慾、焉得剛、夫慾也者、飲食貨財男女之情、皆謂之慾也、人莫不有情者、然偏於慾、則剛爲慾所蕩、剛爲慾所蕩、則其信不可期矣、故曰、棖也慾、焉得剛也、蓋言剛德之所以爲貴也、

右二章爲一列、宰予之荒色廢其學也、申棖之多慾不得剛也、皆有害於學矣、知前九章、雖賢人君子多、學者不監宰予申棖、則雖擇而處仁、終無所得、故列此二章、結前九章也、

子貢曰。我不欲人之加諸我也。吾亦欲無加諸人。子曰。賜也非爾所及也。

此章舉脩德之道不踰其等、以處其實地也、我者、對人之辭也、吾者、己一人之辭也、亦、亦他人賢者也、之於、曰諸、斥非義也、爾者、貴重之辭也、子貢德既進矣、以爲今我對人不欲人之加非義於我也、吾亦一人脩其己、欲人之無加非義於人也、此君子脩己以安人之事、子貢行之、有二三得之、故將自許之、然而脩己以安人、堯舜其猶病諸、故夫子不許其言曰、賜也爾其德可貴重、然而君子所過者化、非爾所及也、此乃夫子既貴重子貢、又使學不踰其等、所以循循於誘人也、

子貢曰。夫子之文章。可得而聞也。夫子之言性與天道。不可得而聞也。

此章明學問之道貴實地、而不貴空理也、夫子尊親德之辭也、性者心與生相合者也、言其所以生活也、故通之於人物鳥獸魚鱉也、遂通之於草木金石也、孝經所謂天地之性、謂此物也、天道者謂一年四時晝夜寒暑風雨霜露雷霆之所以行也說卦傳所謂立天之道、曰陰與陽、亦謂此物也、文者、物相雜之謂文也、大小長短各得其所則謂之章也、言聖人之制其教事也、物相雜而無分際、無有假合之痕也、制其教事以行之也、大小長短各得其所、諸相將各爲其良美之材用、而不相妨害也、夫君子以成其德相尚、而制其教事也、以性與天道和之于命、以貴之於禮樂而行之、此謂文章也、故君子之制文章、性與天道皆在其中、故人唯觀其文章而已、若夫君子之人、不以成其德相尚、又不以文章、但言人物鳥獸魚鱉草木金石之所以生生也、但言一年四時晝夜寒暑風雨霜露雷霆之所以行也固無有此事、故不可得而聞也、此乃聖人之所以貴實地、而不貴空理也、學者之所

以爲準則也、

子路有聞。未之能行。唯恐有聞。

此章明脩身之道、聞善言、敏於其行也、子路敏於其行、記者貴之曰、子路前有聞、未之能行、則唯恐後有聞、前後兩相失焉、此言子路之敏、人皆難之也、

右三章爲一列、學問之道、貴實地而不貴空理、知其分而不躐其等、敏於其行而脩其已、此學者之所嚮、所以合三章爲一列也、而前十一章、明擇而學仁之義、後三章、明其所學之準則、此所以合十四章爲一段也、

子貢問曰。孔文子何以謂之文也。子曰敏而好學。不恥下問。是以謂之文也。

孔文子衛大夫孔圉、文其謚也、孔圉卒、自衛謀謚於孔子、子貢以爲文者聖者之謚、今以文謚之、有不可解者、將問之識之於心、故書問曰也、敏於行而好學者、不恥古人者也、不恥下問而脩已者、大志之所存也、今孔文子學行相備而有大志、勤而不止、則文德之至、將有日矣、故子曰、敏而好學、不恥下問、是以謂之文也、蓋古之立謚法、其人將進文德、則雖非聖人、以文謚之、聖人開人之善路如此、夫子亦從而爲之也、

子謂子產有君子之道四焉。其行已也恭。其事上也敬。其養民也惠。其使民也義。

子產鄭大夫公孫僑、以字通者也、私言之則曰謂也、孔子論子產之德、曰有君子之道四焉、是躬居君子、論人之有君子之道、其言似於有驕、故私言之避其嫌也、與謂子賤者同義也、我欲尚人謙莊

其容、則曰恭也、我欲得人之嘉言、而共其心、則曰恭也、子產之行已也、身者父母之遺體也、唯恐辱其身、故我欲尚人、謙莊其容、則人禮我無侮焉、孝者繼人之志、述人之事者也、我欲得人之嘉言、而共其心、則人以其言納於我焉、此謂其行已也恭也、君子之道一也、欽正曰敬也、言欽崇以奉之方正以行之也、子產之事上也、以君事爲王事、以王事爲天事、出門如見大賓、使民如承大祭、欽崇以奉之、方正以行之、莫不事事尊其君焉、此謂事其上也敬也、君子之道二也、惠者無邪壓而賜與也、又惠而不費也、子產之養民也、以赤子愛之、無邪壓而賜與之、因彼之所利而利之、則民莫不受其賜、懷其上也、此謂其養民也惠也、君子之道三也、以公滅私、則曰義也、子產之使民也、以公滅私、彰信於民、則民莫不俄然應之、用其情焉、此謂其使民義也、君子之道四也、學者擇於此四道、則孝忠慈公、可得其益矣、學之所以進也、國之所以治也、子曰。晏平仲善與人交。久而敬之。

晏平仲齊大夫、名嬰、平其謚也、皇侃本作久而人敬之、善謂其所爲至妙也、言晏平仲善與人交、經久而人敬之、莫有厭之者、此其於交所以爲至妙也、而世以管仲晏子並稱、而夫子以天下稱管仲、以交際稱晏子、管仲晏子、其大小可觀矣、

子曰。臧文仲居蔡山節藻梲。何如其知也。

臧文仲魯大夫、臧孫辰、文其謚也、蔡大龜、國君宗廟之守龜也、節柱頭斗栱、梲梁上短柱、山節藻梲、刻山於節、畫藻於梲也、按明堂位、天子之廟飾也、而諸侯與焉、大龜國有大事、則告祖宗之命者也、山節喻仁也、藻梲喻禮也、居蔡山節藻梲、取祖宗之命、仁以行之、禮以和之也、言世人稱臧文仲曰、先大夫臧文仲之爲政於魯也、世所謂知者也、夫子聞之、斷其妄曰、臧文仲陪臣也、而不知先王之

禮制、居蔡於已之私廟、山節藻梲、以僭其廟制、此不知而作之者也、雖世人曰知者、何如其知也、蓋言聖人不以人之毀譽讓取人、觀其功實以取人也、

子張問曰。令尹子文三仕爲令尹。無喜色。三已之。無慍色。舊令尹之政。必以告新令尹。何如。子曰。忠矣。曰仁矣乎。曰。未知。焉得仁。崔子弑齊君。陳文子馬有十乘。棄而違之。至於他邦。則曰猶吾大夫崔子。違之。之一邦。則又曰猶吾大夫崔子也。違之。何如。子曰。清矣。曰仁矣乎。曰。未知。焉得仁。

令尹、楚國執政官名也、子文姓鬭、名穀於菟、以官通者也、凡有功德於官、而以官通者、必通官而稱

之、君子樂稱人之善也、令尹子文、行人子羽、葉公祝鮀是也、其稱大夫僎者、君子成人之美也、其官之顯、而其人不聞、又忘其姓名、而猶舉其官者、恐沒人之善、而待著之者也、陳司敗大宰是也、令尹子文三仕爲令尹、無喜色、三已之無慍色、此似仁者之安仁、唯行藏任於天命、又舊令尹之政、必以告新令尹、似仁者之爲政、敬王事君事、以事其君、故子張欲知爲仁而問之也、而夫子以子文無私心、能事其君而許之、故曰忠矣也、於是子張聞夫子不許仁於子文、遂發其所蓄而問之曰、仁矣乎、而子文夫子之不相見之人、有仁亦不可圖、然而仁大德也、有則必著於功實、今子文無無跡之可觀、則此無仁也、故曰、未知、焉得仁也、此言聖人不謾論人也、齊君莊公名光、崔子齊大夫名舒、子者孝德之稱、崔舒爲齊卿、當以孝德導人民、而今以非道導人民、故記者貶之書崔子弑齊君也、亦春秋之法也、事見魯襄公二十五年、陳文子亦齊大夫、名須無、有馬十乘、語其富也、棄而違之、潔其身而避亂也、至於他邦則曰、猶吾大夫崔子也、違之、之一邦、則又曰、猶吾大夫崔子也、違之、此似仁者、梟天命、重天職、不顧富貴、徧歷於四方、故子張欲知爲仁而問之也、而夫子以文子不與惡人共立朝、其清潔可稱許之、故曰清矣也、於是子張聞夫子不許仁於文子、遂發其所蓄而問之曰、仁矣乎、而文子、夫子之不相見之人、有仁亦不可圖、然而今文子無跡之可觀、則是無仁也、故曰、未知、焉得仁也、

季文子三思而後行。子聞之曰。再斯可矣。

季文子魯正卿、季孫行父、文其謚也、凡君子之制事也、敏於事而愼於言、徹已而後行、非必待三思、而後行也、而世之傳文子者曰、季文子三思而後行、此稱過其實也、故子聞之曰、再斯可矣、文子之爲政、無有跡之可觀者、故夫子矯傳者之言過其實也、

子曰。甯武子邦有道則知。邦無道則愚。其知可及也。其愚不可及也。

甯武子衛大夫、甯兪、武其謚也、古者學詩書禮樂、以致其知、徹諸已、則謂之知也、按左氏傳甯武子仕衛、當文公成公之時、文公有道、武子無事、然夫子稱其知、則其間必有可觀者、此所以稱邦有道則知也、成公無道、衛國大亂、朝晉身就囚、而武子奔走其間、竭心力、不避險難、其之晉還衛、所交者、皆儉利知巧之士、雖順從俯仰於其間、不敢與非義、善保其身、以濟其君於險難、此所以稱其愚不可及也、此章明君子出處進退、語默有時也、

右七章爲一段、皆擧孔子以前賢大夫也、學問之道、敏於行、不恥下問、所以置第一章也、其於擇而處仁也、猶擇四道於子產、所以置第二章也、而非徒擇四道於子產、又擇晏子一能而脩

之、所以置第三章也、以右三章爲一列、又學問之道、擇而脩之、則以行之爲貴、行之之道、奉祖宗之命、出之以仁、和之以禮、而後行之於國家、所以置第四章也、行之於國家者、以忠與清、仕于其君、所以置第五章也、雖以忠與清仕于其君、非徹之於思而脩之、則不能、所以置第六章也、以右三章爲一列、合二列、學行相備、雖學行相備、非徹於出處進退、則不行矣、所以置第七章也、

子在陳曰。歸與歸與。吾黨之小子。狂簡斐然成章。不知所以裁之。

天生德於夫子、夫子畏天命、重天職、徧歷諸侯、觀天意之用與否、而無有諸侯用夫子者、夫子知東周之不可復興、當傳道於後世、將自陳歸於魯教育門人、故記者述其意、書子在陳曰也、重言歸與

歸與者、深嘆東周之不可復興也、小子學道之稱、狂、志大也、雖有大志、未及于言行、則謂之狂也、謂猶狂人之狂也、簡、簡大也、不好捷徑、心執直道、則謂之簡也、斐然、有文章貌、大小相錯、各得其所、則謂之章也、裁、裁制也、言吾黨之小子、其爲人狂簡、學先王之道、能格其物、大小長短相錯、各得其所、斐然而成其章、然而不知所以裁制之、斷長補短、和合時與人情、脩之於一德、故吾將歸於魯、使之知所以裁制之也、此亦夫子所以畏天命、重天職也、

子曰。伯夷叔齊不念舊惡。怨是用希。

伯夷叔齊、兄弟以字通者也、見論語者、凡四焉、孔子所論、皆爲仁者畏天命重天職者、其出處進退、自比之於伯夷叔齊、而其精言爲人者、以不降其志、不辱其身稱之、係之以逸民、則蓋所謂若用之、則吾從先進者也、武王之時、字之制未立、始自成王、則伯夷叔齊、非周初之人必矣、且爲孤竹君二

子者、皆出於戰國諸子之雜說、而不見六經載其事、凡秦漢以來、儒者無篤信六經者、不辨諸子之雜說、公然溷先王之道、此伯夷叔齊之所以不明于後世也、學者當讀論語而去其妄矣、夫伯夷叔齊、逸民而仁人也、其身畏天命、重天職、徧歷于諸侯、餓于首陽之下、其所接者、不啻數十人、人有舊惡者、能改其過、則洒然不念其舊惡、以成人之美爲其勤、故怨之跡、是用希、而人亦是用其怨希、是無他、仁者成人之美、不成人之惡故也、念者、念屬也、屬諸心不能忘也、希者、少也、容偶有之也、前章舉孔子畏天命、重天職、徧歷四方之事、此章舉伯夷叔齊汎接於衆、不念舊惡、成人之美之事、以明孔子自以其出處進退、比於伯夷叔齊也、學者尚與微子篇逸民之章參考、則其義益明也、

子曰。孰謂微生高直。或乞醯焉。乞諸其鄰而與之。

直者、一德也、好直不好學、則其蔽也絞、又有用意委曲、失於直道者、皆不好學之蔽也、微生高蓋孔

子鄉人、以直見稱於鄉、而高非好學者、則不能無失於直、而鄉人有稱其直者、於是子曰、孰謂微生高直、或乞醯焉、乞諸其鄰而與之、此高之用意、委曲而失於直、如不與人之所稱相似然、故夫子以戲言怪之、誨高之不好學而謬於直也、

子曰。巧言令色足恭。左丘明恥之。丘亦恥之。匿怨而友其人。左丘明恥之。丘亦恥之。

巧言令色、謂飾外而內無實也、足恭、謂前卻俯仰以足爲恭也、匿怨而友其人、謂內相怨而外詐親也、言巧言令色足恭、是皆挾私求於人者也、君子則不爲之矣、故左丘明恥之、丘亦恥之也、友者、相親者也、今匿怨而友其人、則外相親而內相怨、親與怨交於心、問之於心、則將如之何、君子則不爲之矣、故左丘明恥之、丘亦恥之也、此章孔子貴左丘明、自謙稱名、又稱亦、蓋先進之有德者也、

顏淵季路侍。子曰盍各言爾志。子路曰願車馬衣輕裘與朋友共敝之而無憾。顏淵曰願無伐善無施勞。子路曰願聞子之志。子曰老者安之朋友信之少者懷之。

書顏淵季路侍者、此記者以師於外之禮列之也、師於外之禮、以尊德尚齒爲禮、故以顏淵爲有德、置子路之上、猶先進篇以子路爲有德、置曾晳冉有公西華之上也、而子路之年、長於顏淵、今先於顏淵對之者、顏淵雖爲有德、於師前不可以德伸、故子路先對之、此於師前之禮也、何不曰盍也、爾者、以德許之之辭也、上書季路、下書子路者、季路亦少年德未進也、子路亦長年德已進也、論語用季路子路二稱者、皆明此義也、凡門人中、好勇速進其德者、無如子路、故唯子路有此二稱、其他亦有未進德之問、又有既進德之問、不可取一限其人、今以季路子路二稱、使讀者悟孔門脩德之隆也、問居無事、則必有言其志、故今夫子云爾也、子路亦莵輯者之志也、子曰、盍各曰爾志、弟子侍師前、曰、願車馬衣輕裘、與朋友共敝之而無憾、願者、謙辭也、朋友之道、以貨財相通、共輔其仁者也、子路之時、周道既衰、行之者太希、故子路以車馬衣輕裘、與朋友共疲敝、無有遺恨矣、此子路未進德之志也、顏淵曰、願無伐善、無施勞、我既行善、誘人以善、則人亦行其善、此功已成也、於是我伐其善、則人心厭之、反滅前功矣、此其行之難者也、故顏淵欲處其行也、勞勞事也、凡人情去勞而就逸者、猶水之就下也、故君子不勉、則道不行、故曰、勞謙君子、有終吉、此亦其行之難者也、故顏淵欲脩其行也、此二者、顏淵雖如願之於平生之行、亦微含有爲於國也、此顏淵已進德之志也、子路曰、願聞子之志、二子既言其志、子路知夫子有所志、故願聞其志也、亦尊親之也、子曰、老者安之、朋友信之、少者懷之、凡事老者之道、必以孝敬事之、然而敬勝則老者不盡其所欲、故以恕和之、則老者盡其所欲、就其所安也、故曰、老者安之、朋友之交、我先以信處己、加信於朋友、則朋友信而脩之、而後信其行、此我成朋友之美也、故曰、朋友信之、誘少者之道、以愛與惠加之、則少者懷愛與惠、無有避之者矣、故曰、少者懷之、此三者夫子雖恒在鄉黨之行、亦微含養老之禮老老長長恤孤之道也、蓋子路之志、在大學之行也、顏淵之志、大禹之德也、夫子之志、堯舜之化也、而以平生之行言之者、君子思不出其位之故也、

子曰。已矣乎。吾未見能見其過而內自訟者也。

已矣乎、謂將終不復見也、能者、纔堪之辭也、訟猶責也、內自訟、謂口不言而心自咎也、攻其惡無攻人之惡、脩慝之道也、君子貴焉、

此聖人勸人以脩慝之道也、

子曰。十室之邑。必有忠信如丘者焉。不如丘之好學也。

十室、邑之極小者、必者、懸斷之辭、稱丘者、自謙以好學爲常事也、子以四教、文行忠信、子曰、學則不固、主忠信、文言曰、忠信所以進德也、忠信者骨也、文行者肉也、骨肉相得、活然德立矣、言十室極小之邑、擇忠信之人、則必有忠信如丘者、雖必有忠信如丘者、不如丘之好學也、夫十室極小之邑、有忠信已如此、若千室之大邑、擇忠信之人、則其衆多幾許也、使此衆多忠信之人、好學進德則安有不如丘之好學者焉、必濟濟多士、勝丘者多出矣、人何不幹此忠信爲好學也、此聖人篤勸學於人之言也、

右七章爲一段、凡士之立志、以簡大爲貫、所以置第一章也、以簡大立其志者、不念舊惡、能成

人之美、所以置第二章也、又以簡大立其志者、貴直道、不貴委曲、所以置第三章也、不貴直道、貴委曲者、君子恥之、所以置第四章也、君子以簡大行已、則平生之行、可以爲於天下、所以置第五章也、君子以簡大行已、其本在好學、所以置第六章第七章也、

以上三段、合爲一篇、第一段、明就孔門弟子德行異者、擇而脩仁也、第二段、明就他人賢者德行異者、擇而脩仁也、第三段、明凡擇而脩仁者、以簡大立其志也、

雍也第六

此篇總明擇人而學仁、其德見於其行者也、古之學、主學之者仁也、故先置里仁篇也、學之之道、在擇人而學仁、故次之以公冶長篇也、既擇人而學仁、則其德見於其行、故次之以此篇也、故公冶長自里仁第一章來者也、此篇自里仁第七章來者也、學者觀此三篇、

則成德之道、可知矣、

子曰。雍也可使南面。仲弓問子桑伯子。子曰可也簡。仲弓曰。居敬而行簡以臨其民。不亦可乎。居簡而行簡。無乃太簡乎。子曰。雍之言然。

亦者、謙辭也、可也爲一句、簡爲一句、仲弓既學而脩德、臨下以簡、御衆以寬、人君南面之事備矣、故夫子許之曰、雍也可使南面也、子桑伯子、其德處簡者也、仲弓將知己之簡、故先引子桑伯子試之、於是夫子謂子桑伯子曰、可也、簡、仲弓聞之、知伯子之簡、未必全、遂謂己之簡曰、居敬而行簡、以臨其民、不亦可乎、言居身敬肅、行事簡大、所以得其中也、又謂伯子之簡曰、居簡而行簡、無乃太簡乎、言居身簡大、行事簡大、所以失其中也、凡居南面之位、帥人民者、非簡得其中、人民無由其中、也故

子曰、雍之言然、言仲弓之簡堪行南面之事也、

哀公問弟子孰爲好學。孔子對曰。有顏回者好學。不遷怒。不貳過。不幸短命死矣。今也則亡。未聞好學者也。

哀公之問、一時苟問之、則當書問曰、而今直書問者、猶將問之用之者、此記者成君之美也、又成孔子尊君之意也、稱孔子者、君臣之辭也、者者、微之辭也、好學、謂不易於物、一向於學也、遷、移也、不遷怒、謂以怒於甲者、不移之於乙也、貳、重也、猶貳膳之貳也、不貳過、謂不文過也、顏回學以成德、成德之至、和順積中、故不遷怒、清明在躬、故不貳過、不遷怒者、居仁也、不貳過者、遷義也、居仁遷義、日新不已、好學之功、所以出於群也、其出於群者、天幸也、而天降年不永、不幸短命而死矣、今也則亡、未

聞好學者也、此孔子深稱顏回好學之功、使哀公知盛德日新、非他人之所及也、

子華使於齊。冉子爲其母請粟。子曰、與之釜。請益。曰、與之庾。冉子與之粟五秉。子曰、赤之適齊也、乘肥馬、衣輕裘。吾聞之也、君子周急不繼富。

定公之時、孔子爲大司寇、冉有子華原思、皆臣於孔氏、子華爲孔子使於齊、蓋子華本祿少、今出使於他邦、冉子以其母爲辭實爲子華給所費、此用其心委曲非公道、且不從夫子、用己意恣行之故記者書子華使於齊、冉子爲其母請粟也、子者、尊稱也、以姓配子者、獨立不倚之稱也、今冉有恣己意、逆夫子而行之、如有所獨立然、故書冉子反貶之、朋友諷譏之道也、於是夫子以冉有用其心委曲、非公道、曰與之釜、釜六斗四升也、與至少、亦非公道也、冉有以其數極少、又請益之、夫子以冉有

不悟其意、曰與之庾、庾十六斗也、再請不許、又示非公道也、冉有終不悟夫子意、用已意與之粟五秉、秉十六斛也、五秉、合爲八十斛、子華遂使於齊、於是夫子猶喩冉有曰、赤之適齊也、乘肥馬衣輕裘、此其家之富、足以行禮矣、而冉有以委曲害公道、又使子華失其清、故引古語曰、吾聞之也、君子周急不繼富、此篇諭冉有、明失公道、則大事終不成也、

原思爲之宰。與之粟九百。辭。子曰。毋。以與爾鄰里鄉黨乎。

毋者、禁止之辭也、爾者、尊德辭也、原思爲孔氏之宰、以公道與之粟九百、原思蓋家富、以私心辭之、故記者記其義也、於是夫子以義而不取、亦非公道、曰毋以禁止之也、夫與鄰里鄉黨者、君子周急之道也、爾之德已尊、當必行此道矣、故曰、以與爾鄰里鄉黨乎、凡財者、人情之所嚮、故用財之道、必

貴公平、今冉有原思之所爲、共非公平之道、故夫子皆不從之矣、按今以周升比日本之升、則釜爲五升七合五勺弱、庾爲一斗四升三合七勺微強、冉子以爲少可知矣、五秉爲七石一斗八升五合九勺有奇、乃五馬所馱、爲近於人情矣、孔安國以九百爲九百斗、爲日本之八石零八升、通一歲爲九十七石、蓋中士之祿也、亦爲近是矣、

右四章爲一列、仲弓之敬而簡、顏淵之居仁而遷義、是皆可立於國家之上矣、所以列二章也、冉有之以私心害公道、原思之似清過公事、是皆可以爲其次矣、所以列二章也、合四章、朝庭之事可觀焉、

子謂仲弓曰。犂牛之子。騂且角。雖欲勿用。山川其舍諸。

云謂曰者、私之、又公之也、教人辭也、犂牛、雜文之耕牛、喻民之德也、騂且角、謂赤色而角周正、中犧牲者也、古者諸侯奉事社稷宗廟、尊山川、賓群神、仲弓有南面之德、故取為諸侯尊山川之義也、勿者、教戒之辭、其者、懸期之辭、之於曰、諸也、言夫子私稱仲弓之德、又公之教人曰、仲弓之父、猶犂牛、而民之德也、雖其父猶犂牛、其子猶騂牛、則雖人教戒之曰勿用之、山川之神、嘉仲弓有南面之德、必不舍其人、以君德待之、何以其父舍其子之有德乎、此章亦天生德於予之意、

子曰。回也其心。三月不違仁。其餘。則日月至焉而已矣。

此章有二義焉、一則夫子稱顏淵之德位也、一則夫子勸門人之言也、三月謂其久也、偶有違者、故云不違也、其餘對于其心、以仁術言之也、又對于回也、斥他門人也、日月至焉、謂日日至月月至也、

以顏淵之德位言之、則回也其心之位、歷三月之久、積仁於內、雖偶有違者、而不違仁、其餘仁術、則日月至焉、見其進、未見其止而已矣、是其一義也、
以勸門人言之、則回也其心之位、歷三月之久、積仁於內、雖偶有違者、而不違仁、其餘門人、則其心之位、日月至焉、其餘仁術、亦近回之仁術而已矣、
是二義也、此夫子觀門人之德位、而語之也、

季康子問仲由可使從政也與。子曰。由也果。於從政乎何有。曰賜也可使從政也與。曰賜也達。於從政乎何有。曰求也可使從政也與。曰求也藝。於從政乎何有。

書問者、將問此人用之也、何有、猶云何難之有也、
答三子各以一能者、將使季康子漸問及於大德

也、又將使季康子合此數人從其政也、此言語之道也、果、長於果斷也、達、通於事理而敏於行也、藝、精於禮樂射御也、

季子使閔子騫爲費宰。閔子騫曰。善爲我辭焉。如有復我者。則吾必在汶上矣。

閔子騫名損、魯人也、善猶宜也、謂任之也、我者、對人之辭也、吾者、一人之辭也、汶、水名、在魯北齊南境上、言季氏使閔子騫爲費宰、遣使者言其事、閔子騫曰、善爲我辭焉、如有復我者、則吾必在汶上矣、此君子居易俟命者也、其言簡大不瑣瑣、其人之大量、亦可以知已、

右四章爲一列、其得君德如仲弓、其得仁如顏淵、三子之長於一能一藝、閔子騫之大量而俟命、是皆因於初立其志、則學者立其志、不可不擇焉、所以列四章也、

伯牛有疾。子問之。自牖執其手曰。亾之命矣夫。斯人也。而有斯疾也。斯人也。而有斯疾也。

伯牛姓冉、名耕、魯人也、有者、一有一無之辭也、伯牛今偶有疾、故書伯牛有疾、猶書曾子有疾也、秦漢以後、言伯牛有惡疾者、俗儒謾傳其説也、不可取矣、牖者、南牖也、禮、病者居室中北牖下、君視之、則遷南牖下、東首加朝服拖紳、使君得以南面視之、時伯牛家、尊夫子而用此禮、夫子不敢當之、不入其室而居堂、而自牖執其手視之、此親伯牛也、亾者、存之反也、命者、天之命也、矣夫、决之又疑之也、斯人也、而有斯疾也、猶云如斯人也、而有如斯疾也、言伯牛既從天之命、以生其德、然則天永之年、不應降斯疾、而今天降斯疾、此天亾之之命也、然天之所爲、不可測、故夫子已决之、又疑之曰、斯人也、而有斯疾也、斯人也、而有斯疾也、重而言之、深惜伯牛之死也、顏淵死、子曰、噫、天喪予、天喪予、

今惜伯牛、亦猶惜顏淵、皆痛道之將廢也、

子曰。賢哉回也。一簞食。一瓢飲。在陋巷。人不堪其憂。回也不改其樂。賢哉回也。

此章明顏淵好學、異於他人也、賢哉、美大勝於衆也、一簞食、一瓢飲、在陋巷、皆謂其至貧也、不以辭害意可也、人斥士大夫也、憂、謂寵辱若驚也、凡士大夫之情、見人之得寵則若驚、聞人之得辱則若驚、是無他、以不能已營其利、安妻孥、為憂也、顏淵則不然、雖居至貧、無意於寵辱、唯天命之從、以脩其德、得一則樂之、得二則樂之、積道於已不改其樂、故再曰賢哉回也、美大勝於衆也、

冉求曰。非不說子之道。力不足也。子曰。力不足者。中道而廢。今女畫。

凡門人以字書之、尊德也、今冉求晝於道、故書名貶之、猶貶宰我書名、朋友諷譏之道也、道者、先王所以治天下國家之道也、此詩書禮樂之道、而即孔子之道也、故冉求曰子之道者、謂詩書禮樂之道也、詩書與禮樂、其道博而大、脩而一之者、憂憂乎難矣哉、故冉求曰、非不說子之道、力不足也、此冉求所云、非無其義、然而學士畫而不進、則將如斯道何、故夫子謂冉求曰、古之力不足者、中道而廢、今汝畫、此夫子勵冉有之志、畫而不進者也、戰國策云、兔極於前、犬廢於後、此廢字、亦謂斃而後已也、

子謂子夏曰。女爲君子儒。無爲小人儒。

私就其身言之、則謂子謂某曰也、教之之辭也、君子儒、以國家爲已任、有志於濟物者也、小人儒、纔善其身、給人之役、不能及物者也、又子謂子夏、師也過、商也不及、且子夏長文學、未及德行言語政

事、故恐終止於文學、纔善其身、給人之役、不能及物、故夫子戒之以小人儒、勸之以君子儒也、

右四章爲一列、伯牛之脩德而不思壽夭、顏淵之求仁而不憂貧、皆君子之所行、所以列二章也、冉有之畫而不進德、子夏之安於小成、皆非君子之志、所以列二章也、合四章、君子之志可觀焉、

子游爲武城宰。子曰。女得人焉耳乎。曰有澹臺滅明者。行不由徑。非公事。未嘗至於偃之室也。

武城、魯下邑、澹臺姓、滅明名、字子羽、凡爲政、以擧賢才爲先、今子游爲武城宰、故夫子以得人問之也、焉耳乎、緩辭也、以緩辭者、親之也、有者、希有之辭也、示人之難得也、者者、微之也、徑者、小路也、雖往而近、勞其心者也、行不由徑、謂其爲人簡直也、非公事、未嘗至於偃之室也、謂由公道而行官事

也、周官曰、以公滅私、民其允懷、滅明之行、居官之道有焉、

子曰。孟之反不伐。奔而殿。將入門。策其馬曰。非敢後也。馬不進也。

孟之反、名之側、魯之大夫也、誇功曰伐、敗走曰奔、軍後曰殿、左氏傳曰、哀公十一年、齊國書高無平師、師伐我、孟之側後入、以爲殿、抽矢策其馬曰、馬不進也、唯記之反之事、不記孔子之言、而今見於此者、皆一時之事也、虞書曰、汝惟不伐、天下莫與汝爭功、之反之行、不伐功者有焉、

子曰。不有祝鮀之佞。而有宋朝之美。難乎免於今之世矣。

祝鮀、衞大夫、字子魚、佞有口才也、宋朝、宋公子朝、有美色者、左氏傳定公十四年、衞公爲夫人南子

召宋朝、太子蒯聵過宋野、野人歌之曰、既定爾婁豬、盍歸吾艾豭、太子羞之、是也、言雖佞非可用者、有祝鮀之佞、辭宋朝之不義、則當免今之世之害也、若不有祝鮀之佞、而徒有宋朝之美、不能辭其不義、則何以免今之世之害矣、此言雖佞非可取者、亦當其用取之也、聖人之言、優裕不迫、有取祝鮀之佞焉、

右三章爲一列、澹臺滅明之直而守公道、孟之反之不伐其功、祝鮀之得於口才、皆長於一能、則學者足擇而脩已、所以列三章也、以上四列、合爲一段、前三列、舉孔門諸子、德行彬彬者也、後一列、舉他人賢者、有一能者也、

子曰。誰能出不由戶。何莫由斯道也。

戶者、自室行於堂之處、人必由之出入者也、道者、人之所必由之、不可須臾離者也、故人之於道也、

猶出入必由戶、故夫子諭人曰、誰能出不由戶、何莫由斯道也、此夫子取譬於近者也、

子曰。質勝文則野。文勝質則史。文質彬彬。然後君子。

質謂內有忠信也、文謂外行禮樂也、野野人也、謂鄙畧也、史史官也、謂文多也、彬彬文質適均貌、言內忠信之質、勝外禮樂之文、則其人猶野人鄙畧也、外禮樂之文、勝內忠信之質、則其人猶史官文多也、俱不可取者也、唯內忠信與外禮樂相適均、然後可謂彬彬君子也、此亦夫子與先進於禮樂章、互相發也、

子曰。人之生也直。罔之生也。幸而免。

生猶死生之生、謂活然立於世也、罔者誣也、謂誣而暗人之耳目也、免免於刑戮也、言人之活然立於世也、爲有天命常道、正直以行之也、若承天命常道、不能正直以行之、公然立於國家之上、如行

天命常道者、是誣而暗人之耳目者也、斯人而免於刑戮、是幸而免於刑戮也、天網恢恢、疏而不失、何其有免乎、齊景公曰、君不君、臣不臣、父不父、子不子、雖有粟、吾得而食諸、此亦此章之意、

右三章爲一列、道之不可離也、猶由戶而出、所以置第一章也、君子之由道也、文質彬彬而行焉、所以置第二章也、君子而不由道、天必罰之矣、所以置第三章也、

子曰。知之者。不如好之者。好之者。不如樂之者。

知之者、謂學而知之者也、好之者、謂不易物而向之心誠求之者也、樂之者、謂日日新、又日新者也、

此夫子明學者三等之位也、

子曰。中人以上。可以語上也。中人以下。不可以語上也。

中人、謂可上可下之才也、語上、謂以仁術語之也、言中人以上、可以語上也、聽之脩己、又及人、中人以下、不可以語上也、不能聽之脩己、亂義悖道、害己而及人、所以戒之也、又民可使由之、不可使知之之意、

樊遲問知。子曰、務民之義。敬鬼神而遠之。可謂知矣。問仁。子曰、仁者先難而後獲。可謂仁矣。

此承前章、明語上於中人以上也、又明中人以上、至好之樂之之德位也、後世所謂知者、聰明若張良陳平、出謀發慮者、是也、此性質之知、而非學而得之者、古之所謂知者、中人以上、學而至知者也、故樊遲之問知、問學而至知者也、子曰、務民之義、敬鬼神而遠之、可謂知矣、夫義也者、宜也、裁其私情、引之於仁也、凡氓之蚩蚩、大氐避義而就利者也、故上放利導之、則人人征利、不奪則不饜、是以知

者敬天職、與天物、制義導之、則民唯向義而務之、而利在其中焉、譬如伐山林、伐山林者、民之所利也、使不知義而伐之、則民相爭而伐之、不日而竭之、草木荒蕪、卒匱於嗣歳之用矣、若使之敬天職與天物、以義伐之、則民相讓而伐之、山林蕃然、茂復如故、故繫辭傳曰、理財正辭、禁民爲非曰義、此謂務民之義也、鬼神也者、鬼謂宗廟之鬼也、神謂天神地祇也、上帝及日月星辰、謂之天神也、社稷山川、謂之地祇也、上帝降命於人民、使人民資其教於宗廟、與天神地祇焉、宗廟之鬼、一則見、一則隱、以躬也、帥人民之所行者也、天神、始終見形、以形示人民之所爲者也、地祇、始終不見其形、以居人民、監其所行且爲者也、於是人民承宗廟之教、敬五典五禮、以各盡其天命、奉天神之教、敬官事農事、以各盡其天職、顧地祇之所監、謹法制禁令、以各成天命天職、於是天子諸侯行天神地祇宗廟之禮、大觀在上、則下無瀆于鬼神、此謂敬鬼神而遠之也、樊遲已問知、聞知者之仁術、以次問仁者之仁術、故曰問仁也、子曰、仁者先難而後獲、可謂仁矣、仁者先難而後獲、猶云仁者先難而後易、先教而後獲也、此有所避、故簡其文、而行微言也、凡士大夫各有所自見、能知治道、加之懷其私情、則雖以義喩之、其教難入、故曰難也、民者懷土、又懷惠、加之無所見者也、故君子導之、則其教易入、故曰易也、民上入此物、則曰獲也、以正德利用厚生、則曰教也、上文既言知者之仁術、先易而後難、而仁者之於仁術也、道之以德、齊之以禮、則士大夫之難入者、有恥且格、萬民之易入者、趨之猶水之就下、此其先難而後易者也、而教之數年、萬民皆自悟正德利用厚生之有驗于功實、天屢降豊年、休徵並臻、其應有如此者、則皆以爲此上之所惠以賜於我也、吾儕何不化服欣戴、而東西南北、篚其玄黄、貢之於上、此其先教而後獲者也、此謂仁者先難而後獲也、

子曰。知者樂水。仁者樂山。知者動。仁者靜。知者樂。仁

者壽」

此承前章、明仁者知者之德位也、上二句、夫子誦古語、下四句又自釋古語也、此文猶云知者樂水、仁者樂山、知者樂水、故其德動、仁者樂山、故其德靜、知者其德動、故其行樂、仁者其德靜、故其行壽也、壽猶南山之壽之壽、謂其仁術生生而不息也、

右四章爲一列、凡德位有三等、君子知德位而誘人、所以置第一章也、其知德位而誘人也、語上於中人以上、不語上於中人以下、所以置第二章也、其語上於中人以上也、猶語樊遲以仁知之術、所以置第三章也、知者樂水、仁者樂山、此謂其德位、所以置第四章也、以上二列、合爲一段、明仁知之所以誘人也、

子曰、齊一變至於魯、魯一變至於道。

夫子之時、齊國之俗、有好尤顯惡荏弱達人而達已、忽麤不文之風、魯國之俗、有重禮教貴信義寬裕優柔之風、觀魯頌齊風而可知也、道者、謂周南召南之風俗、天下歸仁者也、言若使夫子有爲於齊魯二國、齊之俗一變、則至於魯之俗、魯之俗一變、則至於周南召南之道矣、此夫子先知風之自、而施其政者也、然而夫子但知諭齊魯之優劣者、此爲德言之故也、

子曰。觚不觚。觚哉觚哉。

觚、禮器、一升曰爵、二升曰觚、觚、酒器有廉隅者、取人之飲酒、有廉隅不及亂也、此先王制器、所以豫防其弊也、孔子之時、周道衰、觚形變而無廉隅、人亦無顧觚形、行飲酒之禮者、故孔子深嘆曰、觚不觚、觚哉觚哉、

宰我問曰。仁者雖告之曰井有仁焉。其從之也。子曰。

何爲其然也。君子可逝也。不可陷也。可欺也。不可罔也。

書問曰者、宰我問試夫子之意也、夫子恒畏天命、苟有爲爲者召之、則雖佛肸公山氏之徒、將適從之、宰我恐夫子若陷于害、故今發此問、以試夫子之意也、此似諫師、故用微言也、仁者假斥夫子也、井取險難之地也、井有仁、譬險難之中有可爲仁之事也、言宰我問試夫子之意曰、夫子恒畏天命、將爲仁之切、雖或告之曰、艱難之中有可爲仁之事、其將從之爲仁矣乎、何如、於是夫子知宰我微意在諷已、故以他君子微答曰、何爲其然也、君子可逝也、不可陷也、可欺也、不可罔也、夫宰我問艱難之事、夫子答以此四言、其言猶易爲、此即聖人之所以有得也、其德術之不可測、猶如神龍之變化無極也、蓋此四言、聖人之德術、悉在其中焉、子曰。君子博學於文。約之以禮。亦可以弗畔矣夫。

文者、謂詩書禮樂也、詩書禮樂、先王之道也、先王之道、博矣大矣、非博學於文、則不能知之也、而約之脩諸已也、非以禮約之、而脩諸已、則不可以行於今日矣、若夫雖非君子、而博學於文、約之以禮、則於行於今日、亦可以弗畔矣夫、弗者、不聲之重也、矣夫決之、又緩之之辭也、

子見南子。子路不說。夫子矢之曰。予所否者。天厭之。天厭之。

此承上章、明夫子以禮約而行之也、稱夫子者、記者成子路尊親孔子盛德也、矢之、誓之也、否、否塞也、予者、以德之辭也、謂盛德之中生否塞也、天厭之、天厭而棄之也、重言之者、誓辭也、南子衛靈公夫人、古者仕於其國、有見其小君之禮、夫子雖不仕於衞、亦時客於衞、南子請見、夫子約於禮、行見

小君之禮、而南子淫亂、靈公惑之、夫子既知之、然而今見之者、其意不可測矣、而靈公之無道、南子之淫亂、有所否塞夫子盛德者、亦不可知、故子路恐之不說、此子路尊親夫子之盛德也、於是夫子、誓之曰、南子之惡在南子、予約於禮而見於小君、天生德於予、予有所否塞於德者、天厭而棄之、天厭而棄之、此夫子以子路尊親己德之篤、亦篤諭之、成子路之德也、故記者亦書夫子成子路之志也、凡夫子所行、子路不說者三焉、子見南子、子路不說、一也、公山弗擾以費畔召、子欲往、子路不說、二也、佛肸以中牟畔、召、子欲往、子路疑之、三也、子路曰、昔者由也、聞諸夫子、曰、親於其身爲不善者、君子不入也、佛肸畔、子之往也、如之何、子曰、然、有是言也、不曰堅乎、磨而不磷、不曰白乎、涅而不緇、吾豈匏瓜也哉、焉繫而不食、子路之不說、其事雖殊、皆不出此問之義、而夫子之所答、其事雖異、亦不外於此答之義、德術之神妙、猶天之不可階而升也、子路之不說、蓋亦其德之位也、子曰。中庸之爲德也。其至矣乎。民鮮久矣。

不偏於上、不偏於下、協於尊卑貴賤、則謂之中也、中者、制道之規矩也、無有過不及、宜尊卑貴賤之行、則謂之庸也、庸者、制行之規矩也、以此規矩、以制其道、以此規矩、以制其行、脩之於己、以施之於天下尊卑貴賤、則謂之中庸之德也、即謂堯舜禹文武周公也、言中庸之德、在天下之上、則天下之尊卑貴賤、各皆承中庸之道而行之、故中庸之爲德也、其至矣乎、何如、則聖人在上、則四方之民、皆行中庸之道矣、聖人既沒也、四方之民、行斯道者鮮久矣、是無他、孔子之時、文武周公既沒、歷五百餘年之久故也、此深嘆道之不行於天下也、

子貢曰。如有博施於民而能濟衆。何如。可謂仁乎。子曰何事於仁。必也聖乎。堯舜其猶病諸。夫仁者己欲立

而立人。己欲達而達人。能近取譬。可謂仁之方也已。

子貢欲知夫子所自處、此己有所欲而發之也、故記者、直書子貢曰也、如者、假設之辭也、博以萬邦言之也、能者、纔堪之辭也、衆者、斥士大夫以上也、濟者、救也、謂救於險難也、方者、謂所嚮也、言君子先博施政教於萬邦之民、萬邦之民、咸受其賜、其化浸浸不止、而能濟天下士大夫陷於險難者、致之於己之德中、以攬持四方之心、如此者何如、可謂仁乎、子貢之所問、至大至艱、統天下治之之事、故曰、何事於仁、必也聖乎、堯舜其猶病諸也、夫仁者以下四句、謂仁者之業也、仁者、因人情而導人者也、故立人以公情言之也、達人以私情言之也、仁者立人者三焉、一則立人於其位也、二則立人於其禮也、三則立人於其道也、此三者、所以成衆之公情也、而棄己立人、則人亦棄己而立我、故曰、己欲立而立人也、仁者達人者四焉、一則達人於祿也、二則達人於飲食也、三則達人於衣服也、四則達人於宮室也、此四者、所以成衆之私情也、而棄已達人、則人亦棄已而達我、故曰、已欲達而達人也、此仁者之所以濟衆也、而仁者之施政教於民也、能近取譬於身、猶如以元首爲君、以股肱爲臣、以左右手爲忠孝、以五指爲五倫之道、此亦立人達人之道也、故受上文曰、能近取譬、可謂仁之方也已、子貢問夫子之德位、夫子答聖人仁者之別、於是聖人仁者之所爲、其別歷然可觀矣、此子貢之所以能問聖人也、

右七章爲一段、聖人之臨於天下也、因萬邦之風、立其政教焉、所以置第一章也、聖人之立制度也、因舊形而新之、一禮教而行之、所以置第二章也、以二章爲一列、聖人之德爲中庸、其人絶已久、今以孔子爲中庸之德、所以置第六章也、今以孔子爲中庸之德、孔子若得其位也、博施於民而能濟衆、所以置第七章也、以二章爲一列、孔子之德、神妙不測、雖宰我子路、不知其

所以爲所以置第三章第五章也、雖宰我子路不知其所爲、其所爲約於禮而行之耳、所以中間置第四章也、一段明聖人之所以誘人也、

以上三段合爲一篇、首段明孔門弟子、各學仁而成其德也、各學仁而成其德也、有仁者知者、又有聖人、故前段明仁者知者之仁術、後段明聖人之仁術也、

述而第七

此篇明君子之行、以繼志述事爲本、增弘道於天下也、此以下三篇、論君子既學而脩仁、發之於其行、故此篇先舉繼志述事、起其端也、

子曰。述而不作。信而好古。竊比於我老彭。

竊、私也、我、斥魯也、老彭、魯人、故曰我也、述、增弘也、述而不作、謂述道與事也、信而好古、謂古之言、爲

必有驗於事、確然不變其所志也、皆言夫子所自行也、老彭嘗有此行、夫子尊親而慕之、故曰竊比我老彭也、中庸曰、無憂者、其惟文王乎、以王季爲父、以武王爲子、父作之、子述之、又曰、武王周公、其達孝乎、夫孝者、善繼人之志、述人之事者也、是皆言聖人之於禮樂制度、述而弘之、則作亦自在其中也、夫子雖有聖德、不得其位、則不敢作禮樂制度、唯述其道與事行之而已、故此章亦爲知命之言也、

子曰。默而識之。學而不厭。誨人而不倦。何有於我哉。

我者、對人之辭也、何者、有指之辭也、默而識之、不言而喻也、言學之道、默而識之則好、好則學而不厭、不厭則樂、樂則誨人而不倦、此三者相因而至焉、故曰、何有於我哉、言雖我則無之、人則有之也、夫子自謙誘人之言也、

子曰。德之不脩。學之不講。聞義不能徙。不善不能改。是吾憂也。

吾者、躬自勉之辭也、德因脩而進、學因講而明、徙義則善日長、改不善惡日消、此四者、夫子豈不能哉、云是吾憂也者、誘人之言也、夫子之所爲憂、人能得其一二也、必欣然而進、所以善誘人也、

子之燕居。申申如也。夭夭如也。

燕居謂無事居家也、申申、舒暢不迫於物也、夭夭和柔而潤美也、此記者見燕居容貌不迫於物、而記之也、此篇以記者之辭列於段末、子罕篇以記者之辭列於段首、以異其段法、亦記者之志也、

右四章爲一段、凡君子之行、以繼志述事之道、爲其本、所以置第一章也、繼志述事之道、皆由學而成之、所以置第二章也、學之道、非徒博學文、脩身以成之、所以置第三章也、學如不及、行

則不必迫、一張一弛、爲之聖人所以置第四章也、

子曰。甚矣吾衰也。久矣吾不復夢見周公。

吾者、一人之辭、用德言也、言吾之壯也、血氣方剛、故欲學周公有事於禮樂、夢寐之間、如或見周公、甚矣今吾衰也、久矣吾不復夢見周公、故人亦少壯之時、可孜孜學之矣、若血氣既衰也、又猶吾於今而已、此夫子以忠恕導人之志也、

子曰。志於道。據於德。依於仁。游於藝。

道者、謂先王之道也、夫子以行道於今之世爲志、故先曰志於道也、據猶據城而戰之據也、德者、得也、多學而識之、脩而一之、則謂之德也、以此德備而爲據、故次之曰據於德也、依依然不離違、則曰依也、仁者、制事制行之規矩也、故凡制事制行、皆依此規矩而不離違、故次之曰依於仁也、藝六藝也、

無事則游於藝、可以娛我耳目、發其意智焉、故末曰游於藝也、此四者、夫子之常行、即居易俟命之道也、

子曰。自行束脩以上。吾未嘗無誨焉。

十脡曰束、束者、撿束也、脩者、脯也、會物而一之者也、束脩、始見師之贄也、學問之道、博學而識之、約之以禮、脩以爲一德、此所以由於束脩之義也、故古者始見于師之禮、必執束脩之贄、以見于師焉、蓋表其志也、故子曰、自行束脩以上、皆定志至於我也、吾未嘗無誨也、此夫子言自居於師道也、

子曰。不憤不啓。不悱不發。擧一隅不以三隅反。則不復也。

求之不得則憤、憤、求之切也、啓、謂微見其端緒也、言之不得則悱、悱、言之切也、發、謂達其枝葉也、言

人之憤也、求之切也、人憤而問、則我啓之示其端緒焉、若人不自憤、則我其如之何、人之悱也、言之切也、人悱而問、則我發之達其枝葉焉、若人不自悱、則我其如之何、我之誨人也、舉一隅誘之、則人當以三隅反之、物必格焉、若我舉一隅、人不以三隅反、則我無復誨之、何如、則無其益故也、此夫子勵志而成人者也、

子食於有喪者之側。未嘗飽也。子於是日哭。則不歌。

夫子在有喪者之側、哀戚之情、若已有之、故雖食、未嘗飽也、又於是日弔哭、則一日之中、餘哀未歇、故不歌也、哀人之哀、若己有之、恕之道也、前章多以勵人言之、此章以恕人言之、聖人之緩急、仍其事而發、此記者以此章結前章也、

右五章爲一段、凡人血氣衰、則學亦隨之、人不可以少壯不勤、所以置第一章也、學之道、以志

為本、則德仁藝皆並至、所以置第二章也、我既學而成德、則又誨人育才、所以置第三章也、我誨人育才也、人亦非勵已則不能、所以置第四章也、君子雖以學勵人、又能以哀戚恕人、所以置第五章也、

子謂顏淵曰。用之則行。舍之則藏。惟我與爾有是夫。子路曰。子行三軍則誰與。子曰。暴虎馮河。死而無悔者。吾不與也。必也臨事而懼。好謀而成者也。

云謂曰者、私之、又公之辭也、我者、對人之辭也、爾者、尚德辭也、夫者、緩辭也、之者、指文德也、吾者、一人之辭也、言夫子恒以大業許於顏淵、異於他人、故私謂顏淵、又公之曰、用之則行、舍之則藏、行藏唯命、惟我與爾有是夫、於是子路在側、聞夫子許大業於顏淵、問之將定已德、故曰、子行三軍則誰

與、此子路以已能好勇發此問、試夫子之意也、然子路之好勇、未出暴虎馮河之域、故曰、暴虎馮河、死而無悔者、吾不與、此退子路之所為也、而又勸子路之所當脩曰、必也臨事而懼、好謀而成者也、臨事而懼、謂慎事不驕也、好謀而成、謂有所營為取成功也、大氐用兵之要、在慎事不驕、好謀一定、驕而侮敵、謀而不一定、所以覆三軍也、

子曰。富而可求也。雖執鞭之士。吾亦為之。如不可求。從吾所好。

富謂富貴也、祿與位、謂之富貴也、執鞭、賤者之職也、言寵辱若驚、人情之所動也、富貴可求也、雖執鞭之士、人皆為之、此人情之所願也、人情之所願、人皆不異、則雖執鞭之士、吾亦為之、如富貴不可求、則從吾所好、樂以忘憂也、此言富貴在天、不可求之、死生有命、可求之者也、

子之所愼齊戰疾。

愼者、愼重也、又愼密也、齊之爲言齊也、君子將祭、齊思慮之不齊者、所以交於神以誠也、祭者、國之大事、誠者、神之所饗、故君子將祭、則必先愼其齊、所以成大事也、戰、戰鬪也、君子率師與敵對、人之死生、國之存亡繫焉、故君子將戰、則必先愼其戰、所以存國家也、疾、疾病也、疾者、已之死生、政之興廢繫焉、故君子在位、則必先愼其疾、所以成國政也、此三者、皆成大事之本、故夫子擧此三而愼之、記者、記之、明夫子之志也、

右三章爲一段、凡治國家、以文德武事、爲其本焉、所以置第一章也、雖文德武事、爲其本焉、非得富貴處已、則不能行之、所以置第二章也、既得富貴而處已也、其所愼、在齊戰疾、所以置第三章也、

子在齊聞韶三月。不知肉味。曰不圖。爲樂之至於斯也。

三月謂久也、圖圖域也、不圖謂嘗域之之事、今出於其域外也、爲樂謂作爲樂也、言夫子在齊聞韶之久、不知肉之味焉、嘆曰、不圖大舜作爲樂之妙、有至於斯也、深歎其作爲之妙也、蓋論大舜之作樂、非夫子則不能、聖人知聖人才也、此記者記人之難議者、明夫子之盛德也、

冉有曰。夫子爲衞君乎。子貢曰。諾。吾將問之。入曰。伯夷叔齊何人也。曰古之賢人也。曰怨乎。曰求仁而得仁。又何怨。出曰。夫子不爲也。

爲猶助也、事爲曰爲也、夫子者、尊親德之辭也、厚於行德、則稱古也、衞君、出公輒也、靈公逐太子蒯

聵、公薨而立孫輒、後晉趙鞅納蒯聵於戚城、衞石曼姑帥軍圍之、是時夫子居衞、冉有疑夫子有助衞君輒、使輒爲君道乎、仍就於子貢正之、於是子貢曰、諾、吾將問之、入曰、伯夷叔齊何人也、子貢以爲伯夷叔齊承天命、脩其德、重天職、徧歷于諸侯、時有餓于首陽之下、此猶夫子絕饋於陳蔡、而終無仕于諸侯、不降其志、不辱其身、以逸民終其世、此伯夷叔齊之行也、夫子恒比躬於伯夷叔齊、故問伯夷叔齊、卜夫子之進退于衞也、而夫子悟子貢之問在于已、故答曰、古之賢人也、謂伯夷叔齊厚於行德也、於是子貢又問、伯夷叔齊畏天命、重天職、至于是邦也、必聞其政、好從事亟失時、如此者、怨乎非乎、夫子答曰、求仁而得仁、又何怨乎、於是乎、子貢知夫子求仁而得仁、厚於行德、則不使衞君輒爲君道、故出告冉有曰、夫子不爲也、

子曰。飯疏食飲水。曲肱而枕之。樂亦在其中矣。不義

而富且貴、於我如浮雲。

此承前章、明仕于衛君輒者、所以為不義也。疏食、麤飯也。肱、臂也。亦、亦憂也。我者、對人之辭也。言飯疏食飲水、曲肱而枕之、其至屢空、非人必無憂、然而君子發憤忘食、樂以忘憂、則樂亦在其中矣。若立不義之朝、得祿而富、且得位而貴、於我如浮雲之不可賴也。

子曰、加我數年、五十以學易、可以無大過矣。

先王之制、以詩書禮樂先教之、以洪範周易次之、此所以重德教、慎仁術也。孔子從先王之制、教育門人、故此章明學易之道、非所先也。夫易之為書、知吉凶消長之義、通出處進退之事、君子不取太過、而能終其身者、職是之由、洪範武王所就箕子以學、天下萬物萬事、莫有洩於此者、後備之於學宮、使學士學而脩之、是皆先王之學制、孔子之所從也。一本加作假、古音相通、我者、對人之辭、孔子老而後發此言、以導人也、言我已老矣、若天假我數年、自五十受爵命之時、以學易、則能知吉凶消長之義、能通出處進退之事、徹諸心、以發其行、則可以無太過矣、此我之所以終身也、人亦從古之制、以學易、則可以無大過矣、此明周易之所以次於詩書禮樂也、

子所雅言詩書。執禮皆雅言也。

此承前章、明以周易為後教、以詩書禮樂為前教、學問之道皆從先王之制也、雅言、正言也、言有雅俗之別、故曰雅言也、言夫子恒接人以俗言、況愛衆之故也、臨於詩書、執禮而誨人、皆以雅言語之、使士去鄙倍、成其美之故也、凡聖人之行、皆莫非其教者、故雅言俗言、其用如此焉、

右五章為一段、孔子之德、至議大舜之樂焉、所以置第一章也、以其盛德游歷于諸侯、試天之命、所以置第二章也、其試天之命也、見義與不義以為進退、所以置第三章也、其為進退也、皆

由周易之義、所以置第四章也、雖皆由周易之義、其盛德大業、皆成於詩書禮樂、所以置第五章也、

葉公問孔子於子路。子路不對。子曰。女奚不曰其爲人也。發憤忘食。樂以忘憂。不知老之將至云爾。

葉公楚葉縣尹、沈諸粱、字子高、僭稱公也、葉公實不知孔子者、故書孔子、以他人待之也、奚者、何之易辭也、書問者、葉公欲問而得其實也、子路不對者、以子路之德、有聖德未可知者、故以不知處已也、於是夫子誨於子路曰、女奚不曰其爲人也、發憤忘食、樂以忘憂、不知老之將至云爾、此以好學之篤言之、則雖子路以是對之、無失於不知夫子、又所以使葉公無聞而謬也、

子曰。我非生而知之者。好古敏以求之者也。

此承前章、明夫子好學之功、至人見以曰生知也、我者、對人之辭也、敏者、疾也、文審曰、敏也、言有禮文審得其條理也、言有人謂我曰、生而知之者也、然我非生而知之者、我則好古之道、疾仍其名、而知其言、知其言、而脩其行、脩其行也、皆有禮文審得其條理、如此脩而求之者也、生而知之者、聖人之德也、我則不敢當之矣、此夫子自謙之言也、

子不語怪力亂神。

此承前章、明學之道尊有益、卑無益也、語者以忠誨之也、怪有二焉、一則怪妄也、謂突然發妄誕之言也、一則怪迂也、謂其言如可從而行、而無益於功實者也、力有二焉、一則強有力也、謂烏獲舉千鈞、力拔山氣蓋世之類也、一則威力也、謂羿善射、奡盪舟、以取天下之類也、亂者、謂臣弒其君、子弒其父、居下位犯上位之類也、神者、斥其形體之恍惚者也、此四者、聖人不以為教者、無益於事、又謬

人之故也、

右三章爲一段、聖人之德、知之者希、子路之不知、反爲知其已、所以置第一章也、聖德之難測、人見以爲生知、所以置第二章也、雖聖德難測、非有所隱、不語怪力亂神耳、所以置第三章也、

子曰。三人行。必有我師焉。擇其善者而從之。其不善者而改之。

必者、懸斷之辭、我者對人之辭、善不善、以一事一行言之也、言三人並行則必有我師焉、擇其善者而從之、其不善者而改之、其善與不善、皆莫非我師焉、此言得師之甚近者也、

子曰。天生德於予。桓魋其如予何。

予者、以德之辭也、桓魋、宋司馬向魋也、夫子在宋、桓魋欲害夫子、故夫子發此言、夫子承命於天、務

時敏之、厥脩乃來、天命在上、務之在予、天命與予務之、混然相生此德、則所謂天生德於予者也、夫天生德於予、則天必將有用其德、然則桓魋之將害予、逆于天者也、逆于天害予、必所不能、故曰、桓魋其如予何也、夫夫子之盛德、仰之彌高、鑽之彌堅、瞻之在前、忽焉在後、猶如神龍之變化無極也、桓魋之難、夫子之言、誰其議之、記者直書其事而已、公伯寮愬子路於季孫、子曰、道之將行也與、命也、道之將廢也與、命也、公伯寮其如命何、子畏於匡、子曰、天之未喪斯文也、匡人其如予何、而此曰桓魋其如予何者、可見道之行廢、皆出於天、不能如之何、於是知聖德之難測、與天一矣、

子曰。二三子以我爲隱乎。吾無隱乎爾。吾無行而不與二三子者。是丘也。

我者對人之辭、吾者自指已之辭、爾猶乃、以衆類言之也、是丘也、謂表之無他腸也、言人君以洗心

行南面之儀、此君子所以臨民無他腸也、而夫子之盛德、配天德、則二三子望之、有其幽深如隱者、故曰、二三子以我為隱乎、然吾所自行、無隱乎爾之衆、此即所以表丘之身無他腸也、前章云天所以生德、此章云聖德深遠難測、前後相照、見聖人之德位矣、

子以四教。文行忠信。

子以四教、一則文、謂詩書周易春秋也、二則行、謂禮樂及常行也、三則忠、謂學詩書禮樂及脩其常行、皆以此忠為其主也、四則信、謂學詩書禮樂及脩其常行、皆以此信取其驗也、忠信者、詩書禮樂、及常行之本也、故學與行、不當於忠信者、皆為虛妄也、

右四章為一段、凡常行、四方之所信、君子先脩其常行、所以置第一章也、聖人之常行、無異於人、其德則異於人、所以置第二章也、雖其德則異於人、其行則無不示二三子者、所以置第三

章也、其行則無不示二三子者、則唯在忠信爲本耳、所以置第四章也、

子曰。聖人吾不得而見之矣。得見君子者斯可矣。子曰。善人吾不得而見之矣。得見有恒者斯可矣。亡而爲有。虛而爲盈。約而爲泰。難乎有恒矣。

聖人上也、仁者次之、知者又次之、此三者、以德位言之也、稱君子者、包仁者知者及述者言之也、此即聖人之類、故曰、聖人吾不得而見之矣、得見君子者斯可矣、善人不踐迹、亦不入室、其德與聖人君子異其類者也、有恒者、類於善人、故記者別其域、書子曰、善人吾不得而見之矣、得見有恒者斯可矣也、於是下文明有恒之行、所以不易得也、賢臣已亡、爲朝有人、執政而不撓、是非有恒者則不能也、倉禀已虛、兵食爲盈、好謀而持衆心、是非有恒者則不能也、年饑而困約、愛民而爲泰、是非有

恒者、則不能也、故曰、亡而爲有、虛而爲盈、約而爲泰、難乎有恒矣、

子釣而不綱。弋不射宿。

綱恐網字之誤也、古者於禮、士得爲弋及釣、至綱與射宿、則民之所爲也、君子則不爲矣、何則天子諸侯有祭及賓客、則躬親狩之、狩豈無虞人之供、而躬親爲之、所以敬之也、狩之事大、而非士之所得爲、故爲祭及賓客、則或釣或弋、蓋於禮所必當爲矣、古者貴禮不貴財、不欲必獲、故在天子諸侯則三驅、在士則不綱不射宿、夫子之行之、從古之禮也、世衰道微、無有行之者、夫子特行之、此記者所以有記也、

右二章爲一段、夫子之求人、有恒爲足、不必求賢才、所以置第一章也、夫子之求魚鳥、以禮爲貴、不必貴其獲、所以置第二章也、

子曰。蓋有不知而作之者。我無是也。多聞擇其善者而從之。多見而識之。知之次也。

蓋者、謙而疑之辭也、我者、對人之辭也、言創業垂統、非知而作之者、則不能、蓋又有不知而作之者、謂之妄作、我無是也、多聞擇其善者而從之、多見而識之、徵知於所見聞、以與於制作者、雖不及知而作之者、亦知而作之者之次也、不可不貴矣、此夫子之言、雖不自處制作之任、而制作之任、在乎其中、謙而言之也、

互鄉難與言。童子見。門人惑。子曰。與其進也。不與其退也。唯何甚。人潔己以進。與其潔也。不保其往也。

此舉夫子之行仁也、互鄉鄉名、往者、謂自是以往也、保者、謂抱保也、言互鄉俗惡而難與言、童子執

贊而見、門人惑、夫子與之、夫子曰、與其進也、不與其退也、唯何甚、於互鄉人潔己以進、與其潔也、不保其以往其退也、所謂有教無類者、是也、

子曰、仁遠乎哉。我欲仁、斯仁至矣。

我者、對人之辭也、言人皆云仁遠者也、而仁豈遠乎哉、我欲仁、則斯仁至矣、此言對于人之間、仁自然存也、

陳司敗問昭公知禮乎。孔子對曰、知禮。孔子退、揖巫馬期而進之曰、吾聞君子不黨、君子亦黨乎。君娶於吳、爲同姓、謂之吳孟子。君而知禮、孰不知禮。巫馬期以告。子曰、丘也幸。苟有過、人必知之。

此亦明夫子之行仁也、司敗官名、陳大夫、陳名司冦爲司敗也、巫馬期孔子弟子、名施、春秋哀公十二年、夏五月甲辰、孟子卒、左氏傳曰、昭公娶於呉、故不書姓、今陳司敗所問、亦問此義也、陳司敗旣知魯昭公雖習禮節、娶呉姬、稱呉孟子、諱其非禮、而變其姓、故及見孔子、糺其非禮、若孔子云知禮、則欲云孔子黨其君、若云不知禮、則欲云孔子揚君非禮、執此兩端、巧設此問、故書陳司敗問昭公知禮乎也、書孔子者、貶陳司敗、爲不知孔子者也、夫臣諱君非禮、此固禮也、故孔子對曰知禮、而孔子退自堂下、巫馬期猶在堂上、於是陳司敗揖巫馬期而進之曰、吾聞君子不黨、君子亦黨乎、君娶於呉、爲同姓、謂之呉孟子、君而知禮、孰不知禮、於是巫馬期退、往以告夫子、子曰、丘也幸、苟有過、人必知之、此有四義焉、凡諱君惡、禮也、夫子受而爲過不辭、所以成其禮也、其義一也、夫子若說所以諱君惡、則已自居知禮、以司敗爲不知禮者也、非所以行仁矣、其義二也、司敗糺夫子之過、夫子受而爲過、且以人知之曰幸、則司敗皆得其所不得再詰、遂無所爭、所以行仁也、其義三也、司敗初詰夫子、夫子受之居禮、則司敗亦漸感之、遂歸於夫子之德、所以行仁也、其義四也、凡此四義、皆夫子之所以行仁也、

子與人歌而善。必使反之。而後和之。

子與人歌、子將與人共歌也、善、謂其人歌而善之也、言人初歌之一遍、夫子愼聞之、未敢和之、禮也、其人歌而善之、則必使反之、而後和之、此和之、以成人之美也、亦仁之行也、所以承前章、列于此也、

右五章爲一段、夫子雖已爲聖者、自謙居生知之次、所以置第一章也、夫子自謙居生知之次、所行唯仁、故互鄉雖惡俗、不敢棄其人、司敗雖嘲已、不敢棄其人、皆以仁待之、所以前後置第二章第四章、中間置第三章也、以仁待人已然、其微事如與人歌、亦皆以仁而待之、所以置第

五章也、

子曰。文莫吾猶人也。躬行君子。則吾未之有得。

文謂其文勝質者也、吾者、以脩身言之也、躬者、以行言之也、文質全備、稱之君子也、言人皆文勝質美其行、文莫吾猶人也、吾亦當行其文也、然而躬行君子、文質全備則吾未之有得也、此亦夫子從先進、不從後進之意、

子曰。若聖與仁。則吾豈敢。抑爲之不厭。誨人不倦。則可謂云爾已矣。公西華曰。正唯弟子不能學也。

吾者、所已之辭也、凡事欲强使相關、則曰抑也、之所道與事也、厭、厭棄也、倦、倦怠也、言儀封人太宰及達巷黨人、皆既以夫子爲聖者、而門人雖竊以爲聖且仁乎、無敢論其盛德者、是以夫子自謂曰、

若聖與仁、則吾豈敢、抑爲之不厭、誨人不倦、則可謂云爾已矣、於是公西華曰、爲之不厭也、誨人不倦也、正如夫子所言然、唯弟子受教者、不能學之也、此公西華既知夫子、又知己之分而言之也、

子疾病。子路請禱。子曰。有諸。子路對曰。有之。誄曰。禱爾于上下神祇。子曰。丘之禱久矣。

凡君父之疾、有禱祠之道、若周公之於武王、故子路請禱祠於仲尼之疾也、然以子路之外人禱祠於孔氏之私鬼、既非禮也、以仲尼私人之私事禱祠之於上下之外鬼神祇、又非禮也、此子路之所當知也、故子曰、有諸、問此二者之外、別有禱之禮乎、而子路以爲外人而禱祠於外鬼神祇、自有此禮也、故對曰、有之、言於古有此禮也、故引誄之禱爾于上下神祇、而誄之禱爾于上下神祇者、非此禮也、謂君之於臣、臣之於君、爲其公事禱祠之於外鬼神祇也、故子曰、丘之禱久矣、言外人不可以

私人之私事、禱祠之於外鬼神祇、而内人亦不可以私人之私事禱祠之於外鬼神祇、然不可曰無禱祠之道、内則親子弟孫、禱祠於其鬼、外則君臣公事、禱祠於外鬼神祇、故曰、丘之禱久矣、言平生增脩其素行、此禱祠於外鬼神祇之道也、此外更無有禱祠外鬼神祇以私事之道也、既平生增脩其素行、此乃禱祠之道也、

子曰。奢則不孫。儉則固。與其不孫也。寧固。

孫、順也、固、陋也、凡用財之道、奢則僭上、僭上則不孫也、儉則不及禮、不及禮則固也、不孫與固、倶不得其中、奢與儉、各亦有害、然奢之害大、儉之害小、故曰與其不孫也寧固也、

子曰。君子坦蕩蕩。小人長戚戚。

坦、坦平也、蕩蕩、寛廣貌、長、長久也、戚戚、憂懼貌、言君子知命、故素富貴行乎富貴、素貧賤行乎貧賤、

其心坦平而蕩蕩也、小人不知命、故在富貴、憂失其位、在貧賤、憂得其祿、其心長久戚戚也、此君子知命、小人不知命之故也、

子温而厲。威而不猛。恭而安。

温、温柔也、以顔色言之也、厲、嚴厲也、以言語言之也、威而不猛、謂其容貌猶日之方升也、恭、謂收其放心、謙莊其容也、安、謂其坐猶山之泰然也、皆記夫子之容貌言語也、

右六章爲一段、夫子之盛德、文質彬彬、猶先進於禮樂、所以置第一章也、夫子之盛德爲之不厭、誨人不倦、既至於聖人、所以置第二章也、夫子既至於聖人、其素行則禱于上下神祇焉、所以置第三章也、不奢不儉、能守其中、此爲其素行、所以置第四章也、既脩其素行、坦平寬廣、無變其恒、所以置第五章也、坦平寬廣、無變其恒、容貌言語則猶此章焉、所以置第六章也、

以上九段、合爲一篇、首段、主舉君子之制行、包明專於學也、第二段、主舉學也、第三段、主舉行也、第四段、又主舉行也、第五段、主舉學也、第六段、又主舉學也、第七段、主舉行也、第八段、主舉仁者知者之行也、第九段、主舉聖人之行也、

論語象義卷之十三終

論語象義卷之四

日本 東讚 三野元密伯愼 著

泰伯第八

此篇總明君子之行、處於厚者也、

子曰。泰伯其可謂至德也已矣。三以天下讓。民無得而稱焉。

此明君子奉天命、其行處於厚者也、至者、自然之辭、至德、謂不勉強之德也、三猶云屢也、民者、包士大夫言之也、夫周之起、公劉克篤前烈、大王肇基王迹、泰伯季歷皆大王之子、季歷亦賢、子有文王昌、而文王昌有聖德焉、於是大王竊以爲今殷之政衰、周之政教、旣及于四鄰、且季歷賢、子有文王昌、今以邦授季歷、則當嗣及文王、是予所膺天命、予非私之、是以有授邦於季歷之志、泰伯固賢、忽悟大王之志、竊以爲實如大王之志、以邦授季歷、則當嗣及文王、嗣及文王、則文王之聖德、被于天下、文王之聖德、被于天下、則禮樂彝倫之教化、徧及于海隅之蒼生、此乃天之命於天下也、今予讓邦於季歷、是予膺天命之任也、於是泰伯以周邦讓于季歷、此君子奉天命、其躬處於厚者也、自泰伯有此行、至文王、果三分天下有其二、至武王、悉有天下、禮樂彝倫之教化、莫所不敷行焉、故泰伯之讓邦、謂之三以天下讓也、其云三者泰伯屢觀時讓之、人民不知不識、而季歷受其邦、其讓猶不勉強自然、故夫子贊嘆之曰、泰伯其可謂至德也已矣、三以天下讓民無得而稱焉、

子曰。恭而無禮則勞。愼而無禮則葸。勇而無禮則亂。直而無禮則絞。君子篤於親。則民興於仁。故舊不遺。

則民不偷。

此明君子在朝庭、其行處於厚者也、葸、畏懼貌、絞急切也、謂責人之非、毫無假借也、言君子之在朝庭、進承命於其君、恭以奉之、以禮立人、以禮立己、人與己俱在禮中、以達其命、則人安承其命、此禮之所以爲貴也、若恭以奉之、人與己無禮、以達其命、則人勞而不得承其命、此君子不由禮之弊也、故曰、恭而無禮則勞也、又君子之在朝庭、進受政事於其君、愼重以奉之、以禮立人、以禮立己、人與己俱在禮中、以達其政事、則人安受其政事、此禮之所以爲貴也、若愼重以奉之、人與己無禮、以達其政事、則人畏懼其愼重、不得解其義、此亦君子不由禮之弊也、故曰、愼而無禮則葸也、又君子之在朝庭、得嘉謀嘉猷、則勇以決之、以禮尊其君、以禮下其己、君與己俱在禮中、以納其謀猷、則君安聽其言、無不思其功焉、此禮之所以爲貴也、若勇以決之、君與己無由禮、以納其謀猷、則君無安其心、而欲強納其言、則不知不識、生犯上作亂之心、此君子不用禮之弊也、故曰、勇而無禮則亂也、又君子之在朝庭、以禮立人、以禮立己、人與己俱在禮之中、以直道待人、則人安承其言、以說其言矣、此禮之所以爲貴也、若人與己無由禮、以直道待人、則人不能安承其言、以爲何其言之絞也、此君子不用禮之弊也、故曰、直而無禮則絞也、以上四句、謂君子在朝庭、處於厚也、以下四句、謂君子厚親戚故舊也、言君子之於親戚、忠信以加之、一而不措、至於再、至于三、則其行之之篤、民觀而感之、四方浸浸興於仁焉、君子之於故舊、懷其人而不遺、忠信以加之、穀祿以保之、則民聞而感之、不知不識、易偷薄之俗、故君子之待親戚故舊、爲仁之本也、一章總明禮與忠信之貴也、

曾子有疾。召門弟子曰。啓予手。啓予足。詩曰。戰戰兢兢。如臨深淵。如履薄冰。而今而後。吾知免夫。小子。

此明厚處於孝道也、有者、一有一無之義也、予者、内辭也、戰戰、恐懼貌、兢兢、戒愼貌、吾者、斥其身之辭也、免、免於刑戮也、啓予足、啓予手、此曾子將諭門弟子、先使之開衾視手足有傷否、示其將言之實也、次引詩者、言其終身之力、戒愼恐懼、無所不至也、終二句、言君子之居於否世、以終于牖下爲幸、不願於其外也、此曾子雖疾在牀蓐、使門弟子知孝弟爲仁之本、亦教誨之厚也、

曾子有疾。孟敬子問之。曾子言曰。鳥之將死其鳴也哀。人之將死其言也善。君子所貴乎道者三。動容貌斯遠暴慢矣。正顏色斯近信矣。出辭氣斯遠鄙倍矣。籩豆之事則有司存。

孟敬子魯正卿、孟武伯之子、仲孫捷、敬其謚也、問之、訪曾子問其疾也、云言曰者、曾子爲敬子詁以

諭之也、鳥之將死、其鳴也哀、人之將死也、其言也善、此曾子欲使敬子知其所話之言、故先引諺語而諭之也、君子所貴乎道者三、道斥禮也、道有君子所貴者、有有司所貴者、故曰君子所貴乎道者三也、暴慢者、人害之慢之也、信者、人信之也、鄙倍者、人鄙之背之也、言君子動容貌、濟濟蹌蹌、則其禮之行、自遠人之暴慢矣、正顏色、尊其瞻視、則其禮之行、自近人之信之矣、出辭氣、言嚴厲、則其禮之言、自遠人之鄙倍矣、此三者、君子所貴乎道者也、籩豆之事、則有有司所貴乎道者而已、

曾子曰。以能問於不能。以多問於寡。有若無。實若虛。犯而不校。昔者吾友嘗從事於斯矣。

能不能有無、以藝言之也、多寡實虛、以學言之也、皆好學之事也、校、校報也、犯而不校、言人犯我而我不報也、是皆寬弘之量、孔門之中、實非顏淵、則孰其能之、顏淵先死、故曰昔者吾友嘗從事於斯

矣、曾子深惜其難得也、

曾子曰。可以託六尺之孤。可以寄百里之命。臨大節而不可奪也。君子人與。君子人也。

六尺之孤、謂幼少之君也、百里之命、謂國命也、國命在君躬、故寄託以此二也、臨大節、若强臣不從先君之命、將蠱壞之事起、此臨大節之時也、當是時、斯人毅然能安國家、定社稷、成先君之命、此臨大節、不可奪之人也、君子人與、君子人也、此曾子自問自答、深美斯人之義勇也、凡寄託之任、伊尹之於太甲、周公之於成王、臨其大節、能安國家、定社稷、天下歸於仁焉、此聖人仁者之所爲、固亾論於其艱難、今曾子所美、雖一國之事、爲之亦艱矣、所以斷爲君子人也、

曾子曰。士不可以不弘毅。任重而道遠。仁以爲己任。

不亦重乎。死而後已。不亦遠乎。

弘、寛大含章也、毅、剛強克忍也、弘執德也、毅有所立也、言士志於道、將有爲於國家者、不可以不弘毅也、弘則寛大含章、毅則剛強克忍、士之爲職、任重而道遠、自非寛大含章、剛強克忍者、孰其能之哉、詩曰、狼跋其胡、載疐其尾、公孫碩膚赤舃几几、此周公之所爲、亦言此義也、

右七章爲一段、君子之於天下、各應天命、厚行其道、所以置第一章也、君子之於朝庭、厚於禮、又厚於仁焉、所以置第二章也、君子之於少者、躬自厚、喻孝道、所以置第三章也、君子之於大臣、躬自厚、喻禮道、所以置第四章也、君子之好學也、以大量處已矣、所以置第五章也、君子之處變也、臨大節不可奪、所以置第六章也、君子之厚於仁也、死而後止、所以置第七章也、一段總明君子處於厚而行道者也、

子曰、興於詩、立於禮、成於樂。

詩本發於民情者也、故因詩之情、制政事民事、以施於人民、則政事行、民事成焉、故曰興於詩也、禮人君卿大夫士行之、而民由之者也、故朝廷之官政、君與百官、皆以禮行之、以臨其民、故曰立於禮也、朝庭之官政、君與百官、皆以禮行之、以臨其民、則民間政事行、民事成、禮教成其風、則上下樂道歌謠起、上下樂道歌謠起、則上者爲雅頌、下者爲國風、以爲樂維持其風俗、故曰成於樂也、此言爲仁於天下之序也、

子曰、民可使由之、不可使知之。

知者、徹知也、由者、知之畧也、之、斥禮樂制度也、言凡士大夫以治民爲其任、則不可不徹禮樂制度矣、民爲人所治、以農桑爲其職、則不知禮樂制度而可也、故曰、民可使由之、不可使知之也、使民由

之、則民知已之分、而敬其上、使由之之益也、使民知之、則民怨已之分、道聽塗說、以潛其上、使知之之害也、此夫子語使士大夫知先知已之任、又知民之分、禮樂以化成天下之道也、

子曰。好勇疾貧。亂也。人而不仁。疾之已甚。亂也。

好勇疾貧、則必將奪人之富、必將奪人之富、則必犯其上、故曰、好勇疾貧亂也、人而不仁、疾之已甚、則人不堪其疾、人不堪其疾、則反疾我、我致亂、故曰、人而不仁、疾之已甚、亂也、此我作亂與人致亂、皆出於我之不知命、則君子不可不知命也、

子曰。如有周公之才之美。使驕且吝。其餘不足觀也已。

才之美、謂多才多藝也、金縢曰、予仁若考、能多才多藝、是也、君奭曰、在今予小子旦、非克有正、廸前

人光、施于我沖子、此周公不驕也、至於成王之時、天下方殷富、周公用其富、制禮樂、此周公不吝也、所以為聖人也、夫上驕則遠人不至、吝則禮樂不興、二者非所以為人之上、故曰、如有周公之才之美、使驕且吝、其餘

餘不足觀也已、

右四章為一段、君子知而行之、小人由而行之、此為其別、所以置第一章第二章也、疾貧疾不仁、驕且吝者、是皆出於不知命、則君子不可不知命、所以置第三章第四章也、一段總明君子厚於為政也、

子曰。三年學。不至於穀。不易得也已。

穀者、祿之薄者、謂小吏廩俸也、三年謂育才節限也、古者自八歲入于小學、習樂舞、學詩書三年、又自十一歲講樂舞、誦詩書三年、自十有五志於道、入于鄉序、學士之禮、既學士之禮畢、而後入于辟

宗、以學君卿大夫之禮、既學君卿大夫之禮畢、而後入于大學、以學天神地祇人鬼之禮、而後退出入于鄉序、試鄉射之禮於大學、而後入于朝庭、以服于官政、皆以三年為節限、大氐以十五年脩先王之道於己、此之謂三十而立也、思齊曰、成人有德、小子有造、亦此之謂也、故士既入于鄉序三年、學士之禮及詩書與樂舞、受小吏之穀、能進退其官事、則可期於成德也、若三年學、受小吏之穀、不能進退其官事、則不易得成德也、古者學而無益於事、謂之史、君子不取焉、其云不易得者、容有得也、

子曰。篤信而好學。守死善道。危邦不入。亂邦不居。天下有道則見。無道則隱。邦有道、貧且賤焉。恥也。邦無道、富且貴焉。恥也。

此承前章、舉成德之人、包明出處進退也、一而不措、再而不已、事事得驗而信之、此爲篤信也、既已一而不措、再而不已、事事得驗而信之、愈不易物而學道、此爲篤信而好學也、既已篤信而好學、時有否泰、素貧賤、行乎貧賤、素患難、行乎患難、此爲守死善道也、此乃君子所以居易俟命也、君子既已居易俟命、見危邦則不入、在亂邦則不居、此善道者也、又天下有道則見、此已之所行與上之所行、同其道也、即天命之降于我也、天下無道則隱、此已之所行與上之所行、異其道也、天之所以掩我也、邦有道、貧且賤恥也、此已之所行無義、上之所行有義、上視我爲無義、不賜祿位、而貧賤在小人之中、此上實明、而我允可愧恥也、邦無道、富且貴恥也、此上之所行無義、已之所行亦無義、上視我無義、爲適已之心、舉以賜祿位、得富貴、在小人之中、此上實不明、而我允可愧恥也、

子曰。不在其位。不謀其政。

百官在位、各守其職、行其事焉、而不在其位、而謀人之政、則人無徵於其實、臨事惟煩、臨事惟煩、則其功不成、其功不成、則有害於其政、故君子不苟謀人之政、所以敬官事也、雖然、人虛已謀於我、我避之不謀、亦失於忠信也、故謀之有道、我先察人之政、引古人成功之迹、使人深慮施政、則可人取其成功矣、此不苟謀人之政、厚成人之道也、

子曰。師摯之始。關雎之亂。洋洋乎盈耳哉。

師摯、魯大師之名、始、謂師摯壯年之時也、既歌一遍、再復其始歌之、則謂之復亂也、洋洋、其聲美盛也、言周道既衰、禮樂之物、日月以失、賢者識其大者、不賢者識其小者、非敏而求之、則不能得矣、故師摯壯年之始、歌關雎之復亂、其聲之美盛、洋洋乎盈耳哉、而至于今、聲之美盛既衰、學者將學樂、則非敏而求之、終不能得矣、此夫子勸樂於人之厚也、

子曰。狂而不直。侗而不愿。悾悾而不信。吾不知之矣。

狂者、志大而行不適也、直者、直於古道也、此文猶云狂而直、猶可教之、狂而不直、吾不知之矣、侗者、侗蒙也、愿者、謹厚也、此文猶云侗而愿、猶可教之、侗而不愿、吾不知之矣、悾悾愨也、愨者、厚朴無文也、此文猶云悾悾而信、猶可教之、悾悾而不信、吾不知之矣、夫子以教人、自爲其任、故曰吾不知之也、此言厚於教人也、

子曰。學如不及。猶恐失之。

爲學之道、如逐前者之走、而不及之、猶恐失之、此應師摯章、明勤學之敏也、

右六章爲一段、三年學、不至於穀、謂之無益之學、所以置第一章也、篤信而好學、守死善道、謂之有益之學、所以置第二章也、既已學而有益、不在其位、不謀其政、所以置第三章也、君子之

學樂、不失師摯之始、所以置第四章也、不失師摯之始、猶如逐前者之走、不及之、所以置第六章也、已勤學如此、雖狂侗悾悾之士、亦可成其德矣、所以中間置第五章也、一段總明厚於施教也、

子曰。巍巍乎。舜禹之有天下也。而不與焉。

巍巍高大貌、謂九功惟叙、九叙惟歌、其成功高大無極也、初舜舉禹爲百揆、後又讓位於禹、故今併稱舜禹也、不與、謂任事於臣、已則不關、無爲而治天下也、以下四章、以聖人贊聖人之大業、猶顏淵之贊孔子之盛德也、以徹知徹、知德難矣哉、

子曰。大哉堯之爲君也。巍巍乎唯天爲大。唯堯則之。蕩蕩乎民無能名焉。巍巍乎其有成功也。煥乎其有

文章。

大哉、極其大贊嘆之也、巍巍高大貌、唯、無此外之辭、則法也、蕩蕩廣遠之稱、煥文明貌、言大哉堯之爲君也、其成功信高大巍巍乎者也、而此巍巍乎之外、更無有巍巍乎者、若强求之也、唯天爲大耳、而天垂象焉、唯堯則之立道、故曰、欽若昊天、曆象日月星辰、敬授人時、允釐百工、庶績咸熙、此法天、而立事業之道也、又就天叙有典、以制我五典、就天秩有禮、以制我五禮、就天命有德、以制我五服、就天討有罪、以制我五刑、此則天、而立教化之道也、而凡百制度、悉莫有出於此二道者焉、故曰唯堯則之也、堯既則天、以事業之道、行諸天下、以教化之道、行諸四海、教化事業之道、天下莫不由其道者、而民涵育於堯之德中、而不知其德化之所以然、猶人在於天地之中、而不知天地之所以爲大、故曰、蕩蕩乎民無能名焉、而退觀諸四海、其成功高大、悉在禮樂之中、無不煥乎文明、故曰、巍巍

乎有成功、煥乎有文章也、

舜有臣五人、而天下治。武王曰、予有亂臣十人。孔子曰、才難、不其然乎。唐虞之際、於斯爲盛。有婦人焉、九人而已。三分天下有其二、以服事殷。周之德、其可謂至德也已矣。

舜有臣五人、而天下治、五人、謂禹皐陶稷契益也、武王曰、予有亂臣十人、亂、治也、十人、謂太公周公召公、閎夭散宜生南宮适畢公榮公太顚邑姜也、以上四句、記者之辭也、稱孔子者、君臣之辭也、上文舉武王、故用君臣之辭也、以下七句、用省文也、下文、四句、言文王既爲西伯、能從天命、以治其邦、其邦已治、諸侯朝聘問政者、日月至焉、故文王三分天下有其二、以服事於殷、文王沒、武王繼文王之志、能從天命、三分天下、有其二、率其二、以服事於殷、周之德、恒從天命、終無有勉強之痕、則可謂至德也已矣、武王之末、及紂之惡虐、無辜呼天、穢德彰聞、一戎衣、而有天下、故曰、撫我則君、逆我則讐、獨夫受、洪惟作威、商罪貫盈、天命誅之、予弗順天、厥罪惟鈞、此武王之至德、從天命、不失天下之顯名者、猶如泰伯王季文王之至德也、夫孔子雖生知乎、脩詩書禮樂、以成其德者也、自孟子不信武成、後之儒者、大氐不知詩書兼復深奧、訓詁成義之教、又不知詩書有次序生義之教、不用孔子之所學、而將解孔子之語、此不信其本、將辨其末者、其說多見不中耳矣、如解此章、猶如癡人說夢、雖歷千載、其義終不明、今也我日本、當於文明之運、仁齋徂來二先生出、始唱古學而啓行、以此章有武王二字、仁齋深用其意、徂來以爲曰周之德、則知謂文王而武王在其中、二先生之解、雖有所出入、比之於諸儒之說、則千載之下、特出乎其群矣、學者思諸、子曰。禹吾無間然。矣。菲飲食。而致孝乎鬼神。惡衣服。致美於黻冕。卑宮室而盡力於溝洫。禹吾無間然矣。

此明厚行其至德、其成功至巍巍乎高大也、吾者、一人之辭也、間然、罅隙也、謂可指罅隙而議也、菲、薄也、菲飲食、謂薄其常饌也、致孝於鬼神、謂享祀豐潔也、菲飲食而致孝於鬼神、一則以敬飲食言之也、二則以恒行五典、祭宗廟言之也、三則以恒行五典、祀天神地祇山川群神言之也、惡衣服、謂損其常服也、致美於黻冕、謂盛朝服祭服也、惡衣服致美於黻冕、一則以敬衣服言之也、二則以恒由於五禮、行諸宗廟朝庭言之也、三則以恒由五禮、祀天神地祇山川群神言之也、四則以朝勤聘禮田狩軍禮言之、又包喪服喪禮言之也、卑宮室、謂敬其家室也、盡力於溝洫、謂敬農事也、卑宮室、盡力於溝洫、一則以敬家居言之也、二則以重農事言之也、三則以正經界備旱潦言之也、四則以公稅言之也、五則以徵賦言之也、六則以田狩軍旅言之也、七則以三郊三遂言之也、凡禹之所行、公與私二而已、飲食衣服宮室、此三者爲私、用之以儉、與萬民敬之、萬民敬天物、則食貨殖焉、士大夫敬天物去奢侈、則其家富焉、此禹之所以與事業也、致孝於鬼神、致美於黻冕、此二者爲公、以中行之、與諸侯卿大夫士敬之、諸侯卿大夫士敬五典五禮五服五刑、畏天命、則人道立焉、此禹之所以貴教化也、於是教化事業大行於天下、舜之文明成焉、堯之文思遂焉、此禹之所以不可間然也、故孔子再歎曰、

禹吾無間然矣、

右四章爲一段、君臣厚於其道、而後大業成焉、所以置第一章也、天厚行天道、堯則天道、以立人道、所以置第二章也、堯舜之道、天下則而行之、至後世、有文武之至德焉、所以置第三章也、凡行至德者、辨公私二道、行諸天下而已、所以置第四章也、一段總明行德於天下也、

以上四段、合爲一篇、第一段、明君子處於厚而行道者也、第二段、明君子厚行事業之道也、第三段、明君子厚行教化之道也、第四段、明君子厚行教化事業於天下也、

子罕第九

此篇總明教人之道、以厚行之者也、君子以繼志述事爲行之本、故以述而篇爲始也、其於行已也、以處厚爲要、故以泰伯篇爲中也、其於教人也、亦以厚施之、故以此篇爲終也、故其篇法、述而篇、以記者之辭、結段末、子罕篇、以記者之辭、起段首、泰伯篇、以常法成段法、此所以明次序之義也、段法既如此、而漸轉入于鄉黨篇、鄉黨篇始終用記者之辭而成篇、是皆行文辭之道爲列也、

子罕言利。與命與仁。

子罕言利、爲一句、與命與仁、爲一句、言子言利、則必與命、必與仁、其單言利者、幾希也、聖人之道、富而後興禮樂、則莫利大焉、唐虞之六府三事、以六府爲基、文言曰、以美利利天下、不言所利、大矣哉、

夫子罕言利者、蓋聖人智大思深、能知眞利之在於後、故爲天下後世建之道、使由此以行之、而後王賢者、遵道而行之、則不必求利、而利在其中矣、若以求利爲先、則常人其心躁智短、所見皆小利耳、唯其心爲求利、不知害從之矣、夫心躁則不知命、智短則不知仁、不知命與仁、唯利是視、所以陷於禍也、故夫子罕言利與命與仁者、所以豫立之防、使常人不陷於禍也、此章用記者之辭起段首、

此篇之法也、

達巷黨人曰。大哉孔子。博學而無所成名。子聞之謂門弟子曰。吾何執。執御乎。執射乎。吾執御矣。

達巷者、黨名也、人者、尊辭也、斥己謂人、人亦謂人者也、稱孔子者、異之他人尊之也、言孔子博學先王之道、而無所成一名、是以達巷黨人知孔子所學大異於他人賢者、故曰、大哉孔子、博學而無所成名、於是夫子聞此人稱己、謙而不敢當之、謂門弟子曰、吾何執、執御乎、執射乎、吾執御矣、言射者君子之所執也、吾不敢當之、御者僕者之所執也、吾執教之矣、此夫子自許其藝、又舍射而執御、皆謙己之言也、

子曰。麻冕禮也。今也純儉。吾從衆。拜下禮也。今拜乎上泰也。雖違衆吾從下。

麻冕、緇布冠也、以麻布細密者制之、是禮也、今也以絲之麤者制之、是儉也、儉者、可繼之道也、雖違古、吾從衆之所好也、禮、臣將降西階下、再拜稽首、君若辭之、則旣再拜稽首于下、又升再拜稽首於

上、是禮也、今也君若辭之、則直升再拜稽首於上、是非禮泰也、雖違衆、吾從拜于下也、夫子恒志爲東周、將仍時勢損益禮制、此亦行夏之時、乘殷之輅之意、

右三章爲一段、聖人制利於命、制利於仁、則國家之基立焉、所以置第一章也、既國家之基立焉、而後興禮樂制度、所以置第三章也、既立國家之基、又興禮樂制度、非博學如孔子則不能、所以中間置第二章也、

子絶四。毋意。毋必。毋固。毋我。

子絶四一句、記者觀夫子所絶而記之也、下文四句、記夫子所以教人也、毋者禁止之辭也、逆人之未發而億之、則謂之意也、我逆人之未發而億之、則人亦爲疑己者不信、反以欺我矣、此我心之不信故也、故曰、不逆詐、不億不信、是也、夫衆人疑我而不信、反以欺我、則有害於事、故夫子絶之不行、

又將使人絕之、故曰、毋意也、我將行之、人強止之、我不聽遂之、則謂之必也、我既決事、人強止之、我不聽遂之、則人視之、以遁志不竭其力而已、故四岳進鯀、堯知不可用、然而四岳曰試可乃已、則堯納其言、使鯀治洪水、又公山弗擾以費畔、夫子將往而輔之、子路不說止之、夫子從之、遂不果、是皆聖人不貴必者也、所以忍一成衆事也、故曰、言必信、行必果、硜硜然小人哉、是以夫子絕必不行之、又將使人絕之、故曰、毋必也、固偏固也、聽前賢之言、固執守之、聞後賢之言、棄之不遷、則謂之固也、學則不固、主忠信、此以學言之也、又己執偏見、反中行、不能與人交、則謂之固也、夫子謂微生畝曰、非敢爲佞也、疾固也、此以行言之也、故人學而固、則執德不弘、行而固、則不能得中行、故夫子學與行倶去固而行之、又將使人學與行倶去固而行之、故曰、毋固也、抗己不納人之義、則謂之我也、堯之允恭克讓、舜之舍己從人、孔子之聞義能徙者、是皆無我者也、夫抗己而不納人之義、則有害於事、舍己而從人、則有益於事、故夫子去己之我、將使人去其我、故曰、毋我也、凡聖人之教人、禁而戒之者甚希、唯於此四者、我已絕之、使人亦絕之、何則四者之行與不行、大係於行之利害故也、故記者用禁止之辭、異他之訓辭也、

子畏於匡。曰文王既沒。文不在茲乎。天之將喪斯文也。後死者。不得與於斯文也。天之未喪斯文也。匡人其如予何。

兵難曰、畏、檀弓曰、死而不弔者三、畏厭溺、是也、陽虎嘗暴於匡、孔子過匡、以孔子貌似陽虎、匡人誤以兵圍之、故記者書子畏於匡也、文者、道之別名、謂詩書禮樂也、經緯天地人曰文也、經緯上下曰文也、經緯內外曰文也、此數者、悉藏於詩書禮樂之中、故創業之君、以文爲謚、周之創業在文王、故

唯文王以文爲謚也、後死者、孔子自指己也、予者、内辭也、以德言之、則曰予也、言文王既沒、文不在茲乎、天之將喪斯文也、後死者、不得與斯文也、而今後死者、得與斯文、則此天之未喪斯文也、天之未喪斯文也、匡人其如予何、蓋言人事不能勝於天意也、

太宰問於子貢曰。夫子聖者與、何其多能也。子貢曰。固天縱之將聖又多能也。子聞之曰。太宰知我乎。吾少也賤。故多能鄙事。君子多乎哉。不多也。牢曰。子云。吾不試故藝。

太宰、官名也、單舉其官者、失其姓名也、稱夫子者、示太宰尊親夫子也、縱、放縱也、放縱其所進、不爲之限也、我者、對人之辭、吾者、一人之辭、牢、琴張之名、太宰將問夫子於子貢、識其聖德、故書問曰也、

太宰以爲聖者多能者也、故尊親夫子之德曰、夫子聖者與、何其多能也、於是子貢曰、固天放縱夫子所進、不爲之限、將使至聖人、又包多能也、於是夫子聞二人之言曰、太宰知我乎、吾少也賤、故多能鄙事、君子多乎哉、不多也、此夫子謙己從太宰之言、將使太宰知多能非聖者之德、作者爲聖者之業也、輯上論者、弟子琴張也、琴張既記此章、自書其名、又記其異聞、故曰、牢曰、子云、吾不試故藝、此琴張欲明輯上論者、已當其任也、

子曰。吾有知乎哉。無知也。有鄙夫。問於我空空如也。我叩其兩端而竭焉。

此明有教無類之道也、吾者、一人之辭、我者、對人之辭、自云無知者、明待鄙夫猶待民也、鄙夫謂貪利無厭鄙陋之士也、兩端謂物之本末也、竭盡之無有餘蘊也、言吾有知乎哉、無知也、有鄙夫于此、

來問於我、空空如也、我叩物之兩端、以盡其所知、無有餘蘊、使安其所問也、此言因鄙夫之心、使去其邪慝也、所謂有教無類者、是也、

子曰。鳳鳥不至。河不出圖。吾已矣夫。

鳳鳥、舜之時來儀、文王之時、鳴於岐山、河圖、伏犧之時、河中龍馬負圖而出、皆聖人在位之瑞也、言今之時、鳳鳥不至、河不出圖、聖人不在位故也、若今聖人有出、則鳳鳥至焉、河出圖焉、吾亦當見用矣、而今聖人無出、則鳳鳥不至、河不出圖、吾亦無見用已矣夫、此但夫子表言聖人無出則其身無見用而已、然夫子之德、實當於作者之任、王者無起、則其德術無所施焉、故託其言於鳳鳥不至、河不出圖、以言王者無起、則已之德術無所施也、此夫子以微言發其所志也、

右五章爲一段、孔子德爲聖人、已之所絶、使人絶之、所以置第一章也、孔子之德、猶文王之文、

天之所保立、人之所尊信、所以置第二章也、孔子之德、猶文王之文、天之所放縱、將至於聖、所以置第三章也、孔子之德、既至聖人、誨於鄙夫、則去鄙夫之邪慝焉、所以置第四章也、雖孔子之德既至聖人、天之所用、不在乎今在乎後世焉、所以置第五章也、

子見齊衰者。冕衣裳者。與瞽者。見之雖少必作。過之必趨。

此記者觀夫子恒敬天命而記之也、齊衰一年、斬衰三年、皆喪服之重者、獨舉齊衰者、包斬衰也、冕衣裳、祭天及宗廟之盛服也、喪與祭、皆行天命之禮也、瞽者樂師也、樂者、以天命奏之於神明、樂師司其事者也、齊衰者冕衣裳者與瞽者、皆行天命之道、則夫子敬而禮之、故曰見之雖少必作、過之必趨也、作起席也、趨設禮容而走也、皆言加敬也、

顏淵喟然歎曰。仰之彌高。鑽之彌堅。瞻之在前。忽焉在後。夫子循循然善誘人。博我以文。約我以禮。欲罷不能。既竭吾才。如有所立卓爾。雖欲從之。末由也已。

凡非已有德者、則不能贊人之德位、故孔門諸子、無贊夫子之德者、唯顏淵已有德、而後贊夫子之德、故此書顏淵喟然歎曰、殊公其義也、次之子貢雖稱夫子之德、皆爲辨人之惑發之、猶非贊之者然、此記者所以歸贊於顏淵也、喟者、歎聲也、喟然歎者、示其歎聲發於至誠也、仰之彌高、謂其德位高大、雖仰之、不可及也、鑽之彌堅、謂其德體剛堅、雖求入之、不可入也、二句舉德位德體也、瞻屬目而視之也、忽焉恍惚不可取象也、瞻之在前、忽焉在後、謂德術神妙、豹變虎變也、二句舉其德術也、夫子尊親德之辭、循循有次序貌、誘、引進也、善、謂爲之至妙也、我者、對人之辭、文、謂詩書禮樂也、禮、謂為美觀也、文者、生智見者也、禮者、行道者也、吾者、斥已之辭、盡之無有餘蘊、則曰竭也、言夫子之盛德既可尊親、夫子以可尊親之盛德、循循然以次序善引進人、博我智見以文、約我道以禮、使我道有美觀以行於今日、於是學之進、欲罷不能、既竭吾才、無有餘蘊、此顏淵言所自脩也、卓爾直立出群貌、末莫聲之輕也、也已語助之速也、言顏淵自既脩德、於是退而量夫子之盛德、則如有所立卓爾矣、雖欲從此卓爾者、共為之、末由之也已、言其不及之不待言也、是皆顏淵既知已而後知夫子者也、

子疾病。子路使門人為臣。病間曰。久矣哉。由之行詐也。無臣而為有臣。吾誰欺。欺天乎。且予與其死於臣之手也。無寧死於二三子之手乎。且予縱不得大葬。

予死於道路乎。

疾劇則曰病也、病間、謂病少有間隙也、先子路行詐、今復子路行此詐、故曰久矣哉由之行詐也、深責子路諭之也、吾誰欺、欺天乎、言人不可欺、天愈不可欺也、予者、内辭也、謂其家事、故曰予也、下文四句、言且予與其死於臣之手、二三子視予猶父、則無寧死於二三子之手乎、其忠信可愛焉、且予縱不得大葬、二三子以簡直待予、則予死於道路乎、其簡直可貴焉、此言聖人不取委曲之行、貴忠信簡直也、

子貢曰。有美玉於斯。韞匵而藏諸。求善賈而沽諸。子曰。沽之哉。沽之哉。我待賈者也。

此子貢欲問夫子出處而知之、然不可直指之、故設微辭問之也、美玉、比夫子之德也、善賈、謂賈人

善鑒玉者也、匵、匱也、韞、藏也、沽、賣也、我者、對人之辭也、夫子之懷德、猶有美玉於斯、而不仕居家、猶韞匵而藏之、又夫子之居家待有諸侯聘之、此猶抱美玉者、將求善賈鑒玉者賣其美玉者、故子貢仍此二義、以設此問、以占夫子之出處進退也、於是夫子遂發其志言、我恒居家而俟命者、待有諸侯之知予而召我者也、故曰、沽之哉、沽之哉、我待賈者也、於是子貢知夫子之不求援人而仕、得天命而後仕也、

右四章爲一段、孔子恒畏天命、見人之行天命、皆禮而重之、所以置第一章也、孔子恒畏天命、其如德容、仰之彌高、鑽之彌堅、所以置第二章也、孔子恒畏天命、其如常行、不爲委曲、貴簡直之行、所以置第三章也、孔子恒畏天命、其如出處進退、自懷美玉、而待善賈耳、所以置第四章也、

以上三段爲一列、總明孔子之德與行也、

子欲居九夷。或曰。陋如之何。子曰。君子居之。何陋之有。

此上三段、每段首章用記者之辭、至此段及次段、首章一句、用記者之辭、且以含感慨之意、變其法、亦文辭之道也、九夷、魯之東方之夷、淮夷徐戎之類、言中國道不行、夫子欲居九夷、或人在側曰、九夷之俗、不知禮教、近乎禽獸之行、而鄙陋也、子將如之何、於是夫子曰、九夷之俗允然、雖然以君子之道居之、則九夷亦知禮教、何陋之有也、此夫子若得位變九夷如此、化中國不待言、可知而已、

子曰。吾自衞反於魯。然後樂正。雅頌各得其所。

古者以詩三百為教、故季札聘于魯觀樂之時、雖其篇次異於今詩、太氐不過三百餘篇、而秦漢以後傳言、古者詩有三千、及至孔子刪其重復、為三百篇、而季札觀樂之時、不過三百餘篇、則其相傳

之矣、不待言可知而已、及得此章、其義益明矣、所謂孔子刪詩者、非刪也、徒正失其次序者而已、夫樂也者、衆音相和之名也、衆音者、絲竹匏華金石土木也、國風徒歌、不用衆音焉、二南用一音、琴瑟也、小雅用四音、絲竹匏華也、大雅用六音、絲竹匏華金石也、頌用八音、絲竹匏華金石土木也、故國風二南、未可曰樂矣、故此舉小雅大雅與頌、不舉二南國風、未可曰樂之故也、曰各得其所者、謂其次序各得其所也、燕禮曰、歌鹿鳴四牡皇皇者華、又曰、奏南陔白華華黍、又曰、間歌魚麗笙由庚、歌南有嘉魚、笙崇丘、歌南山有臺、笙由儀、此其次序者也、其他雅頌莫不有次序者焉、孔子之時雖有三百篇、其次序錯然溷亂、雅頌之義、不可得而知、故孔子游於四方、就賢者講之、終正雅頌之次序、雅頌各得其所、故曰、吾自衛反魯、然後樂正、雅頌各得其所也、

子曰。出則事公卿。入則事父兄。喪事不敢不勉。不爲

酒困。何有於我哉。

此承前章、明凡治國家、雖以禮樂臨之、其躬行失忠信、則亦不可行也、公、孤卿也、卿、正卿也、孤卿正卿、皆任天命之人、故出其門、則事其公卿也、父兄、天倫之尊者也、故入其門、則事其父兄也、鄉黨之交、喪事、天威之所存也、雖人情之所避、不敢不勉也、鄉黨之交、酒者、人之所罄歡也、雖人之所罄歡、不爲酒之困、此四者、皆爲難行、故曰、何有於我哉、言我則無之也、我者、對人之辭、此夫子自謙而勸人也、

右三章爲一段、夫子之居九夷也、以君子之道行之、所以置第一章也、以君子之道行之也、非正禮樂而脩己、則不能、所以置第二章也、雖正禮樂而脩己、躬失敬與忠信、則亦不能、所以置第三章也、

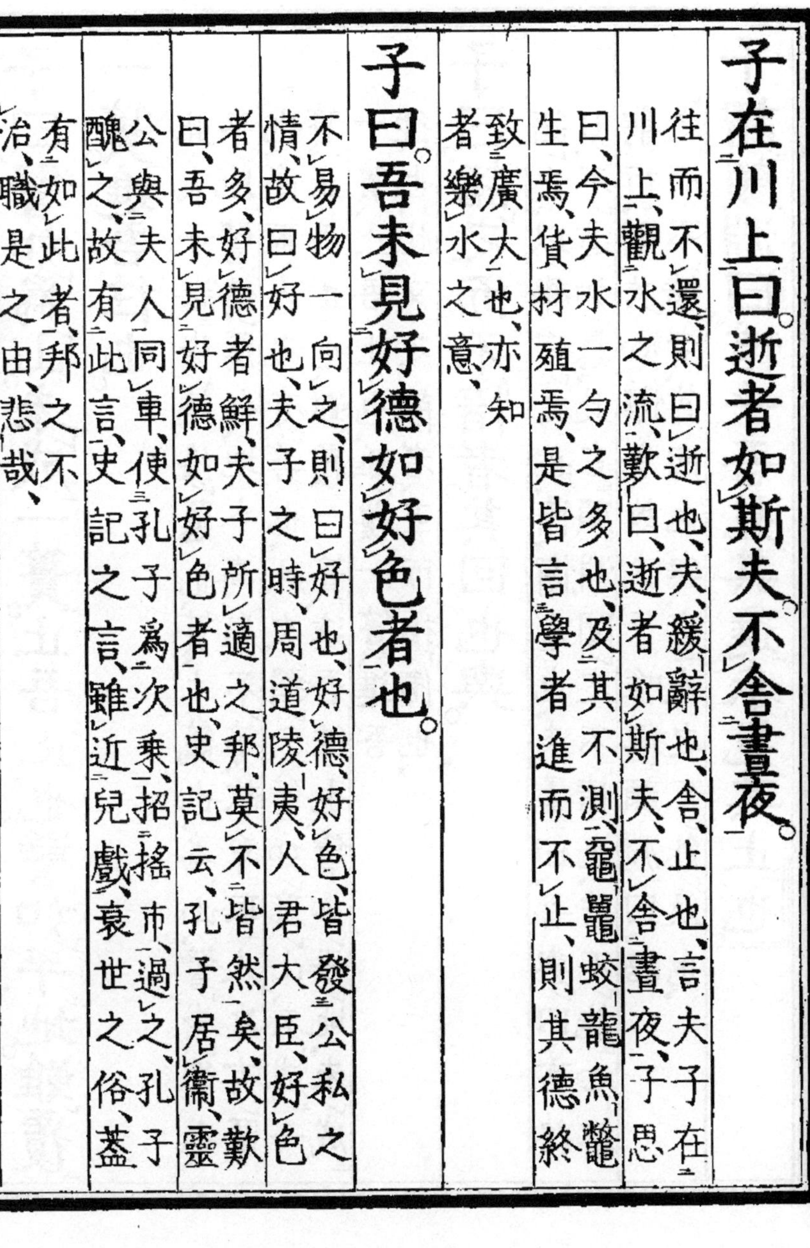

子在川上曰。逝者如斯夫。不舍晝夜。

往而不還、則曰逝也、夫、緩辭也、舍、止也、言夫子在川上、觀水之流、歎曰、逝者如斯夫、不舍晝夜、子思曰、今夫水一勺之多也、及其不測、黿鼉蛟龍魚鼈生焉、貨材殖焉、是皆言學者進而不止、則其德終致廣大也、亦知者樂水之意、

子曰。吾未見好德如好色者也。

不易物一向之、則曰好也、好德、好色、皆發公私之情、故曰好也、夫子之時、周道陵夷、人君大臣、好色者多、好德者鮮、夫子所適之邦、莫不皆然矣、故歎曰、吾未見好德如好色者也、史記云、孔子居衞、靈公與夫人同車、使孔子爲次乘、招搖市過之、孔子醜之、故有此言、史記之言、雖近兒戲、衰世之俗、蓋有如此者、邦之不治、職是之由、悲哉、

子曰。譬如爲山。未成一簣。止吾止也。譬如平地。雖覆一簣。進吾往也。

此夫子語崇德脩慝也、簣、土籠也、爲山、譬崇德也、平地、譬脩慝也、地本高卑不等、故卑取人之有慝也、高取人之有善也、此文猶云譬如爲山、未成一簣、止吾止也、雖覆一簣、進吾往也、譬如平地、未成一簣、止吾止也、雖覆一簣、進吾往也、此文之簡者、互而相備也、

子曰。語之而不惰者。其回也與。

語之、以學言之也、惰、懈怠也、夫子曰、吾與回言終日、不違如愚、此言顏淵聞之不惰也、若不能心解躬行、則其心懈怠、故夫子唯稱顏淵曰、語之而不惰者、其回也與、言人之不能及也、

子謂顏淵曰。惜乎。吾見其進。未見其止也。

顏淵之才、特出乎其群、其學道也、猶川流混混、不舍晝夜、盈科而進、放乎大海也、所謂知者利仁者也、故顏淵死後、夫子追而思之、私謂之、又公之曰、惜乎、吾見其進、未見其止也、

右五章爲一段、凡爲學、進而不止、猶川之流、不舍晝夜、所以置第一章也、雖猶川之流、不舍晝夜、非好德如好色、則不能、所以置第二章也、雖好德如好色、非積道如爲山、去匱如平地、則不能、所以置第三章也、雖積道如爲山、去匱如平地、非信聖人之言不惰、進而不止者、則不能、所以置第四章第五章也、

以上二段爲一列、前段、明君子以禮樂爲德施其政教、後段、明君子以禮樂爲德、其本在學道也、

子曰、苗而不秀者有矣夫。秀而不實者有矣夫。

此以下三段、首章皆舉以比喩著其事、含感慨之意者、以爲段首之例也、穀之始生曰苗也、出遂曰秀也、成穀曰實也、矣、決辭也、夫、緩辭也、言凡人學則可得道、而或有學而不得道者、學而得道、則必能信之、而或有學而得道、不能信之者、故曰、苗而不秀者有矣夫、秀而不實者有矣夫、雖學而得道、不能信之、則猶粟之有秕而無用也、道之爲用、信之而後有用、夫子說漆雕開、亦爲是也、

子曰、後生可畏也。焉知來者之不如今也。四十五十而無聞焉。斯亦不足畏也已。

生猶友生之生、後生、謂後之生德者也、四十曰彊仕、五十而爵爲大夫、故四十五十、謂德立名著之時也、言後生雖年少、務學而不止、則進德之勢可畏也、焉知來者之不如今也、今之四十五十而無聞焉、不足畏也、後生之士、雖務學而不止、四十五十而無聞焉、斯亦不足畏也已、此聖人非德立名

著、則不定其人、所以不謾棄人也、

子曰。法語之言。能無從乎。改之爲貴。巽與之言。能無説乎。繹之爲貴。説而不繹。從而不改。吾末如之何也已矣。

法語、謂先王法言也、巽與之言、謂遜順與於我之言也、繹、尋繹也、末、莫聲之輕也、言法語之言、人之所敬、則人能無從乎、雖人能從、不改其行、則何益、故改之爲貴、巽與之言、與於其心、則人能無説乎、雖人能説、不繹之、則不知其意之所在、故繹之爲貴、但説而不繹、從而不改、吾末如之何也已矣、言不能使其人進於行也、

子曰。主忠信。毋友不如己者。過則勿憚改。

此承上三章、明學之道、其行與事、皆以忠信爲本也、此章見于學而篇、舉于學而篇者、主學而言之、舉于此者、主行言之、故省學則不固一句、取主忠信以下三句、毋者、禁止之辭也、禁止之者、示嚴其行也、

右四章爲一段、育才之道、多多益造其人、所以置第一章也、學之道、畏後生之進、我亦疾務學、所以置第二章也、學之道、仍法語巽與、而脩其行、所以置第三章也、學之道、行與事、皆以忠信爲其主、所以置第四章也、

子曰。三軍可奪帥。匹夫不可奪志也。

此章亦以比喩著學士之立志也、段首之例也、謀而取之、則曰奪也、言三軍之備、其陣法嚴密、將帥在中央、軍士圍而護之、此其不可奪者也、雖然、我欲謀而取之、則可奪其帥矣、匹夫、一人之微者□

也、立其志堅固、則雖欲謀而取之、不可奪其志也、立其志堅固、則一人之微者、猶勝於三軍、況於憤然有道之士乎、此夫子之所以立其志、又使人立其志也、

子曰、衣敝縕袍、與衣狐貉者立、而不恥者、其由也與。

此承前章、明子路志堅固、而不動物也、敝、壞也、縕、枲著也、衣之最賤者也、狐貉、以狐貉皮爲裘、衣之貴者也、子路貧賤、與富貴者立而不恥、此子路志既立、貧賤不能動之、富貴不能撓之、一定向於爲國家之道者、故夫子稱其立志云爾也、

不忮不求、何用不臧。子路終身誦之。子曰、是道也、何足以臧。

忮者、忮害也、求者、貪求也、無表無裏俱善、則曰臧也、二句衛風雄雉之詩、言婦人稱夫之爲人曰、吾

夫有德、人不知之、吾夫也無忮害人之心、又無貪求財利之慾、其心無表無裏、實如洗、則何用不臧也、子路說此詩、終身誦之、於是夫子爲是未足盡善曰、是道也何足以臧、言可學之道、不止于此也、

右三章爲一段、學之道、以立志爲其本、所以置第一章也、士之既立志也、不撓於富貴、以求其道、所以置第二章也、士之既立志也、畧小物而學大物、所以置第三章也、

子曰。歲寒。然後知松柏之後彫也。

此章亦以比喩爲段首之例也、歲以夏正言之也、歲寒、斥十二月大寒之時也、仲冬衆木與松柏、未至彫傷、至十二月歲大寒、衆木悉零落、而後松柏漸彫傷、故曰、歲寒然後知松柏之後彫也、以比君子小人之恒立於朝也、其行事非甚有徑庭、至其臨於大節、小人變於利、君子守其操、君子小人之分見焉、

子曰。知者不惑。仁者不憂。勇者不懼。

知者、地也、徽爲曰知也、知者之利仁也、先王之道物事爲、莫不徽而爲之者、故應於時勢、不拂於人情、以施其政、無有惑焉、故曰、知者不惑、仁者之安仁也、猶山之殖萬物、生生不息焉、故在富貴、行乎富貴、在貧賤、行乎貧賤、莫所處不行焉、故曰、仁者不憂、勇者之見義斷事也、以果敢行之、其制變也、應於左、應於右、莫不遂其事焉、故曰、勇者不懼、唯仁者、不惑不懼而莫有憂焉、故於文辭之道、置之於中間也、

子曰。可與共學。未可與適道。可與適道。未可與立。可與立。未可與權。

可與共學、謂信道者也、可與適道、謂其志大、而求至於先王之道者也、可與立、謂可與立於朝廷議

事者也、可與權、謂臨於大節、制其權變者也、此章承前章、明人才雖存、非知仁勇、則不能制其權變也、權、稱錘也、取能權輕重、使適義也、

唐棣之華。偏其反而。豈不爾思。室是遠而。子曰。未之思也。夫何遠之有。

唐棣、逸詩也、偏、反貌、反、謂華之開葩之反也、詩比也、言斯有女子、愁士之久不來、背之如華之反、故曰、唐棣之華、偏其反而、於是士答曰、豈不爾思、室是遠而、詩意如此、夫子與之曰、今之學士亦曰、豈不道思、道是遠而、雖則云爾、未之思也、夫何遠之有、此夫子與此詩、勸學於人也、冉求曰、非不說子之道、力不足也、子曰、力不足者中道而廢、今汝畫、亦與此章相發也、

右四章爲一段、君子之於變也、能守其操、所以置第一章也、君子之能守其操也、非知仁勇、則

不能、所以置第二章也、君子居知仁勇、以能制其變、所以置第三章也、君子之守其操、又能制其變、非思道成其德、則不能、所以置第四章也、

以上三段爲一列、第一段、明學道則得道也、第二段、明學道之本、在立其志也、第三段、明立志而學道、則其德至於仁知也、此篇八段、分爲始中終、始三段、明聖人之德與行也、終三段、明學而至於仁知也、中二段、明聖人仁者、以禮樂爲德、施之於政教也、

鄉黨第十

此篇一篇、對于前九篇、前九篇分爲三列、總言之、則君子學先王之道、而脩其德、以行仁於國家者也、此爲外行、有外行者、必有内行、故此篇擧孔子之内行、對于前九篇之外行、以明治國家者、内行以成外行、外行以成内行、内外相合、以成大業也、故堯典舜典、先擧

孔子二字爲段首法又爲冑子法

堯舜之内行而後舉其外行以明成仁於天下故此篇對于前九篇者與堯典舜典其旨一也是一義也又先舉孔子之外行次舉其内行使後世學者謂孔子言行外有信于内内有信于外内外俱有信其言行允可信而學則此即所以使後世學者信而好古也是二義也又此篇始終舉孔子之内行而篇中有聘禮之事此雖孔子未嘗聘他邦先王之禮皆孔子之所將行則雖孔子未嘗行之述孔子將行之意以記其事也且先王之禮孔子之所信也孔子之所信庶幾學者亦信之故篇中多記先王之禮矣是三義也皆蒐輯者之寓意也

孔子於鄉黨恂恂如也似不能言者其在宗廟朝廷（五句段遷）（一句徽摺）便便言唯謹爾朝與下大夫言侃侃如也與上大夫（四句段遷）（一句徽摺）

言誾誾如也。君在踧踖如也。與與如也。

此篇皆擧孔子言行、故以孔子冠篇首、且爲段首法也、恂恂、木實之貌、鄕黨者、士之所居也、孔子之於鄕黨、其年猶少、故敬其父兄長者、恂恂如、以木實相交、其言似不能言者、皆以其美歸於父兄長者也、便便、言辯貌、宗廟朝庭、禮法政事之所存也、禮法政事之所存、則便便辯其條理而言之、唯嚴正謹之耳、下下大夫、大夫與孔子同位人也、侃侃、和安貌、同位則相和相安、故與之言、以達其官事爲要、故曰、與下大夫言侃侃如也、上大夫爲正卿、位在孔子之上、誾誾、義謹貌、上大夫位在孔子之上、則與之言、以義謹從其政、故曰、與上大夫言誾誾如也、君在、君視朝也、踧踖、恭敬不寧之貌、與與、威儀中適之貌、君者、至尊也、君在視朝、則孔子立在其位、恭敬不寧、豫慮有君命、又承君命、則威儀中適、往來達君命、故曰、君在踧踖如也、與與如也、以上言孔子在宗廟朝庭及鄕黨之言行也、

必字中段倒字法之伏、
曰字下段字法之伏、
上文用也字九、下文用也字九、中間用矣字一、爲篇法之伏

右大節

凡九句

（二句段遞）君召使擯、色勃如也。足躩如也。（三句間夾插）揖所與立、左右手。衣前後襜如也。（三句隔接）趨進翼如也。賓退必復命曰、賓不顧矣。

此擧本國行朝禮及聘禮之時、孔子承君命、爲擯相之事也、擯謂主國之君所使出接賓者也、勃如、變色貌、躩如、盤辟貌、擯既奉君命、將以接賓、故其色勃如加肅敬、其足躩如、不敢懈慢、故曰、君召使擯、色勃如也、足躩如也、襜整貌、聘禮曰、卿爲上擯、大夫爲承擯、士爲紹擯、按旅賓傳辭之儀、公在大門内南面、上擯在公南門外、承擯紹擯以次而南、俱西面、賓大門外北面、上介在賓北、次介末介以次北、俱東面、賓主相去五十步、末介與紹擯相對、公請事、則上擯傳之承擯、承擯傳之紹擯、紹擯傳之末介、末介傳之次介、次介傳之上介、上介以達于賓、賓對亦如此、故曰、揖所與立、左右手、衣前後

襜如也、言揖左人左其手、揖右人右其手、衣前後襜如也、賓主人倶升于堂、則擯者退于中庭、賓致命、則擯者進立于阼階西、釋辭於賓、相公之拜、其他終禮、疾趨而進、張拱端好、如鳥舒翼也、故曰趨進翼如也、聘享私覿、禮皆畢、則賓退、公出送賓、及大門内、使上擯出門送賓、上擯送賓、反入門告于公、故曰、賓退必復命曰、賓不顧矣、

右大節

凡八句

二句段遷

入公門、鞠躬如也、如不容、立不中門、（二句微搊平行）行不履閾、過位

三句夾接

色勃如也、足躩如也、其言似不足者、（二句段遷）攝齊升堂鞠躬如也、屛氣似不息者、（四句搊揳平行）出降一等、逞顏色怡怡如也、沒階趨進翼如也、復其位踧踖如也、

此舉孔子在本國相君、及聘於他邦之禮容也、公門、君門也、鞠躬、斂身也、公門高大、而如不容、敬君之至也、故曰、入公門鞠躬如也、如不容也、立不中門、謂棖闑之中央也、君門中央有闑、兩旁有棖、棖闑之中、是尊者所立處、人臣不可當之立、故曰、立不中門也、按玉藻曰、君入門介拂闑、大夫中棖與闑之間、士介拂棖、此謂朝他邦時、大夫從君後、君中門、故大夫亦中門也、其平生不中門可知也、行不履閾、閾門限也、不履者、一則恐自高、一則恐汚之、皆戒之不敬、故曰、行不履閾也、過位、謂過君之空位也、門屏之間、人君宁立之處、君雖不在、人臣過之、則不可不敬、故曰、過位色勃如也、足躩如也、其言似不足者、敬空位如此、敬君之至也、衣下曰齊、攝齊、摳衣也、將升堂、兩手摳衣、使去地尺、恐躡之而傾跌失容也、故曰、攝齊升堂鞠躬如也、屏氣似不息者、屏藏也、息鼻息也、既升堂、則漸更近於至尊、故曰、屏氣似不息者、敬愼之至也、逞快也、怡怡、和悅也、先升于堂、近于至尊、今禮畢辭于至尊、

以上大節四句法多用段遷擢接而用也字十八、猶瀑水之將下者、深淵以受之、其勢不可不淼、首段之法、使讀者三嘆、亦古文之妙境、

出降一等、少舒其敬、故曰、出降一等、逞顔色、怡怡如也、沒階盡階、降地也、又盡階、降地、疾趨而進、張拱端好、如鳥舒翼也、故曰、沒階趨進翼如也、位、次位也、聘禮曰、賓入于次、又擯者退、負東塾而立、是也、禮畢出大門、復始所次之位、不忘其恭敬、故曰、復其位踧踖如也、二句言禮之將畢、愈不忘其恭敬也、

右大節凡十三句

四句段遷微擢平行

執圭鞠躬如也。如不勝。上如揖。下如授。勃如戰色。足蹜蹜如有循。享禮有容色。私覿愉愉如也。

四句擢接錯綜

此舉孔子奉君命聘於他邦之禮容也、凡諸侯相聘之禮、使大夫執圭以通信、其禮先聘、次享、次私覿、聘者致命授圭、聘于夫人以璋、無幣、故聘義曰、圭璋特達、享者束帛加璧、庭實虎豹之皮、享于夫人以琮、覿者奉束錦執馬、君醴賓、有籩豆脯醢、此三者皆一日行之、聘享公事、覿私事、故曰私覿爲

人臣者無外交、但由使而見、古有此禮也、次君送賓饔餼、次問、次面、問者、賓以其君命致束帛四皮于主國之卿、公事也、面者、賓自致儷皮四馬、私事也、次饔餼、夫人送之如饔餼、次壹食再饗、主君亨大牢、以飲賓也、次主國大夫饗賓、次還玉、謂還其圭璧璋琮也、次公館賓、主君詣賓館訪之也、然後賓行、其詳見于聘禮、圭者、天子命諸侯之圭、其信莫重焉、諸侯聘問鄰國、則使大夫執以通其信、還則納之於其君、故大夫奉君命以聘問、則執其圭升堂、猶奉重而不勝、敬慎之至也、故曰、執圭鞠躬如也、如不勝也、奉圭手與心齊、或階或堂、上之如揖、下之如授、其顏勃如戰色、其足蹜蹜如有循、其威儀不一、又敬慎之至也、故曰、上如揖、下如授、勃如戰色、足蹜蹜如有循也、容色、發氣滿容也、愉愉、顏色和也、聘享皆公事、聘重而享輕、享禮始舒其敬、發氣滿容、故曰、享禮有容色、私覿、私事也、比之享禮、又最輕、故其敬慎之弛、見於顏色、故曰、私覿愉愉如也、君子二字、爲段首法、又爲胷子法、用必字七、爲例字法、讀之不覺其多、用之字二、爲字法、皆置小節之末、唯下節之末、不用之、字變法甚奇、

右大節凡八句

以上大節四、合爲一段、首大節、明孔子居鄉黨、及在宗廟朝庭、平生之行也、始大節、明孔子在本國、爲擯相、輔其君之禮也、中大節、明孔子或在本國而行禮、或使他邦而行禮、皆敬君事之道也、終大節、明孔子使他邦、達君命之禮也、一段總明孔子行于外之禮也、

君子不以紺緅飾、（二句隔句微摺平行）紅紫不以爲褻服、當暑袗絺綌、（二句微遷平行）必表而出之、緇衣羔裘、（二句微遷平行）素衣麑裘、黃衣狐裘、褻裘長、（二句微遷微摺合接）短右袂、必有寢衣、（二句摺接）長一身有半、（詩句）狐貉之厚以居、（二句微摺微遷合接）去喪無所不佩、（一句摺留）非帷裳必殺之、羔裘玄冠不以弔、（二句微摺微遷勿背）吉月必朝服而朝、（詩句）齊必有明衣布、齊必變食、居必遷坐、（三句段遷平行）

此舉孔子所用衣服之禮制也君子指孔子也又謂古之君子也前段以孔子起端此段以君子起端相應以示孔子所行則君子所行君子所行則孔子所行也紺青赤色緅爵頭色飾領袖之緣也也朝服緇衣紺緅皆近於緇色則不可以紺緅緣於領袖其色與緇色相混故曰君子不以紺緅飾褻服私居之服朱黻赤舄皆禮服之色紅近於朱色又紫冠纓之色以紅紫為褻服則疑以禮服為私居之服故曰紅紫不以為褻服也袗單也葛之精者曰絺麤者曰綌表加上衣也君子當暑則恒服單之絺綌將接人及出行則必表上衣而出焉故曰當暑袗絺綌必表而出之也緇衣黑色羔裘用羔羊皮其色稱緇衣素衣白色麑裘用麑子皮其色稱素衣黃衣黃色狐裘用狐皮其色稱黃衣服色皆中外相稱故曰緇衣羔裘素衣麑裘黃衣狐裘也神道解曰先王之制冕冠弁服各殊其用故觀其服可以知其禮矣冕服所主文德也天子諸侯祭宗廟之服也又用之於學宮也又用之於

天神也、冠玄端、所行德事也、又用之於君事、皮弁服、所執宗廟之公事也、爵弁服、所執社稷之事也、故大射鄉飲酒冠玄端、所以成其德事也、食禮燕禮饗禮、燕射賓射相見之禮、亦冠玄端、所以講德事也、天子諸侯卿大夫士、冠玄端以視朝、所以行德事也、大夫士宗廟之祀、冠而玄端、所以薦其德事也、天子諸侯皮弁以聽朔於廟、所以就宗廟之事也、族燕繹尸以皮弁冠、所以成宗廟之事也、聘禮皮弁、所以為宗廟之事也、冠禮用皮弁爵弁、所以從宗廟社稷之事也、昏禮爵弁、所以主子孫也、主子孫者、永受社福也、故學宮以冕服養老者、所以明學宮與宗廟派、而其尊亞之、學宮教之、而宗廟護之也、裨冕以朝、所以行宗廟所護、學宮所教之衆禮、以亨通之也、於是天子諸侯冕服以祭宗廟、所以學宮所教之衆禮、歸之於宗廟、以一之也、故宗廟與學宮、二而一也、一而二也、孝弟之教即然、戴記諸書說服制不一、其詳不可得而聞、今記師說、示諸同志、褻裘長短右袂、褻裘居家之裘也、

六句頻用不食、寔以改一節之觀、

長之者、主温也、短右袂者、便作事也、必有寝衣、長一身有半、此即今之被也、狐貉之厚以居、厚所以適其體也、居自朝退、居于其室也、去喪無所不佩、去、除也、喪服無飾、除喪反吉服、其佩無所不佩也、玉藻曰、天子佩玉、而玄組綬、世子佩瑜玉、而綦組綬、士佩瓀玟、而縕組綬、孔子佩象環五寸、而綦組綬、謂此類也、裳必有殺縫、唯車帷裳用正幅、故曰、非帷裳必殺之也、喪主素、吉主玄、吉凶異其服、故曰、羔裘玄冠、不以弔也、吉月、月朔也、朝服、指皮弁服也、告朔之禮、君臣皮弁、朝於廟門、故曰、吉月朝服而朝也、齊必有明衣、布、明衣以素布造之、齊必沐浴、浴竟即著明衣、所以潔其體也、齊必變食、居必遷坐、改常饌、易常處、所以正其心也、皆言所以事鬼神也、

右大節、小節三、始小節凡四句、中小節凡十句、終小節凡五句、

四句微增微還增接

食不厭精。膾不厭細。食饐而餲。魚餒而肉敗不食。色

使人拊髀雀躍。沽酒市脯不食、祭於公不宿肉、皆以一句說一事、而前後八句、皆以二句說一事、錯綜成一篇、亦古文之妙境。出三日不食之矣一句、以不食二字、收上文不食之數句、又以之字、收前節之字法、又用矣字、遠應于賓不顧矣之句、行篇法以結上段、可謂一句甚奇有力矣。必齊如也之也字、接上文矣字、又遠應于私覿愉愉如也之句、起數之也字、以結上段、亦可

惡不食。臭惡不食。失飪不食。不時不食。割不正不食。（六句平行搭接）不得其醬不食。（二句間搭接）肉雖多、不使勝食氣。唯酒無量、不及亂。（三句間夾搭接）沽酒市脯不食。不撤薑食。不多食。祭於公不宿肉。（五句間夾搭接）祭肉不出三日。出三日不食之矣。食不語。寢不言。（二句微搭平行）雖疏食菜羹瓜祭、必齊如也。（必字爲下段例字法之伏）席不正不坐。（三句段遞夾接）

此擧孔子所用飲食之禮制也。食不厭精、膾不厭細、食飯也。精、鑿也。牛羊與魚之腥、聶而切之爲膾。食精則能養人、膾細則不害人。此謂從食制之正也。饐、飯傷濕也。餲、味變也。魚爛曰餒、肉腐曰敗也。食饐而餲、魚餒而肉敗不食。此謂避不正而從禮制也。失飪、失烹調生熟之節也。不時、五穀不成、菓實未熟之類也。割不正、禮有正數、而解割不得其正也。不得其醬不食、內則曰、濡雞醢醬、實蓼

謂大有力者也、
席不正不坐一句
相照居必遷坐之
句合節末成一段

濡魚卵醬、實蓼、濡鼈醢醬、實蓼、魚膾芥醬、麋腥醢
醬是也、色惡不食以下皆屬上文、謂穀肉及禮制
不食之也、肉雖多不使勝食氣、食以穀爲主、故不
使肉勝食氣也、唯酒無量不及亂、酒之用以合歡
爲主、故唯酒無量、以醉爲節、不及亂也、唯字對于
上文禁而不食者、故曰唯酒無量也、沽酒市脯不
食、沽買也、酒不自造、不必精潔、脯不自制、不知爲
何物之肉、故曰沽酒市脯不食也、不撤薑食、不多
食、撤去也、蓋古者庶羞必有薑、周之末、禮儀漸廢、
人多不知食薑、孔子獨行食薑之儀、故曰不撤薑
食、不多食也、以上擧食酒肉及嘗庶羞之禮也、祭
於公、則不宿肉、君子助祭於公、則所賜之胙肉、歸
即頒賜、而不宿之、此敬神之惠、且重公之賜也、祭
肉不出三日、出三日不食之矣、其家所祭之胙肉、
不過三日、皆以頒賜、過三日則不食之、恐肉敗而
傷人、此敬神之惠、少緩於公之賜也、以上擧君子
助祭於公、又祭其廟之義也、食不語、寢不言、語、教
誨人也、言、話政事也、我之將食、其心在味、若教誨

人則恐其言失信，故曰食不語，所以敬教也。人之將寢，就於安也，我若話政事，則此褻君事也，故曰寢不言，所以敬君事也。雖疏食菜羹瓜祭，必齊如也。祭，祭上世始爲飲食者也。齊如，嚴敬貌。雖疏食菜羹瓜爲微薄之物，食之則祭之，祭之必齊如也，所以報神之德也。席不正不坐，猶云割不正不食也，言所以從禮制也。以上舉君子居室之儀也。

右大節小節三，始小節凡十句，中小節凡十句，終小節凡五句。

以上大節二，合爲一段，總明孔子行于內之禮也。

不用孔子二字，變段首之法而改觀。

鄉人飲酒，杖者出，斯出矣。（四句隔接間夾接）鄉人儺，朝服而立於阼階。（接法）

康子二字爲骨子法

問人於他邦，再拜而送之。（二句平行）（餘法）康子饋藥，拜而受之，（四句微遞平行）曰：（字法）丘（餘法）未達，不敢嘗。（頓挫）廄焚，子退朝，（二句間體接）曰：（字法）傷人乎？不問馬。（二句微遞微楔合接）

此復始記孔子交鄉黨之禮也、鄉人飲酒、杖者出斯出矣、此文當云孔子鄉人飲酒、杖者出斯出矣、今省孔子二字變段首法者、合之於前段、復其始也、而此段更用康子子路四字者、應于篇首孔子之字、明師友交接之禮、以爲一篇骨子也、鄉飲酒之禮、所以明長幼之序也、故禮畢杖者出、則孔子從之出也、鄉人儺、朝服立於阼階、儺之禮、鄉人皆驅逐疫氣、孔子恐驚先祖、故朝服立於宗廟阼階、庶幾神依於己安焉、大夫朝服以祭、則孔子從祭禮之儀也、問人於他邦、再拜送之、問遺也、仍問而遺物、則曰問也、問人於他邦、則再拜而送使者、所以敬所問人也、康子饋藥、拜而受之、曰丘未達、不敢嘗、曲禮曰、醫不三世、不服其藥、故古者無饋藥於人之禮、孔子之時、禮失俗變、貴人聞疾、或饋之藥、時人亦必嘗之、依賜食之禮也、皆非禮也、康子饋藥、孔子以爲非禮、而卻之不恭也、不恭亦非禮也、故曰、丘未達也、言必有此禮、然丘未之聞也、故時人雖嘗、而不敢嘗焉、不斥其非禮、而謙以己之

必字三、之字三、皆例字法、頻用君字七、人讀之不覺其多、亦中段不食字之例、

未學、既不傷其心、亦不踐非禮、此處禮之變也、廐焚、子退朝曰、傷人乎、不問馬、禮問大夫富、以車馬數、今孔子當事變、問傷人乎者、所謂造次顛沛、必於仁者也、不問馬者、所謂躬行君子者也、若問馬、則有嫌於問財利、恐有失於君子、故問人而不問馬、此當事變不失禮也、

右小節凡十四句、

君賜食、必正席先嘗之、君賜腥、必熟而薦之、君賜生、必畜之、侍食於君、君祭先飯、疾君視之、東首加朝服拖紳、君命召、不俟駕行矣、

（六句隔接間夾接）（二句接）（二句間隔接）（篇法）

此記孔子朝侍於君、及居家應於君之禮也、君賜食、必正席先嘗之、孔子在家、君賜熟食、必正席先嘗之、猶朝侍食於君先嘗之、而後以其餘頒賜家人、敬君之惠也、君賜腥、必熟而薦之、孔子在家、君

寢不尸、居不容、二句相照于食不語、寢不言之句、竊接于中段、

賜生肉、必烹熟薦之於廟、榮君之賜也、君賜生、必畜之、孔子在家、君賜生、必畜之、以待祭祀之用、亦榮君之賜也、侍食於君、君祭先飯、孔子在朝、侍食於君、君祭食、己不祭而先飯、如爲君嘗食然、不敢當客禮、尊君之義也、疾君視之、東首加朝服拖紳、拖引也、紳大帶也、病者恒居室中北牖之下、今君將來見、暫遷之於南牖之下、東首加朝服、拖紳於身上、猶臣朝而君南面之禮、此臣雖病、不忘敬君之禮也、君命召、不俟駕行矣、急趨於君命、出私門、車駕隨之、此篤敬君命之道也、

右小節凡十二句、

以上小節二、合爲大節、

入大廟每事問。一句整句 朋友死無所歸、曰於我殯。二句段遞 字法 朋友之饋。三句間夾摺法

雖車馬。非祭肉不拜。奇句 寢不尸居不容。二句微摺平行

此記朋友之交、及居家容貌也、入大廟每事問、解見于八佾篇、朋友死無所歸、曰於我殯、朋友死無

親之可歸則孔子爲喪主殯於其家可見聖人忠信之厚雖一事天下歸於仁可知焉朋友之饋雖車馬非祭肉不拜朋友有通財之道故朋友之饋雖車馬之重非祭肉則不拜之祭肉則拜之所以敬神之惠且成朋友之美也寢不尸居不容寢内寢也居燕居也曲禮曰坐如尸謂坐堂儼然寢則不必然故曰寢不尸也燕居唯申申夭夭耳不必正其容貌故曰居不容也

右小節

凡八句

四句微摺微遞分背

見齊衰者。雖狎必變。見冕者與瞽者。雖褻必以貌。凶服者式之。式負版者。

二句微遞微摺合接餘法

三句間夾摺接

有盛饌。必變色而作。迅雷風烈必變。

此記孔子敬行天命者及敬天變之禮也見齊衰者雖狎必變見冕者與瞽者雖褻必以貌解見于

子路二字、相照孔子君子康子六字、以貫二篇、此爲骨子法、此一節、始記車中之禮、次記逸詩、又記山梁雌雉、讀之猶自車中臨山谿之際、雖記別事、亦是敘事之妙、康子饋藥以下八句、色斯舉矣以下

子罕篇、凶服者式之、式負版者、凶服、指大功以下也、户籍曰版也、負版、謂負户籍者也、凶服、天命所存、户籍、民命所係、皆式車上而敬之、所以重天命也、有盛饌、必變色而作、若人設盛饌待己、則必變色而起、重禮之備而敬之也、迅雷風烈、迅疾也、烈猛也、迅雷風烈、爲非常天變、故必變容而敬之、且備朝庭之有不虞也、

右小節凡九句、

升車、必正立執綏。（四句段遞微摺）（餘法）車中不內顧。不疾言。不親指。（二句平行）色斯舉矣。翔而後集。（篇法）曰。山梁雌雉。（字法）（二句微遞微摺）時哉時哉。（哉字二結法）子路共之。（二句分背）三嗅而作。（餘法）

此記車中之禮、及師待弟子之禮也、綏、上車之索也、升車必正立執綏、所以戒顚仆也、內顧、迴視也、車中不內顧、不疾言、不親指、恐御者動心、則馬驚驅、車轉覆、所以戒之也、色斯舉矣、翔而後集、孔子

六句、置之於此段之始末、則此篇雖大文長章、猶讀前後諸章、論語二十篇、古文妙品、實精金美玉、諸儒間數其錯簡、何讀書之麤漏、謂六經秦火餘燼、無信而好古者、職是之由、是其不深思之蔽、

誦逸詩也、詩意言、斯有鳥、觀人之顏色、飛而舉矣、暫回翔審視、而後下止、此言鳥善知進退、以得其所也、孔子與以為鳥則得其所、人則未得其時、仍歎之曰、山梁雌雉、時哉時哉、而子路以為孔子欲獲時物也、退執時物而拱之、於是孔子知子路不達其意、然亦左右觀其志、事師之道也、故不敢正之、禮子路、三嗅而作、所以成子路之志也、按、嗅鼻臭其氣也、昏禮曰、婦執笲棗栗、進拜奠于席、舅坐而撫之、興答拜、婦還又拜、今孔子三嗅而作、變撫為嗅、行貴時物之禮也、

右小節

凡十句、

以上小節三、合為大節、大節二、合為一段、總明孔子交於鄉黨朝庭之曲禮也、

論語象義卷之四終

論語象義卷之五

日本　東讚　三野元密伯愼　著

先進第十一

上論爲內、其所記、主學而脩德、下論爲外、其所記、主脩德而行之、夫學也者、爲之爲艱澀、行也者、行之爲平易、故上論之文、簡而奧也、下論之文、整而暢也、蓋琴張原思、下筆之時、各因其所主、具其體也、此篇所記、類於學而篇、學而篇主學、此篇主行、此二篇之別也、以下四篇、合爲一列、其次序之義、詳于憲問篇、

子曰、先進於禮樂、野人也、後進於禮樂、君子也、如用之、則吾從先進、子曰、從我於陳蔡者、皆不及門也、德

行。顏淵閔子騫。冉伯牛仲弓。言語宰我子貢。政事冉有季路。文學子游子夏。

先進、謂先輩進德得禮樂者也、野人、謂其忠信勝文飾者也、先進之於禮樂、其忠信勝文飾、以行其德、故曰、先進之於禮樂、野人也、後進、謂後輩進德得禮樂者也、君子、謂其文飾勝忠信者也、後進之於禮樂、其文飾勝忠信、以行其德、故曰、後進之於禮樂、君子也、言後進之不若先進也、如者、無期之辭、從者、謙辭、吾者、一人之辭、言先進後進俱賢者也、若用之、則吾從先進、而學斯道也、言既畢、又論先從陳蔡者、故再書子曰也、我者、對人之辭、從者、應上從字也、門者、謂先進之門也、言我既及先進之門、從我於陳蔡者、皆不及門、及我門、而學斯道者也、德行、謂已脩德、施之於行、則人皆感而化之者也、而言語政事文學在其中矣、言語、言斥號令也、語、斥教誨也、謂循循然善誘人、如周誥殷盤者也、雖不及德行、政事文學、亦在其中、故其等次德行也、政事、謂所行於朝庭、士民悅服者也、雖不及言語、兼言語優得文學者也、故其等次言語也、文學、謂善辨詩書禮樂、又能作文辭者也、雖不及政事、長於文學、兼政事者也、故其等次政事也、此謂十子之德位也、以進德言之、則以文學爲基、進脩政事、又進脩言語、又進脩德行、既進脩德行、此謂仁若知也、此乃孔子之所以從先進而脩德也、又十子之所以從孔子而脩德也、故二從字相照成章、皇侃以中間有子曰二字、別爲二章者、非也、鄭玄合爲一章者、傳古也、今從之、

子曰。回也非助我者也。於吾言。無所不說。

此承前章、舉弟子學於師之道也、我者、對人之辭、示師之對於弟子也、吾者、一人之辭、示弟子退而師一人在也、凡弟子之學於師、若有所不通、則切問而思之、反復而後致之於已、唯顏淵不然、若有

所不通、退而思之、自致之於己、故夫子謂我之於弟子、空己有問、則叩其兩端竭之、我亦得其益、此弟子皆助我者也、唯回也非助我者、有所不通、則退而思之、自致之於己、於吾言無所不說也、此記者用我吾二字、生文義、所謂訓詁爲義者也、

子曰、孝哉閔子騫、人不間於其父母昆弟之言。

此擧閔子騫之德行、既著於鄉黨也、哉者、深歎辭也、間、謂有罅隙之可議也、孝哉閔子騫、外人稱之、夫子亦稱之也、言閔子騫之德行、既感於父母昆弟、父母昆弟稱其所感於外人、而外人亦不間於父母昆弟之言、歎之曰、孝哉閔子騫、於是夫子亦聞外人之言、深歎之曰、孝哉閔子騫、此閔子騫之德行、內感於父母昆弟、外感於鄉黨、又有感於聖人、可謂德行之盛者也、大舜之於歷山、夔夔齊慄、瞽亦允若、今於閔子騫、亦人無間然、可謂德行之盛者也、

南容三復白圭。孔子以其兄之子妻之。

白圭之章、見于大雅抑詩、南容三復白圭、愼其言脩其行、則記者貴之、先書南容三復白圭、併書孔子以其兄之子妻之、所以重南容三復之力也、凡稱孔子者、表辭也、明其公然稱南容也、非上論書子謂南容、私議家事之類也、

右四章爲一段、夫子及先進之門、門人學於夫子之門、其傳道如此、所以置第一章也、學之道、進則切問之、退則近思之、所以置第二章也、已學而脩其行也、其德行如閔子騫、其愼言語如南容、人無不感者、所以置第三章第四章也、一段總明學之道也、

季康子問弟子孰爲好學。孔子對曰、有顏回者好學。不幸短命死矣。今也則亡。

此章已見于雍也篇、今省二句、專有取於好學之義也、下論爲外、孔子對魯卿大夫、皆具姓稱孔子、朝庭尊爵之義也、其義詳于爲政篇、

顏淵死。顏路請子之車以爲之椁。子曰。才不才。亦各言其子也。鯉也死。有棺而無椁。吾不徒行以爲之椁。以吾從大夫之後。不可徒行也。

顏路名無繇、顏淵父也、顏淵死、顏路以爲顏淵之德、出於諸子之上、故欲請夫子之車、作其椁、厚其葬、表其德、此不辨家之有無、爲委曲之行者也、於是夫子以爲凡葬禮、雖有其制、因家之有無、制行之、則有棺而無椁、亦無害於禮、顏淵之志、不外於此、故今顏路成其志而可也、故夫子諭之曰、才不才、亦各言其子也、鯉也死、有棺而無椁、吾不徒行以爲之椁、以吾從大夫之後、不可徒行也、此適家

之有無、制其禮者、成其子簡大之志也、此乃爲父道、庶幾顏路亦行父之道也、夫車也者、君之錫也、不徒行以爲之椁者、尊君之道也、夫子之行、既成父之道、又成子之志、又成尊君之道、則又將使顏路舍委曲之行、處此三道、此聖人以忠恕成顏路之行也、

顏淵死。子曰。噫。天喪予。天喪予。

噫者、悲痛之聲也、予者、內辭也、以德言之也、失位曰喪也、夫聖人之起、天必生文德、又使輔弼之人脩文德、俱受爵祿、而在其位、此乃天之所爲也、周之末、天生德於夫子、又使顏淵脩其德、此天將有爲於天下也、而今雖夫子在、使顏淵不幸短命死、此天使顏淵失其位、又使夫子失其位也、二人既失其位、則道之將廢也、故夫子出悲痛之聲曰、噫、天喪予、天喪予、予其云喪云予者、竊以失其位言之也、此用微言、言其難言者也、

顏淵死。子哭之慟。從者曰。子慟矣。曰。有慟乎。非夫人之爲慟而誰爲。

慟者、哭泣之哀過節也、凡尊其人之德、則稱夫人也、言顏淵之死、道之興廢係焉、夫子弔之、哭泣之聲過節、從者告之曰、子之哭慟矣、夫子曰、有慟乎、夫人與道之人也、夫人死則道亦廢矣、非爲夫人慟、而爲誰乎、此夫子爲道深惜顏淵也、

顏淵死。門人欲厚葬之。子曰。不可。門人厚葬之。子曰。回也視予猶父也。予不得視猶子也。非我也。夫二三子也。

予者、內辭也、我者、對人之辭也、夫者、尊德辭也、顏淵死、門人欲厚葬之、此門人尊顏淵之德、欲備禮

厚葬之、故記者先明其志也、雖門人欲備禮厚葬之、亦猶不異於顏路意、故夫子曰、不可、然而門人不忍略禮、而厚葬之、於是夫子曰、回也視予猶父也、然則予亦當視回猶子、而今不能適家之有無、而制其葬禮、使回也成其志、此予不得視猶子也、然而厚葬之者、非我也、夫二三子尊德者之爲之也、蓋夫子雖不許於門人、亦竊謂其尊德之厚也、

季路問事鬼神。子曰。未能事人。焉能事鬼。曰敢問死。曰未知生。焉知死。

稱季路者、未進德之稱也、季路以爲事人之道與事鬼之道、如有別然、仍欲問事鬼之道、知事人之道、故先問事鬼神也、凡事鬼之道、先以人之道、事其君父、以人之道、事其父兄、其道本自天出、自鬼神命總之謂天命也、故順天命、能事君父、能事父兄、而況盡人之道、則事鬼之道、在其中矣、於是可

以祭其鬼、可以祭其鬼、則鬼神享其祭祀、鬼神享
其祭祀、則事鬼之道畢矣、故夫子曰、未能事人、焉
能事鬼、此使子路先知事人之道、而後知事鬼之
道也、而子路未達、問死、則事鬼亦可知矣、於是敢
問死也、夫生者寄也、死者歸也、人之生也、心寄於
形、形寄於飲食、又寄於衣服、又寄於家室、以立于
世間者也、而天又降之命、其命謂之道、亦形寄於
道者也、故曰、人之生也直、罔之生也幸而免、故人
惟萬物之靈、寄於飲食、寄於衣服、寄於家室、又寄
於斯道、此人之所以異於萬物、立于世間也、此之
謂知生也、故人若離於飲食衣服家室、則死矣、離
於斯道、則死矣、死則魄歸於地、魂歸於天、若魂氣
無不之焉、此歸之正也、故知生之爲寄、則自知死
之爲歸、故夫子曰、未知生、焉知死、此使子路先
知生之爲寄、而知死之爲歸也、此章蓋子路初年
有此問也、故夫子慮子路陷於怪妄、使之學實地
也、

閔子侍側。誾誾如也。子路行行如也。冉有子貢侃侃如也。子樂。曰若由也。不得其死然。

此章舉師友相會者、終一段、而下二段皆從此例、唯前段首章、舉從陳蔡十人、以異其例、使讀者通觀一篇、知爲學之道、師友相會、以成其德也、誾誾、義謹貌、閔子騫行過於義謹、有獨立不倚之貌、故去姓稱閔子、凡君子之待人也、與上大夫言、誾誾如也、與下大夫言、侃侃如也、今閔子則不然、一以義謹失於和、此閔子之失也、故記者書閔子尊而貶之、朋友諷譏之道也、其先書閔子者、閔子年長於三子、且爲有德故也、行行、剛強貌、子路之性、偏好勇、故所見於其貌行行如也、侃侃、和安貌、冉有年長於子路、當在子路上、而在下者、以與子貢連稱故也、子貢年最少、故曰冉有子貢侃侃如也、俱得其中也、於是夫子樂英才各成其德、而子路之德、過于剛強、而失其中、故殊退其失曰、若由也、不

得其死然、

右七章爲一段、君子之處天命、好學之爲始、所以置第一章也、凡好學、在去怪妄、在處實地、所以置第六章也、實地之行、在貴簡大焉、所以置第二章也、實地之行、在尊德焉、所以置第五章也、顏淵之死、夫子之慟、皆在天命焉、所以置第三章第四章也、師之誘弟子之學、皆在重天命焉、所以置第七章也、

魯人爲長府。閔子騫曰。仍舊貫如之何。何必改作。子曰。夫人不言。言必有中。

長府藏名、藏貨財曰府也、爲作也、貫事也、事事形也、凡尊人之德、則稱夫人也、閔子騫其德出於其群、故不稱名稱夫人也、古者將營宮室、先作宗廟朝庭學校、而後營家室及府庫、此先禮教而後貨

利者、人情之所服也、故緜及公劉定之方中之詩、皆知此義、而作宮室、今魯人事聚斂、更作長府、此不知營作之道、而作之也、故曰、仍舊貫如之何、何必改作、此以仁術言之、故夫子美其言曰、夫人不言、言必有中、

子曰、由之瑟、奚爲於丘之門、門人不敬子路、子曰、由也升堂矣、未入於室也、

古者八音、絲音居其一、分爲琴瑟、疾律曰、瑟也、男子學之、嚴正其行、徽音曰、琴也、女子學之、柔美其德、周南召南之樂、是也、子路將學瑟養其德、而其性剛強、故其瑟之聲、不適其節、於是夫子曰、由之瑟、奚爲於丘之門、此夫子使子路退其剛強、養中和之德也、而門人以爲子路之德、不足學之、不敬子路、於是夫子諭之曰、由也升堂矣、未入於室也、此使門人不躐等、至子路之德位也、

子貢問曰。師與商也孰賢。子曰。師也過。商也不及。曰然則師愈與。子曰。過猶不及。

子張子夏其性相反、故子貢不知其優劣、將問識之於心、故問曰、師與商也孰賢、夫高明畧於事、進先於人、則難共竝爲仁、沈潛慎於事、後於人、而爲之、則難共竝爲仁、子張子夏偏其才、不得其中、故夫子斷之曰、師也過、商也不及、子貢以爲過者我學之不可及、不及者我學之猶可及、故曰、然則師愈與、夫不得其中、則雖過於人、不可謂仁、不可謂仁、則過與不及、又猶不異、故子曰、過猶不及也、

季氏富於周公。而求也爲之聚斂而附益之。子曰。非吾徒也。小子鳴鼓而攻之可也。

周公、文王之子、武王之弟、上相天子、君於魯國、而季氏出於周公之孫桓公、世臣於魯國、富出於周

公之上威福之罪不可不討也而冉求臣於季氏為之聚歛而附益之此使季氏益為不忠則冉求之罪亦不可不討也於是子曰非吾徒也小子鳴鼓而攻之可也此責冉求而諭小子其意在深責季氏之威福也然禮在其邦不譏其大夫故中間書子曰示深責冉求之罪漸及於季氏也

柴也愚。參也魯。師也辟。由也喭。子曰回也其庶乎。屢空。賜不受命而貨殖焉。億則屢中。

高柴字子羔衞人也愚愚直也魯魯鈍也辟偏辟也喭畔喭也四子皆有此一僻夫子舉其僻使各去其僻進中和之德故曰柴也愚參也魯師也辟由也喭夫子既正四子之僻好顏淵子貢得中和之德故中間書子曰重之也顏淵大德也其德位庶乎仁者所以然者夫子若得位顏淵將輔其事夫子若沒顏淵將繼其志述其事故其心求仁不止家貧而貨財屢空故特稱之曰回也其庶乎屢

空、子貢不及顏淵一等、恒以爲夫子若得位、將輔其事、而不欲已獨立爲於天下、故雖或有召之者、不受其命、居其家以貨殖焉、居其家以貨殖也、以富國之道、億度行之、則屢中於其道、不出於其外、故曰、賜也不受命而貨殖焉、億則屢中、蓋子貢雖德盛、其志異於顏淵、所以下一等也、

右五章爲一段、閔子騫德已高、言則必中於其道焉、所以置第一章也、子路之德、雖升其堂、未入其室、所以置第二章也、子張子夏、雖學已進、未免於過不及、所以置第三章也、冉有之才、雖長政事、從不義、則君子不取焉、所以置第四章也、門人德已然、師之誘門人、使去其僻而得其中、所以置第五章也、

子張問善人之道。子曰、不踐迹、亦不入於室。

子張以爲善人之道、異於君子之道、仍將問其道脩之於已、故書子張問善人之道也、於是子曰、不

踐迹、亦不入於室、言善人既學聖人之道、不能以禮樂導人、別立其道、使人由之而行之、不踐聖人禮樂之迹、治其邦而止、此善人之道也、又雖升聖人之堂、不能入聖人之室、此善人之德位也、

子曰。論篤是與。君子者乎。色莊者乎。

此章承前章明君子善人異其道也、君子學聖人之道、脩禮樂為德、及制事於今日、則徵時與情、事與禮、合古今之異同、和其長短、列其次敘、以成之文理、則儼然今日之道也、其制事、雖百事、皆以是制之、故謂之論篤也、此踐聖人禮樂之迹、異於善人者也、而於議事於朝庭、有與之者、君子者與之、信之者也、色莊者與之、附勢者也、君子不可不知此二者、而不逆詐、不億不信、故設疑辭、微其言也、

子路問聞斯行諸。子曰。有父兄在。如之何其聞斯行之。冉有問聞斯行諸。子曰。聞斯行之。公西華曰。由也

問聞斯行諸。子曰。有父兄在。求也問聞斯行諸。子曰。聞斯行之。赤也惑。敢問。子曰。求也退。故進之。由也兼人。故退之。

此以下三章、皆明誘人之道也、子路冉有同問、夫子異其對、於是公西華惑之、故曰赤也惑之、敢問也、冉有曰、非不悅子之道、力不足也、子路有聞、未之能行、唯恐有聞、冉有之志、子路之行、其不同如此、故夫子對曰、求也退、故進之、由也兼人、故退之、

子畏於匡。顏淵後。子曰。吾以汝爲死矣。曰子在。回何敢死。

子過匡、匡人以爲陽虎、以兵圍之、既知非陽虎、解圍、夫子行數里、顏淵後而至、夫子曰、吾以女爲死

矣、顏淵恒爲道致身、今臣人以兵圍之、夫子以爲爲道戰而死、此許顏淵爲道致身也、誘顏淵之道也、於是顏淵已知夫子知己之所爲矣、故對曰、子死則回亦死、今子在、回何敢死、此言顏淵爲道同死生於夫子、行己之天命也、所謂當仁不讓於師者、是也、

季子然問仲由冉求可謂大臣與。子曰。吾以子爲異之問。曾由與求之問。所謂大臣者以道事君。不可則止。今由與求也。可謂具臣矣。曰然則從之者與。子曰。弑父與君。亦不從也。

季子然、季氏子弟也、季子然以爲季氏新得仲由冉有、此必爲大臣、重二子有此問、故不書問曰、而書問也、曾猶乃、層抑之辭也、季子然已聞大臣具臣之分、得之於心、故曰、然則從之者與於是、子曰、

弑父與君者、亦不從也、此雖對季子然之問、將使季氏聞之、無陷不義、亦所以止季氏之威福也、

子路使子羔爲費宰。子曰。賊夫人之子。子路曰。有民人焉。有社稷焉。何必讀書然後爲學。子曰。是故惡夫佞者。

子羔學未能信已、而子路使子羔爲費宰、於是夫子曰、柴也未能信已、而今使之就其官政、此賊害夫人之子也、子路不肯曰、有民人焉、有社稷焉、治民而事神、是亦學也、何必讀書、然後爲學、於是夫子曰、是故惡夫佞者以口給應人、遂已非而不知窮者也、此夫子抑子路之畔喭、誘子羔之未能信、且明詩書之不可不學也、

子路曾皙冉有公西華侍坐。子曰。以吾一日長乎爾。

毋吾以也。居則曰不吾知也。如或知爾、則何以哉。

曾晳名點、曾參父也、時子路爲有德、故上之曾晳冉有公西華之上、此用師於外之禮也、先進章閔子章、皆用此禮也、吾者、內辭也、爾者、尊德辭也、

子路率爾對曰。千乘之國攝乎大國之間。加之以師旅。因之以饑饉。由也爲之。比及三年。可使有勇且知方也。夫子哂之。

率爾、輕遽貌、攝、兼併也、方、義方也、夫子、尊親德之辭也、哂、微笑也、言曾晳年長、當先對之、以鼓瑟在外不對、次冉有年長、當對之、而子路不待冉有、而先言之、故書率爾對曰也、子路之撰、爲之甚難、蓋言非君臣相得爲之、則不能也、

求爾何如。對曰。方六七十。如五六十。求也爲之。比及三年。可使足民。如其禮樂。以俟君子

方六七十、如五六十、以小國言之、謙辭也、可使足民、謂足食足兵、亦謙辭也、言以曾皙鼓瑟在外、夫子不顧、召冉有問之、故曰、求爾何如也、如敷政教、冉有所任、如興禮樂、非君子則不能、故曰、如其禮樂、以俟君子、冉有以其分對之、所以處實地也、

赤爾何如。對曰。非曰能之。願學焉。宗廟之事。如會同。端章甫。願爲小相焉。

願學焉、願爲小相焉、皆謙辭也、宗廟之事、謂祭祀也、諸侯時見曰會、殷見曰同、端、玄端服也、章甫、冠也、相、擯也、小相、紹擯也、冉有既對畢、次及公西華、故曰、赤爾何如也、公西華雖無有興禮樂之德、自

任行禮樂之事、故亦以其分對之、所以處實地也、

點爾何如。鼓瑟希。鏗爾舍瑟而作。對曰。異乎三子者之撰。子曰。何傷乎。亦各言其志也。曰暮春者。春服既成。冠者五六人。童子六七人。浴乎沂。風乎舞雩。詠而歸。夫子喟然歎曰。吾與點也。

希、間歇也、鏗爾、投瑟之聲、舍、置也、作、起也、撰、具也、謂爲政之具也、暮春、季春也、春服、單袷之服也、沂、水名、在魯城南、浴、遊水邊也、風、乘春風也、舞雩、禱雨之處、蓋有壇墠樹木焉、詠、歌也、三子已對畢、曾晳隅坐鼓瑟、故曰、點爾何如也、曾晳聞三子之言、思所以對、故鼓瑟之聲間歇、及夫子命之、鏗爾置瑟而起、對曰、異乎三子者之撰、夫子曰、於義何傷乎、亦各言其志也、曾晳曰、暮春者、春服既成、冠者

五六人、童子六七人、浴乎沂、風乎舞雩、詠而歸、此其意以爲若使夫子有爲於天下、則夫子必敷禮樂之教、起若漢廣之風、然則點也陳力就列、受其禮樂、敷之於天下、必使四方之民歸其教化而止、此乃曾晳之所爲、而以微言言之者也、故其辭猶如周南召南之詩、又不云爲仁於天下、而云如爲泰平民、被禮樂之化者、君子不語亂之道也、於是夫子知點之尊親已、欲祐其所爲、又知有君子不語亂之道、故喟然歎曰、吾與點也、此即冉有既云如其禮樂以俟君子者、是也、

三子者出。曾晳後。曾晳曰。夫三子者之言何如。子曰。亦各言其志也已矣。曰夫子何哂由也。爲國以禮。其言不讓。是故哂之。唯求則非邦也與。安見方六七十。如五六十。而非邦也者。唯赤則非邦也與。宗廟會同。

非諸侯而何。赤也爲之小。孰能爲之大。

夫子於三子、無褒貶之言、及三子者出、曾皙欲問知之、而夫子遂無褒貶之言、唯許三子、以其志與其邦而已、

右七章爲一段、善人之道、異於君子之道、夫子辨之不舍其道、所以列第一章第二章也、進退因於其人死生因於其人、夫子辨之、誘門人、所以列第三章第四章也、辨大臣具臣、誘季子然、辨佞者口給、誘高子羔、所以列第五章第六章也、時問門人之志、定其德位、所以置第七章也、

以上四段、合爲一篇、第一段、明夫子之道、取之於先進也、第二段、明取之於先進、學之皆因天命也、第三段、明雖學之皆因天命、德之大小、各因其志也、第四段、明雖德之大小、各因其志、賴師之進退、而成其德也、

顏淵第十一

此篇所記、類於里仁篇、里仁篇主學仁、此篇主行仁、此二篇之別也、

顏淵問仁。子曰。克己復禮爲仁。一日克己復禮。天下歸仁焉。爲仁由己。而由人乎哉。顏淵曰。請問其目。子、曰。非禮勿視。非禮勿聽。非禮勿言。非禮勿動。顏淵曰。回雖不敏。請事斯語矣。

此舉爲仁於國家、成就其終也、克、勝也、謂勉强也、復、踐也、謂踐迹也、顏淵問仁、問爲仁於國家也、而書問仁者、德言也、包行仁於己也、克己復禮爲仁、此承問、對爲仁於國家之術也、上既數教以禮、施政以禮、而四方之民定焉、而上又顧其所數之教、所施之政、所行之禮、知行諸己否、勉强踐行其禮、

則上下行禮、猶合符節然矣、此謂克己復禮爲仁也、一日克己復禮、天下歸仁焉、此舉仁之流行於天下、其驗之速也、爲仁由己、而由人乎哉、此舉爲仁者、唯由己之德、而非由人之德也、顏淵速悟其言、又欲問其目爲之、故曰、請問其目也、於是子曰、非禮勿視、非禮勿聽、非禮勿言、非禮勿動、言上既敷教施政、行禮於天下、而克己而復其禮、以明視遠近行禮乎否、視以禮成風者、則賞而勸之、視以非禮成俗者、則罰而退之、賞罰中於其信、則天下歸仁焉、所謂明四目者是也、此其行目者一也、上既敷教施政、行禮於天下、而克己而復其禮、四方之士、有奏嘉謀嘉猷、則以聽聽之、欽崇納之、不聽無稽之言、不取弗詢之謀、義以制事、禮以和之、發而行之、則天下歸仁焉、所謂達四聰者是也、此其行目者二也、言者、所號令也、上既敷教施政、行禮於天下、而克己而復其禮、其將制號令也、觀時勢與人情、除非禮之辭、脩禮讓之辭、敏於事而愼於言、誑而令之、則百姓由其號令、天下歸仁焉、所謂惟口出好者、是也、此其行目者、三也、動者、靜之反也、新制事業、以動人心、則謂之動也、上既敷教施政、行禮於天下、而克己而復其禮、見舊染汙俗、有不可變者、則恒懷變其俗、當有天變地夭、以義制事、以禮節之、敬而動之、則東西華面、天下歸仁焉、猶如盤庚以衆民、遷於殷、成王伐奄敷教於諸侯者、是也、此其行目者、四也、於是顏淵聞其目、允於其心、故曰、回雖不敏、請事斯語矣、

仲弓問仁。子曰。出門如見大賓。使民如承大祭。己所不欲。勿施於人。在邦無怨。在家無怨。仲弓曰。雍雖不敏。請事斯語矣。

此擧將爲仁於國家而立其始也、仲弓問仁、亦用德言也、出門如見大賓、合王事君事言之也、君事成王事者也、故以出門大賓合言也、出門出私門入公門也、謂卿大夫朝君之時也、此乃君事也、大

賓卿大夫、出其邦、聘于天子、或會同于諸侯、是皆
王事見大賓也、故卿大夫處于家也、敬五品之等、
可以及僕隸、家之不洽、不敬君事也、而其出私門、
入公門也、路見鰥寡無告之民、敬之如見大賓也、
見大賓王事也、思王事、乃敬君事也、敬君事、乃成
王事也、若乃卿大夫出其邦也、或聘于天子、或會
同于諸侯也、是皆王事見大賓者也、其見大賓也、
宜敬行其禮、而敬行其禮也、此內成其君事也、若
其見大賓也、不能敬行其禮、則取咎於大邦、內辱
其君事也、故卿大夫之處其家也、恒敬其君事、可
哀矜其僕隸、又出私門入公門也、恒敬其王事、而
可敬鰥寡無告之民、而外於朝聘會同也、敬王事、
而可成其君事、而不可取咎於大邦、內辱其君事、
此卿大夫恒一其德行、慎其獨者也、故曰、出門如
見大賓也、使民如承大祭、合神事民事言之也、夫
祭神非以己意祭之、己承神意而行之、而後祭之
者也、使民非以己意使之、己承民意而制事、而後
使之者也、故曰、使民如承大祭也、己所不欲、勿施

於人、凡躬行非恕、則不施及於人、政事非恕、則不敷及於邦、所以士大夫服其事、萬民勸於其業也、在邦無怨、在家無怨、在邦、謂朝臣也、在家、謂家臣也、凡爲仁之始、擧賢矜不能、則人各任於事、勸而行、莫有怨讟而屈者、是皆謂爲仁於國家之始也、仲弓聞其言、而允於其心、故曰、雍雖不敏、請事斯語矣、

司馬牛問仁。子曰。仁者其言也訒。曰其言也訒。斯謂之仁矣乎。子曰。爲之難。言之得無訒乎。

此擧當爲仁愼號令也、司馬牛名犂、宋司馬桓魋之弟也、訒、忍也、愼於言也、仁者之爲仁也、將發其號令、必期於行之矣、故曰、仁者其言也訒、司馬牛又請其詳、故夫子又曰、爲之難、言之得無訒乎、

司馬牛問君子。子曰。君子不憂不懼。曰不憂不懼。斯

謂之君子已乎。子曰。內省不疚。夫何憂何懼。

此舉君子知命行義、不恥於天地也、夫君子知命、素富貴、行乎富貴、素貧賤、行乎貧賤、無不行處於命、故其心不憂也、君子義以爲上、義之所有、勇以行之、故其心不懼也、司馬牛又問其詳、夫子又曰、君子恒行其道、內省命與義而不疚、則何憂何懼、不憂不懼、謂之君子之心也、

司馬牛憂曰。人皆有兄弟。我獨亡。子夏曰。商聞之矣。死生有命。富貴在天。君子敬而無失。與人恭而有禮。四海之內。皆兄弟也。君子何患乎無兄弟也。

此明君子之立心、命之在我者、必行之、富貴在天者不求之也、心鬱不啓、則曰憂也、猶拂蠡蠹、則曰患也、我者、對人之辭也、亡者、存之反也、左氏傳曰、司馬桓魋寵於宋公、恃寵驕盈、將作亂、公先討之、

桓魋奔齊、司馬牛奔魯、司馬牛在魯、見子夏俱言、
故書司馬牛憂曰、人皆有兄弟、我獨亾也、死生有
命、富貴在天、子夏引古語也、命者、斥五典也、天之
分數人人、死生俱行之者也、故死生有命、謂民享
此命則生、播此命則死、死生之所繫、皆在此命也、
書曰、惟天監下民、典厥義、降年有永有不永、非天
夭民、民中絶命、民有不若德、不聽罪、天既孚命、正
厥德、是也、富貴斥祿與位也、富貴在天、謂富貴在
天意、不可以己求之也、書曰、惟天陰騭下民、相協
厥居、子曰、富而可求、雖執鞭之士、我亦爲之、若不
可求、從吾所好、是也、故命之在我者、我必行之、富
貴在天者、我不求之、故曰、死生有命、富貴在天也、
敬者、以命言之也、恭與禮、以行言之也、君子敬而
無失以下、子夏述死生有命之意、慰司馬牛之憂
也、

右五章爲一段、君子之立心、不求富貴、脩天命
之行而已、所以置第五章也、不求富貴、脩天命
之行、則不憂不懼、無恥於天地矣、所以置第四

章也、君子之爲仁、不憂不懼、無恥於天地、而後制號令以行之、所以置第三章也、君子之爲仁、行此四條、以立其始焉、所以置第二章也、已行此四條、以立其始而成其終也、在克己復禮、所以置第一章也、一段總明爲仁始終也、

子張問明。子曰。浸潤之譖。膚受之愬不行焉。可謂明也已矣。浸潤之譖。膚受之愬不行焉。可謂遠也已矣。

大甲曰、視遠惟明、子張問此義、將脩己、故夫子既曰明、又曰遠也、明者、視之爲也、上既發其政教、任官事於百官、而視百官各善其官事否、辨其善與否、以加其賞罰、此視之爲也、故遠近不掩、大小不滯、悉照微物、以平等、則謂之明也、爲人上之德也、浸潤、如水之浸灌滋潤、漸漬而不驟也、譖、毀人之行也、膚受、謂肌膚所受利害、切身者也、愬、愬己之冤也、浸潤之譖、膚受之愬、皆小人恃寵者所納也、

爲人上者、不惑小人所納之譖與怨、唯視百官所行之成敗、以各黜陟其人、可謂其明照近者也、又爲人上者、不惑小人所納之譖與怨、唯視百官行其政事、所著於其土之善與否、以各加其賞罰、可謂其明照遠者也、此謂視遠惟明也、魏文侯使樂羊伐中山、三年而拔之、反而論功、文侯示之謗書一篋、再拜曰、非臣之功、君之力也、

此文侯之明、可謂能視遠者也、

子貢問政。子曰。足食足兵。民信之矣。子貢曰。必不得已而去。於斯三者何先。曰去兵。子貢曰。必不得已而去。於斯二者何先。曰去食。自古皆有死。民無信不立。

此子貢問爲政之始、夫子對其義也、足食、謂從井田之制、使民勸農桑也、足兵、謂從徹賦之法、蓄積軍器也、信有三焉、一則信於成事也、二則信於號令也、三則信於已也、故民信之矣者、以信已爲本、

而信於成事、信於號令、則民之信之也、猶水之就下沛然也、而後足食足兵、則國家堅固、在乎此矣、而子貢欲知此三者之輕重、故曰、必不得已而去、於斯三者何先、於是夫子曰、去兵、夫雖無兵器、民信其上、則當與護其國、又當縱之即戎、故曰、去兵也、而子貢又欲知食信二者輕重、故曰、必不得已而去、於斯二者何先、夫子曰、去食、自古皆有死、民無信不立、言食者人之所生、無食則人死、雖然自古人皆有死、不足尤之、若無信、則離心離德、民無所措手足、此謂民非其民、邦非其邦也、此言信之所以可貴重也、

棘子成曰。君子質而已矣。何以文爲。子貢曰。惜乎夫子之說君子也。駟不及舌。文猶質也。質猶文也。虎豹之鞹。猶犬羊之鞹。

棘子成、衛大夫也、皮去毛曰鞟也、棘子成惡時人文勝質者多、故見子貢出此言也、於是子貢正其失曰、惜乎夫子之說君子也、言一出於舌、則駟馬追之、不能及之、質猶文也、文猶質也、文質彬彬、然後君子、何其得言君子質而已乎、若夫言君子質而已、則猶言虎豹之鞟猶犬羊之鞟也、虎豹本有質、又有文、是猶君子也、犬羊本有質無文、是猶野人也、今虎豹犬羊俱去毛爲鞟、則徒有質而無文而已、何以別君子野人乎、夫子若說君子、則言文質彬彬然後君子也耳、

哀公問於有若曰。年饑用不足。如之何。有若對曰。盍徹乎。曰。二吾猶不足。如之何其徹也。對曰。百姓足。君孰與不足。百姓不足。君孰與足。

有若通稱有子、今對哀公稱有若、此君臣之辭也、孔子對于人君、稱孔子、不稱仲尼、此尊孔子而下

有若也、師與弟子之別也、哀公之問有若、其意在將益賦稅、而書問曰者、若徒問之貽之於心、此掩君之惡、而成君之美也、哀公問於有若曰、年饑而用不足、如之何、夫禹貢甸服之制、其道七焉、一曰、賦田、二曰、力作農桑、三曰、田狩、四曰、軍事、五曰、徹賦、六曰、公田之賦、七曰、力役及武衛、是皆甸服之制數也、凡賦田之法制、爲九百畝、此謂一井也、其八百畝者、一家各私其百畝、而佃之、此謂一夫之田也、其百畝者、此爲公田、八家共佃之、即此百畝之入、此爲公田之賦也、其八百畝者、各就其百畝一夫之田、又賦什一、此謂徹賦也、其田作農桑之法制禁令、皆以五紀行之、其田作農桑之永久法制禁令、即軍事之法、制禁令也、田狩之即時法制禁令、皆軍事之即時法制禁令也、合此二者、則軍事之法制禁令大備矣、然後信賞必罰、從事于軍事之制也、而賦田之法、及田作農桑、及田狩及軍事、及徹賦之制、百里至五百里、皆均一者也、其不均一者、公田之賦、及服役武衛也、公田之賦、百里最近王城、故納之以總也、二百里次之、故納之以銍也、三百里亦次之、故納之以秸也、四百里亦次之、故納之以粟也、五百里爲最遠、故納之以米也、服役及武衛之制、百里以月服役、二百里以時服役、三百里以歲服役、四百里五百里皆在其地、以奮武衛、此其地愈近者、其所納者愈疏、而其地愈遠者、其所納愈精也、服力役者、不於其地、而奮武衛者、常在其地、是皆所以差遠近均勞逸也、凡公田之賦、納總秸銍者、以待朝聘會同賓客之用也、朝聘會同賓客之時、饔餼之禮、門外之芻車、即實此總也、禾車即實此銍也、庭中之筥、即實此秸也其納粟者、以待國家水旱不虞之用也、納米者、以供國家官府士庶之用也、徹賦之備、以待國家軍事之用也、以待國家王事及四方之事也、以待萬民水旱不虞之用也、其於邦國諸侯亦然、凡公侯之國制、三十里爲近郊、其公田之賦、納總、又三十里爲次郊、其賦納銍、又三十里爲遠郊、其賦納秸、此上三者、既納其賦、而服凡百力役之事、又三十里爲近遂、其賦納粟、又三十里爲遠遂、其賦納米、此上二者、納其賦、而亦在其地奮武衛也、其他田賦之法、及田作農桑、及田狩、及軍事、及徵賦、其制亦皆如甸服也、周之制以天下爲六服、故諸侯三郊三遂也、其制雖異、其道則一也、何不曰盍也、有若之志、亦猶閔子騫仍舊貫、夫子爲東周之志、何傚冉求爲季氏聚斂之類乎、故曰盍徹乎也、哀公若信有若之言、有用徹法、則其他田賦之法、及田作農桑、及田狩軍事、其制悉舉矣、故其對之如此、而魯自宣公稅畝、民習於二者久矣、哀公以習於二爲常、不知有周公之制、故曰、二吾猶不足、如之何其徹也、於是有若述其義曰、夫君爲君、則臣可以爲臣、君臣相和、則可以起徵賦、可以起徵賦、則凡百制度悉舉、凡百制度悉舉、則百姓均足、百姓均足、則民之視君、猶父母、民之視君猶父母、則君孰與不足、今君臣相離、不能復徵法、凡百制度廢、替、征什二而百姓不足、百姓不足、則不能視猶父母、不能視猶父母、則君得孰與足、此言上下離隔、

不和平也、

子張問崇德辨惑。子曰。主忠信徙義。崇德也。愛之欲其生。惡之欲其死。既欲其生。又欲其死。是惑也。誠不以富。亦祇以異。

崇德、進其已也、辨惑、去其否塞也、子貢將問此二脩身、故直書問也、言吾主忠信而徙義、行之事事如此、則不知不識、其德益高、所以崇其德也、彼一人也、愛之欲其生、惡之欲其死、既欲其生、又欲其死、相反如此、則愛惡之中、必有惑之者、於是吾去其惑、取其實、所以辨其惑也、此謂崇德辨惑也、誠不以富、亦祇以異二句、見于小雅我行其野之詩、當在季氏篇齊景公有馬千駟之上、因此下章有齊景公之字、誤置於此也、蓋錯簡也、右五章爲一段、君子之於百官也、信賞必罰、皆出於其明焉、所以置第一章也、君子之爲政也、以食兵信標而行之、所以置第二章也、君子之行已也、忠信禮樂以一內外、所以置第三章也、君子之臣國家也、不見小利、而仍徹法焉、所以置第四章也、將臣國家者、先崇其德、辨其惑矣、所以置第五章也、

齊景公問政於孔子。孔子對曰。君君臣臣。父父子子。公曰。善哉。信若君不君。臣不臣。父不父。子不子。雖有粟。吾得而食諸。

齊景公名杵臼、魯昭公末年、孔子客於齊、景公問政而不能行、例當書問曰、而直書問者、此記者成君之美也、書孔子者、君臣之辭也、云君君臣臣父父子子者、此人道之大經、爲政之大本也、禮樂制

度、自此而出、征伐黜陟、自此而發、故公曰善哉、其歎善誘人也、而遂曰、君不君、臣不臣、父不父、子不子、則人道之大經已失、爲政之大本已廢、雖有粟、得而食諸、夫人之生也直、罔之生也、幸而免耳、人而失人道、無苟食粟之義、蓋景公之意、深歎當時之衰也、

子曰。片言可以折獄者。其由與。子路無宿諾。

片猶偏也、片言、半言也、折、斷也、宿、留也、子路以忠信交於人、行敏而兼人、故人皆信而無疑於是夫子曰、片言可以折獄者、其由也與、而記者釋夫子所以云爾口、子路與人所諾、無留其諾、以是無有人疑之者也、

子曰。聽訟吾猶人也。必也使無訟乎。

未因使發兩辭、則曰訟也、聽者、留心聞之也、言聽訟者、政之一端也、聽之雖難、爲之吾猶人也、雖然、

君子爲政、未是以爲多、雖未是以爲多、若曰必也可聽訟、則吾使民無訟乎、此夫子自語其德術也、

子張問政。子曰。居之無倦。行之以忠。

凡爲政之道、非躬親爲之、則百官無勸其事焉、故已先居躬於政、終日乾乾、夕惕若、則此乃無倦者也、而已盡其忠、左右有信於其事、則百官各勸其事、莫不奏其功矣、此爲政之道也、小雅曰、弗躬弗親、庶民弗信、亦謂此道也、

子曰。博學於文。約之以禮。亦可以弗畔矣夫。

此章見於雍也篇、唯以闕君子二字爲異、解已備、

右五章爲一段、爲政之本、先在正君臣父子矣、所以置第一章也、雖先正君臣父子、非以信處已、則不能、所以置第二章也、雖以信處已、非以教諭之、則不能、所以置第三章也、雖以教諭之、

非躬親爲之、則不能、所以置第四章也、凡爲政、雖如前章、非以禮約之、則未善、所以置第五章也、

子曰。君子成人之美。不成人之惡。小人反是。

君子成人之美、不成人之惡、其心在人故也、小人反是、其心在營己故也、此其所以異也、

季康子問政於孔子。孔子對曰。政者正也。子帥以正。孰敢不正。

季康子將問政行之、故直書問也、政者正也、制令曰政也、以制法禁令、正行諸己、又使人正行之、此爲政之道也、故對曰、政者正也、子帥以正、孰敢不正、此承前章、明君子成人之美者也、

季康子患盜問於孔子。孔子對曰。苟子之不欲。雖賞

之不竊。

大曰盜、小曰竊、猶史記叔孫通傳云鼠竊狗盜也、患、謂疾之、猶拂蠭蠆也、季康子將問之止盜、故直書問也、苟、苟且也、不欲、謂無欲也、所謂公綽之不欲、皆古言也、季康子爲政、多貪欲之行、於是邦内爲盜者、遠近相及爲風、故對曰、苟子之不欲、雖賞之不竊、季康子上卿也、而對之如此、其言之厲、非聖人則不能、此亦承前章、明君子不成人之惡也、

季康子問政於孔子曰。如殺無道以就有道。何如。孔子對曰。子爲政。焉用殺。子欲善而民善矣。君子之德風。小人之德草。草上之風必偃。

凡將用殺者、大夫之惡也、季康子將問而行之、而書問曰者、此諱大夫之惡也、諱大夫之惡者、孔子

之志也、故記者書問曰、成孔子之志也、季康子以爲今之時、先教民而爲政、擇其無道而殺之、就其有道而賞之、此乃合信於政教者也、其道何如也、此季康子之問、頗似有其義者、然而徒一切之薄而不免刑名者也、故孔子對曰、子者上御也、躬親行子道、使人民行子道者也、今子爲政、焉用殺民矣、今子欲善而民善矣、君子之德風也、敷教令、育小人、小人之德草也、承教令、養其身、猶如草上之風必偃也、此亦承前章、明君子止人之惡、成人之美也、

右四章爲一段、凡君子以成人之美、不成人之惡爲心、所以置第一章也、而次第二章、以明成人之美也、又次第三章、以明不成人之惡也、又次第四章、以明君子止人之惡、成人之美也、

子張問。士何如斯可謂之達矣。子曰。何哉爾所謂達者。子張對曰。在邦必聞。在家必聞。子曰。是聞也。非達

也。夫達也者。質直而好義。察言而觀色。慮以下人。在邦必達。在家必達。夫聞也者。色取仁而行違。居之不疑。在邦必聞。在家必聞。

子張欲問士之達、以處己、故直書問也、爾者、尊德之辭也、夫子以爲子張德進、今問達、則己有定其達、故問爾所謂達者也、在邦、謂仕於邦者也、在家謂仕於家者也、質直、不事矯飾也、好義不苟阿也、質直好義、謂其爲人也、察言而觀色、謂察人之言、觀人之色也、慮以下人、謂用心愼密、以能下人也、質直而好義、則人皆信吾爲人、察言而觀色、則吾能言不違人、慮以下人、則人必不惡吾行、於是對于人、行其義、則人人不厭吾之所行、此即達之行也、譬之猶風乎、巽以入、是以達於宇内、而莫之能過焉、故曰、在邦必達、在家必達也、色取仁、謂唯顔色學仁者也、行違、謂其行與顔色違也、居之不疑、

謂久假而不歸、有似其有、此色取仁者之所以聞也、故曰、在邦必聞、在家必聞也、

樊遲從遊於舞雩之下。曰、敢問崇德脩慝辨惑。子曰。善哉問。先事後得。非崇德與。攻其惡。無攻人之惡。非脩慝與。一朝之忿。忘其身。以及其親。非惑與。

舞雩在沂水上、有壇墠樹木、其下可遊、樊遲從夫子而遊、故記者書樊遲從遊於舞雩之下也、凡弟子之於師、權宜後起問、優尊師之道也、樊遲豫欲有此問、今權時發之、故記者明樊遲用意事師也、敢問、勞尊者辭也、崇德、謂尊崇其德也、脩慝、謂去其慝脩善、使身無痕也、辨惑、謂辨明心之迷惑也、慝與惑、俱有害於崇其德、故此三者不相離成其德、可謂問之善誘人者也、故夫子曰、善哉、以美此問也、夫先事後得、事事用之、則義利瞭然、不知不識、其德自尊、可謂崇德矣、攻其惡、無攻人之惡、致

善而脩已、可謂脩慝矣、一朝之怒輕、忘身與親重、而一朝之怒、忘其身、以及其親、此惑之大者也、故曰非惑與、此三者、觸類而脩之、則崇德之功、可致諸己也、

樊遲問仁。子曰。愛人。問知。子曰。知人。樊遲未達。子曰。舉直錯諸枉。能使枉者直。樊遲退。見子夏曰。鄉也吾見於夫子而問知。子曰。舉直錯諸枉。使枉者直。何謂也。子夏曰。富哉言乎。舜有天下。選於衆。舉皐陶。不仁者遠矣。湯有天下。選於衆。舉伊尹。不仁者遠矣。

凡仁之敷於天下、其俗優柔毅然不撓、若周南召南者、是也、樊遲欲問其術脩之於己、故書問仁也、凡爲仁之道、有大用、故子曰、愛人、樊遲未聞其術、問知、則當聞其術、而爲仁有本、故子曰、知人、深思

愛人知人、則仁之術在其中矣、而樊遲未達、於是夫子又曰、舉直錯諸枉、使枉者直、此以積材譬仁之術也、樊遲猶未達、退見子夏曰、鄉也吾見夫子而問知、子曰、舉直錯諸枉、使枉者直、何謂也、夫子之言、唯二言耳、而其富盛無不蓄者、故子夏曰、富哉言乎、遂釋其義曰、舜有天下、選於衆、舉皐陶、不仁者遠矣、湯有天下、選於衆、舉伊尹、不仁者遠矣、此子夏實積材之譬、使樊遲知以知人爲本、以愛人爲用、則仁之術皆在其中也、

子貢問友。子曰。忠告而善道之。不可則止。毋自辱焉。

忠告而善道之、以忠信成其友也、如前章子夏導樊遲者、是也、不可則止、愼己之不明也、毋自辱焉、重己之躬行也、

曾子曰。君子以文會友。以友輔仁。

古者燕會皆用禮樂、文者、謂禮樂也、輔仁、謂輔仁之行也、小雅曰、有酒湑我、無酒酤我、坎坎鼓我、蹲蹲舞我、迨我暇矣、飲此湑矣、此所謂以文會友、以友輔仁之道也、

右五章爲一段、士之脩己、貴達不貴聞、所以置第一章也、既貴達不貴聞、所期在崇德、所以置第二章也、既已崇德、則仁之術在其中、所以置第三章也、仁之術在其中、是以君子尊朋友之道、所以置第四章第五章也、

以上五段、合爲一篇、第一段、明爲仁之道、先立其始、而成其終也、第二段、明先立其始、而成其終者、在各用其物也、第三段、明雖在各用其物、非君臣相得爲之、則不能爲之也、第四段、明既君臣相得爲之、則俱成人之美、不成人之惡也、第五段、明凡爲仁、以知人爲本、以愛人爲用、則仁術在其中也、

子路第十三

此篇所記、類於爲政篇、爲政篇爲爲政之經、此篇爲爲政之緯、此二篇之別也、

子路問政。子曰。先之勞之。請益。曰無倦。

此子路問治民之政、而將行之、故書問政也、之者、斥民也、言治民之政、已先行五教與政、外人視之無間然、而後以其五教與政、敷之於萬民、而有行其五教與政者、則上勞而賞之、若有不能行其五教與政者、則上哀矜導之、始終處其一、則四方之民、俄然嚮之、而後猶尚敷其教令、以立制法禁令、於是子路以爲尚且有爲、故曰、請益、而爲政之道、無倦、則民信其上、民信其上、則無不可爲矣、故曰、無倦也、

仲弓爲季氏宰問政。子曰。先有司。赦小過。舉賢才。曰

焉知賢才而舉之。曰舉爾所知。爾所不知。人其舍諸。

凡其人方從政、問其所當務、則記者必先記其事、猶如子夏爲莒父宰問政、及此章問政之類、是也、故夫子答之、亦非汎言從政之道、隨其人所問、各異其答而已、今仲弓爲季氏宰問其政、則先有司、赦小過、舉賢才、此三者、當其時先可務之事、而先有司則其事先見其功、赦小過則得衆之心、舉賢才最爲難、故仲弓曰、焉知賢才而舉之、而仲弓之德已足知人、故曰、舉爾所知、爾所不知、人其舍諸、爾者、尊德辭、示仲弓有知人之德也、

子路曰。衛君待子而爲政。子將奚先。子曰。必也正名乎。

子路曰。有是哉子之迂也。奚其正。子曰。野哉由也。君子於其所不知。蓋闕如也。名不正。則言不順。言不順。

則事不成。事不成、則禮樂不興。禮樂不興、則刑罰不中。刑罰不中、則民無所錯手足。故君子名之。必可言也。言之。必可行也。君子於其言。無所苟而已矣。

徂來先生曰、必也正名乎、言必使我爲政、則正名爲先也、有是哉子之迂也、蓋時人有以孔子爲迂者、子路始以爲不然、今聞孔子之言、而謂誠有如時人之言者也、禮樂不興、聖人之治、必用禮樂、孔子嘗曰、魯衞之政、兄弟也、衞此時禮樂尚在、而廢墜不擧、猶魯耳、使孔子爲政、必興之、而自正名始、苟不正名、禮樂不可興、故謂子路野哉者、爲禮樂故也、蓋名不正、言不順、事不成者、它人或能言之、而禮樂不興、刑罰不中、非孔子不能言之也、出公仇其父、禰其祖、父而名以仇、祖而名以禰、名不正也、告廟以子自稱、如昭穆何、告鄰國以子、人孰識之、以孫則內外異稱、拒其父命國中興師、將以何號令、皆言不順也、於是乎祭祀賓旅、朝聘軍旅、事皆廢、事不成也、先王禮樂、孝莫尚焉、孝道不立、禮樂不可得而興也、先王之禮樂、爲民立防、隄防不立、故辟邪侈之行生焉、非嚴刑則不可得而治焉、故刑罰不中、民無所措手足也、此勢之所至、豈不然乎、後儒不知禮樂、徒以序和爲説、可謂空言已、故君子名之以下六句、此夫子爲子路謂君子之徵而爲之、明自徵而爲之、亦如是也、

樊遲請學稼。子曰。吾不如老農。請爲圃。曰。吾不如老圃。樊遲出。子曰。小人哉樊須也。上好禮。則民莫敢不敬。上好義。則民莫敢不服。上好信。則民莫敢不用情。夫如是。則四方之民。襁負其子而至矣。焉用稼。

種五穀曰稼、圃、種菜之處、夫子多能鄙事、方其不仕家居、而家人有以稼圃稟者、夫子或指授其一

二、必有常人不及者、故樊遲請學之也、而春秋之時、乏者君子之人、樊遲不君子是學、學細民之事、故子曰、小人哉樊須也、上好禮、則其事皆神、故民莫敢不敬、上好義、則其事皆利、故民莫敢不服、上好信、則賞罰皆中、故民莫敢不用情、民皆敬上、民皆服上、民皆用情一於善、則四方之民、襁負其子而至矣、然則焉用稼、稼則在斯民而已、夫子不敢面斥、待樊遲出後言之、蓋古之道、師嚴而友親、故使朋友傳其言也、

右四章為一段、凡治民之政、無倦、則其信立焉、所以置第一章也、凡政、以舉賢為本、以正名為先、所以置第二章第三章也、凡政、上之所好、在禮義與信焉、所以置第四章也、

子曰、誦詩三百。授之以政不達。使於四方。不能專對。雖多亦奚以為。

詩書、義之府也、禮樂、德之則也、以四教成其德者、古之道也、而詩可以興、可以觀、可以群、可以怨、邇之事父、遠之事君、學者雖通詩一經、亦可有以爲國家矣、而誦詩三百、授之以政不達、使四方不能專對、雖多、亦奚以爲、此夫子警學而不能爲者也、又曰、三年學不至於穀、不易得也已、亦互相發言學者之無益者也、

子曰。其身正。不令而行。其身不正。雖令不從。

此夫子語爲政之道也、令者、謂號令也、

子曰。魯衞之政。兄弟也。

魯衞、本兄弟之國也、魯祖周公、衞祖康叔、其於國政本既如兄弟、今及國政之衰、亦猶兄弟也、蓋歎政之盛衰、因人之有德無德也、

子謂衛公子荊。善居室。始有曰。苟合矣。少有曰。苟完矣。富有曰。苟美矣。

公子荊、衛公子、始命爲大夫、有其家者也、謂者、私言之也、夫子語蓄財之事、故記者用私辭也、善、謂爲之妙也、善居室、謂公子荊居室所謀、善中於其道也、有者、謂蓄有之也、始有、有之始基也、有之始基、尚未合、故曰、始有曰、苟合矣、少有、有之稍備也、有之稍備者、尚未完、故曰、少有曰、未完矣、富有、有之富完也、雖有之富完、尚未美、故曰、富有曰、苟美矣、美者、謂有文采也、公子荊之居室、應其時用其財、以歸於節儉、繼之道也、

右四章爲一列、凡爲政、先仍人情而制事、所以置第一章也、既仍人情而制事、正其身而令於人、所以置第二章也、既正其身、令於人、又舉賢者而任之、所以置第三章也、既舉賢者而任之、

則賢者之行、先始於居室、所以置第四章也、

子適衛。冉有僕。子曰。庶矣哉。冉有曰。既庶矣。又何加焉。曰。富之。曰。既富矣。又何加焉。曰。教之。

適之也、有所主而往、謂之適也、賤而衆、謂之庶也、包士民言之也、哉、歎辭也、言夫子有所主適衛、冉有御車至于城外、夫子瞻往来士民衆多、歎之曰、庶矣哉、冉有聞夫子有歎、問曰、既庶矣、又何加焉、夫子曰、富之、蓋謂足食足兵民信之之類也、冉有又知有次之者、故曰、既富矣、又何加焉、夫子曰、教之、蓋謂興頖宮黌宗鄉序邑庠之制、以教士大夫萬民也、此周之制度也、雖周道衰乎、衛必存之、則夫子就之興之、爲東周者、可得而知也、

子曰。苟有用我者。期月而已可也。三年有成。

此承前章、明夫子若爲政、則其成功有如此者也、苟、苟且也、我者、對人之辭也、況對邦君言之也、期月、謂一歲也、已、訓既、世多以而已爲耳、非也、古者三載考績、三考黜陟幽明、可見三年而必成也、夫子雖德爲聖人、邦君莫有用之者、故夫子歎曰、苟有用我者、期月而已可也、三年有成、蓋此章之言、非信已者、孰能發之、所以爲聖人也、

子曰。善人爲邦百年。亦可以勝殘去殺矣。誠哉是言也。

善人、謂不能踐聖人禮樂之迹、已別制事治國者也、百年、斥終身之久也、言其化之遲也、亦、亦聖人君子也、勝殘、謂使殘暴之人不爲惡也、去殺、謂民化於善、不用刑殺也、蓋古稱善人成功者、而有此言、今夫子亦稱此言、故曰、誠哉是言也、

子曰。若有王者。必世而後仁。

張威勢權柄、旺有天下、則謂之王也、王者、謂如禹湯文武也、三十年爲世也、仁謂禮樂彝倫之教化、洽於四海、成風俗者也、此承前章、明聖人成功之速也、

右四章爲一列、凡聖人之政、或富之、或教之、無出於此二道、所以置第一章也、聖人之爲政、以三年有成、歷一世而大成、所以置第二章第四章也、善人之政、歷百年成其化、後聖人如此、所以中間置第三章也、

前後二列、合爲一段、

子曰。苟正其身矣。於從政乎何有。不能正其身。如正人何。

天下之政在國、國之政在家、家之政在身、身之政在正、正其身者、政之本也、夫子數發此言、蓋爲政

之要、在此也、

冉子退朝。子曰。何晏也。對曰。有政。子曰。其事也。如有政。雖不吾以。吾其與聞之。

季氏專魯之政、冉有仕季氏、如其意爲自足者、故退季氏之私朝、猶退魯君之公朝、於是記者用獨立不倚之辭、書冉子退朝、朋友諷議之道也、日傾而至、故子曰、何晏也、冉子議政於季氏、爲自足不疑、故對曰、有政、夫政者、公事也、當與朝臣議、而今季氏與家臣議、故子曰、其事也、如有政、雖不吾以、吾其與聞之、夫子位爲大夫、政之及大夫、冉有之所知也、故夫子揚冉有所知、不言其非、此夫子之意、在欲使冉有自悟其非、改其過也、此承前章、明不能正其身、不能正人也、

定公問。一言而可以興邦有諸。孔子對曰。言不可以

若是其幾也。人之言曰。爲君難。爲臣不易。如知爲君之難也。不幾乎一言而興邦乎。曰一言而可喪邦有諸。孔子對曰。言不可以若是其幾也。人之言曰。予無樂乎爲君。唯其言而莫予違也。如其善而莫之違也。不亦善乎。如不善而莫之違也。不幾乎一言而喪邦乎。

定公之問、一時試問之也、例當書問曰、而今書問者、記者揭君之美、成孔子之志也、書孔子君臣之辭也、予者、内辭也、存亾曰喪也、幾者、期也、彼此相副、則曰幾也、爲君難、爲臣不易、此二言也、今就二言之中、取一言、以徵之已、則可一言以興邦、故曰、若知爲君之難也、不幾乎一言而興邦乎、予無樂乎爲君、唯其言而莫予違也、此亦二言也、今就二言之中、取一言、以行之於己、則可一言以喪邦、故曰、如其善而莫之違也、不亦善乎、如不善而莫之違也、不幾乎一言而喪邦乎、此定公之問、一時試問之也、而孔子之對、中於人君之情、其言亦易悟、所以使定公省己成其美也、

葉公問政。子曰。近者說。遠者來。

葉公、楚葉縣尹、葉公之問、多以孔子對之、今信孔子、將問政行之、故書問政、又以子對之、以親之也、近者說、言近者信其教令而說之也、遠者來、言遠方之民、見近者之說、感而來也、以國言之、則三郊二遂、以天下言之、則甸侯綏要荒、其說者來者、唯在聖人之仁術焉、虞書曰、食哉惟時、柔遠能邇、惇德允元、而難任人、蠻夷率服、亦謂此義也、

子夏爲莒父宰問政。子曰。無欲速。無見小利。欲速則

不達。見小利。則大事不成。

莒父魯邑名、子夏所問在民政、故記邑名示其義也、欲速以教化言之也、見小利以事業言之也、教化之道、以寛爲貴、欲速則其教不入、故曰、欲速則不達、事業之道、以和爲貴、見小利則民不和、民不和、則其功不成、故曰、見小利則大事不成、是皆言舍己而成民、成民而成己也、

右五章爲一段、凡爲政以正其身爲本、所以置第一章也、冉子之謀於季氏、謂之不能正其身、所以置第二章也、不能正其身則其政不行、是以爲君難、爲臣不易、所以置第三章也、君知爲君之難、臣知爲臣之不易、以行其仁術則近者説、遠者來、所以置第四章也、其仁術何以爲之、在施教化焉、在導事業焉、所以置第五章也、

葉公語孔子曰。吾黨有直躬者。其父攘羊。而子證之。

孔子曰。吾黨之直者異於是。父爲子隱。子爲父隱。直在其中矣。

此章葉公不知孔子之道、語直於孔子、故異於前章、書孔子外之也、語、忠告之也、躬、躬行也、因來而奪之、則謂之攘也、證之、訟之於官也、有者、希有之辭也、吾黨有直躬者、此葉公以其直爲希有之事、以忠告之也、吾黨之直者、異於是、此孔子別擧其所直者、示直之得中者、又以忠告報之也、父爲子隱、子爲父隱、直在其中、此言父子之道主恩、父子全恩、則直之得中者、自在其中也、

樊遲問仁。子曰。居處恭。執事敬。與人忠。雖之夷狄。不可棄也。

此明爲仁之道、以行己爲其本也、居、謂間居也、處謂處事也、謙容曰恭也、共心爲恭也、言君子之容、

或居、或處、行已以恭、則人莫不親而服者、故曰、居處恭也、事公事也、謂王事君事神事也、欽正曰敬也、言君子之執事、或爲王事、或爲君事、或爲神事、皆欽崇以奉之、方正以行之、則人莫不尊而成其功矣、故曰、執事敬也、忠者、中也、中心爲忠也、言君子之對于人、取中於中心、施之於人、而無他腸、則人亦盡己之中心、而又無他腸焉、故曰、與人忠也、君子以此三者行己、則雖之夷狄、不可棄也、況於鄰里鄉黨乎、

子貢問曰。何如斯可謂之士矣。子曰。行己有恥。使於四方不辱君命。可謂士矣。曰。敢問其次。曰。宗族稱孝焉。鄉黨稱弟焉。曰。敢問其次。曰。言必信。行必果。硜硜然小人哉。抑亦可以爲次矣。曰。今之從政者何如。子

曰。噫。斗筲之人何足算也。

子貢學君子人也、今將問士識之於心、故書問曰也、行已有恥、使於四方、不辱君命、此其志有所不爲、其才足以有爲、是爲上等矣、故子貢敢問其次也、敢問勞尊者也、宗族稱孝焉、鄉黨稱弟焉、此其行敦、有恒之士也、爲之中等矣、故子貢又敢問其次也、言必信、行必果、硜硜然小人哉、抑亦可以爲次矣、硜硜、小石堅確貌、言雖不足爲其次、欲強使相關、則亦可以爲其次也、噫、斗筲之人、何足算也、噫、不平之聲也、斗、量名、容十升、筲、竹器、容斗二升、斗筲之人、謂鄙細小人也、此聖人激而誘人也、亦成人之道也、

子曰。不得中行而與之。必也狂狷乎。狂者進取。狷者有所不爲也。

躬行中庸、則稱中行也、斥仁人君子也、必也、强取之之辭也、狂者、雖未成其德、其志大、進取先王之道者、故曰狂者進取也、狷者、廉潔守義、行己有恥者、故曰狷者有所不爲也、狂狷皆有志之士、故夫子與之也、

子曰、南人有言曰、人而無恒、不可以作巫醫、善夫、

引南人之言者、夫子察邇言也、作、爲也、善夫、歎善誘人也、言己稱人立人上、其所行無恒、則不可有以爲於國家、不可有以爲於國家、則雖巫醫之賤役、亦不可有爲、此言雖微、亦足以爲訓、故曰善夫也、此又激而成人也、

不恒其德、或承之羞、子曰、不占而已矣、

不恒其德、或承之羞、此周易恒卦九三辭也、承、進也、羞、辱也、自人辱我、則曰羞也、言不恒其德、是非

相從、衆皆疑之、或承之羨、夫子斷之曰、此吉凶已定、吉凶已定、則不占而已矣、二章俱言不可取之人也、

右六章爲一段、聖人之待葉公、不出於恭敬忠三道、所以置第一章也、恭敬忠三道、爲爲仁之本、所以置第二章也、凡爲仁、知士之等而用之、所以置第三章也、又舉狂者狷者與之、所以置第四章也、已舉狂者狷者與之、唯人而無恒、君子不取矣、所以置第五章第六章也、

子曰。君子和而不同。小人同而不和。

凡君子小人、對而稱之者、皆訓辭也、和猶和羹之和也、言君子之與人謀事也、人將制利、則我以義和之、使人行之、我亦從行之、人之言利、我不以利同之、但退而行其道而已、故曰君子和而不同也、小人之與人議事也、人將制利、則已亦從行之、人之言利、已不能以義和之、但與人行利而已、故曰

小人同而不和也、

子貢問曰。鄉人皆好之。何如。子曰。未可也。鄉人皆惡之。何如。子曰。未可也。不如鄉人之善者好之。其不善者惡之。

此承前章、明以同不同知其人也、子貢將問取人、貯諸心、待其用、故書問曰也、鄉人皆好之、恐是同流合汙之人也、故曰、未可也、鄉人皆惡之、恐是戾俗好義之人也、故曰、未可也、鄉人之善者好之、此其人有可好之實也、其不善者惡之、此其人無可惡之實也、夫有可好之實、無可惡之實、則其人之善一定矣、故曰、不如鄉人之善者好之、其不善者惡之也、

子曰。君子易事而難說也。說之不以道不說也。及其

使人也器之。小人難事而易説也。説之雖不以道説也。及其使人也。求備焉。

君子義以爲上、故説之不以道不説也、恕以爲貴、故及其使人也器之、小人利以爲上、故説之雖不以道説之、不知貴恕、故及其使人也求備焉、是故君子使人、則人皆説焉、小人使人、則人皆怨焉、此君子小人使人之別也、

子曰。君子泰而不驕。小人驕而不泰。

君子尊賢而容衆、好問而察邇言、故曰、泰而不驕也、小人自滿與人亢、臨衆而不能容、故曰、驕而不泰也、此君子小人其量之有異也、

右四章爲一列、君子貴和、小人貴同、君子小人之量分焉、所以置第一章也、凡取人之道、察和

與同、知其人矣、所以置第二章也、君子既察和與同、知其人、及其使人也、以器使之、所以置第三章也、其以器使之也、非泰而不驕、則不能、所以置第四章也、

子曰剛毅木訥近仁。

剛毅木訥、蓋古之成言也、剛毅之人、多樸而拙於言、故曰、剛毅木訥、猶如巧言必帶令色言之也、近仁、謂雖未仁、近乎仁者也、

子路問曰。何如斯可謂之士矣。子曰。切切偲偲。怡怡如也。朋友切切偲偲。兄弟怡怡。

此書問曰者、前與子貢問士章同例也、切切、謂朋友相切瑳也、偲偲、謂朋友相勉勵也、學如不及、猶恐失之、是也、怡怡、和悅貌、謂兄弟處友恭也、凡士之道、兄弟怡怡如、則其家治焉、與朋友切切偲偲、

則其仁日至焉、可謂士而已、詩曰、喪亂既平、既安且寧、雖有兄弟、不如友生、亦與此章同意、

子曰。善人教民七年。亦可以即戎矣。

子貢問政、子曰、足食足兵、民信之矣、又曰、如有用我者、期月而已可也、三年有成、聖人之爲邦、其數不出三年、德術之神速、亦可以見而已、善人雖能知聖人之道、其德未入于室者也、故曰、善人教民七年、亦可以即戎矣、蓋言足食足兵民信之之數、遲於聖人也、即就也、戎兵也、夫子語善人凡四、皆以亦字言之、此亦比仁人君子、則有優劣也、

子曰。以不教民戰。是謂棄之。

此承前章善人教民、明聖人教民戰之也、古者三時務農、一時講武、耳目習于旌旗、手足練于干戈、豳風七月之詩、小雅采薇出車杕杜、及六月采芑車攻吉日等之詩、皆彰然著明者也、且子之所愼、

齊戰疾、聖人愼戰、如此、
此重武者爲文之本也、
右四章爲一列、凡士以剛毅爲質、以學與行成已、所以置第一章第二章也、君子與善人、雖其德異、治國之道、皆以武爲本、所以置第三章第四章也、前後二列、合爲一段、
以上五段、合爲一篇、第一段、明爲政之大綱也、第二段、明爲政之小目也、第三段、明凡爲政、以正其身爲本也、第四段、明已以正其身爲本、又以擧人爲本也、第五段、明已以擧人爲本、則其人有君子、有善人、又有剛毅木訥之人也、

論語象義卷之五終、

論語象義卷之六

日本　東讃　三野元密伯愼　著

憲問第十四

此篇所記、類於公冶長篇、公冶長篇、主擇人、而學仁、此篇主擇人而用之、此二篇之別也、夫古之人、先學仁而脩己、故先以先進篇置之也、已學仁而脩己、而後行仁於國家、故以顔淵篇次之也、行仁於國家、以是善其政、故以子路篇次之也、而善其政者、在擇人而用之、故以此篇次之也、此合四篇爲一列之義也、

憲問恥。子曰。邦有道穀。邦無道穀恥也。

行己有恥、使於四方、不辱君命、士之行也、原思將問士之行、脩諸己、故書憲問恥也、士曰穀、大夫曰

祿也、凡邦有道、仕而得穀、士之分也、邦無道、仕而得穀、非士之義、故曰、邦有道穀、邦無道穀恥也、憲、原思之名、自名謙之也、上論琴張稱牢、下論原思稱憲、示相與蒐輯此書也、

克伐怨欲不行焉。可以爲仁矣。子曰。可以爲難矣。仁則吾不知也。

此承前章、明邦有道之風俗也、而上二句、原憲以次發此言也、克好勝、伐自矜、怨小怨、欲貪欲也、憲以爲邦本有此四惡、能教而止之、可以爲仁矣、於是夫子曰、是可以爲難矣、仁則吾不知也、蓋指善人爲邦之風俗也、

子曰。士而懷居。不可以爲士矣。

思而不怠、則曰懷也、夫男子生、則懸弧於門、示有志於四方也、而士而懷居、徒思安其身、無志於四

方者也、故曰、士而懷居、不可以爲士矣、此言苟安非士之志也、

子曰。邦有道。危言危行。邦無道。危行言孫。

危、厲也、孫、順也、邦有道、危言危行、言所以潔己也、邦無道、危行言孫、言所以遠害也、是皆言志士勇以善其言行也、

右四章爲一列、士之知恥、進退因邦之治亂焉、所以置第一章也、其治也、克伐怨欲不行焉、所以置第二章也、士之不知恥、出乎懷居、所以置第三章也、士之知恥、有言行因其時者焉、所以置第四章也、

子曰。有德者必有言。有言者不必有德。仁者必有勇。勇者不必有仁。

已學徹於已、故有德者必有言也、未學而徹於已、故有言者不必有德也、已脩仁安於已、故仁者必有勇也、未學仁得於已、故勇者不必有仁也、此夫子語大德必有所包、小德不必然也、

南宮适問於孔子曰。羿善射。奡盪舟。俱不得其死然。禹稷躬稼而有天下。夫子不答。南宮适出。子曰。君子哉若人。尚德哉若人。

适、南宮敬叔、魯大夫也、敬叔就夫子學道、以爲夫子聖人也、時不用、則天將報其德、故將微問之識於心、故書問曰也、今所問、雖稱禹稷、實孔子之事、故竊稱孔子、示其微意也、陽貨堯曰二篇、稱子張問於孔子者、皆與此稱孔子者同例也、下文稱夫子者、示敬叔尊親孔子之德也、又稱子曰者、示孔子不答敬叔之意、徒如答他門人也、羿有窮國之君、簒夏后相之位、而其臣寒促殺羿、因其室而生

奡、奡多力、陸地行舟、而爲夏后少康所殺、皆不得以壽終、敬叔以此二人比當時據國貴威力者、故曰、羿善射、奡盪舟、俱不得其死然也、禹盡力於溝洫、稷教種藝於民、俱數德於萬民、禹及其身而有天下、稷及後世而有天下、故曰、禹稷躬稼有天下也、以禹稷以德行有天下、將比之於孔子、此敬叔尊親夫子出此言也、而夫子謙之、不敢當其意、故書夫子不答也、而南宮适出、於是子曰、君子哉若人、尚德哉若人、惡將以威力服人、反不得其死然、此非君子則不能知之、故曰、君子哉若人、好以德行有天下、此非其心尚德、則不能言之、故曰、尚德哉若人、此夫子歸美於敬叔、不敢自當於禹稷也、

子曰、君子而不仁者有矣夫。未有小人而仁者也。

齊桓公正而不譎、舉管仲、而後仁被於天下、鄭子皮爲上卿、自謙任政於子產、鄭國能治、百姓慕之、是皆君子者也、然非其身必有仁術者、待人後有仁術者也、故曰、君子而不仁者有矣夫、君自居小

人、則已不能行仁於國家、又不能用賢者爲仁於國家、故曰、未有小人而仁者也、矣夫、已決之、又緩之辭、此明君子在位、必行其仁、小人在位、不能行仁、其實不可誣也、

子曰。愛之能勿勞乎。忠焉能勿誨乎。

能者、勉力之辭也、勿者、教戒之辭也、愛謂如保赤子也、誨謂循循然教之也、言我將博愛衆濟之、猶如保赤子、而雖人或教戒於我、曰勿勞濟此衆、我能勿勞濟此衆乎、必濟此衆而止、又我將忠以接於衆、盡已謀此衆、而雖人或教戒於我、曰勿誨而成此衆、我能勿誨而成此衆乎、必成此衆而止、仁者之於仁、有勇以成仁焉、商書曰、匹夫匹婦不獲自盡、民主罔與成厥功、又曰、予弗克俾厥后惟堯舜、其心愧恥、若撻市、一夫不獲、則時予之辜、佑我烈祖、格于皇天、是皆與此章同義也、

右四章爲一列、有德者必有言、猶敬叔之知禹稷、所以列二章也、愛而能勞、忠而能誨、此謂君

子而仁者、所以列二章也、前後二列合爲一段、前列舉士之爲人、後列舉君子之爲人、總明知人之道也、

子曰、爲命裨諶艸創之、世叔討論之、行人子羽脩飾之、東里子産潤色之。

命、辭命也、爲命、謂作爲簡書也、草創、謂創議立稿也、裨諶以下、皆鄭大夫、左氏傳曰、裨諶謀於野則獲、於國則否、鄭國將有諸侯之事、則使乘車以適野而謀、作盟會之辭、裨諶之才、長於立謀如此、故曰、爲命裨諶創草之、世叔、游吉也、討論、謂我討其非、彼辨其是、而後一定也、世叔之才□特長於替事、故就裨諶所草創、討其非、辨其是、一定而措焉、故曰、世叔討論之、行人掌使之官、子羽公孫揮也、舉其官、示子羽習其事也、脩飾、謂善者益脩之、惡者除之、飾其痕也、行人子羽、既使於四方、能知諸

國之情、且能習應對進退、故就世叔所討論、錯合其國之情、善者益脩之、惡者除之、飾其痕、使其辭命無間然、故曰、行人子羽脩飾之、東里生物之地、子產所居也、子產能生才、子舉其人用之、故稱美其德、曰東里子產也、潤色、謂以禮樂加文采也、子產能生才子、舉人盡能、於是裨諶世叔子羽之議成焉、子產受其成、而觀其辭命、有所指摘、則間和禮樂、加文采而已、故曰、東里子產潤色之、此明子產用人得其道也、

或問子產。子曰、惠人也。問子西。曰、彼哉彼哉。問管仲。曰、人也。奪伯氏駢邑三百、飯疏食、沒齒無怨言。

凡衆人中有此人、則稱或也、子產有德之人、最厚於惠人、故夫子稱惠人也、彼哉彼哉、外之之辭、猶云噫斗筲之人何足算也、子西楚昭王之相、公子申、召白公被禍亂者、其為人可知也、或問子產及

子西、又問管仲、此或人不知其類而問之、故記者以或稱之、所以貶之也、人也、猶云伊人也、尊之辭也、伯氏齊大夫、駢邑采地名、齒年也、伯氏之邑三百家、管仲奪之、使至飯疏食而沒齒無怨言、此言管仲能以權道成人也、

子曰。貧而無怨難。富而無驕易。

凡士、貧而無怨者難矣、富而無驕者易矣、今伯氏居貧、沒齒無怨言、此其行難者也、蓋伯氏在位富貴、則必有犯罪陷於禍者矣、今去富貴而居貧賤、則幸得無怨言沒其齒、此管仲觀伯氏必陷於禍、而奪其邑、使伯氏沒齒無怨言、故記者以此章次前章、以明夫子美管仲之意也、

子曰。孟公綽爲趙魏老則優。不可以爲滕薛大夫。

公綽魯大夫、趙魏皆晉卿、家臣稱老、優謂有餘也、言人各有能有不能、若棄其短而用其長、則人皆

得盡其能、天下無棄才矣、公綽不欲而才短不欲
則見義而進、才短則處事惟煩、趙魏家大勢重、而
無諸侯之事、滕薛國小而政繁、有會盟戰爭之事、
故量其能任其事、使公綽爲趙魏老則優、不可以
爲滕薛大夫也、此聖
人擇能用人之道也、

子路問成人。子曰。若臧武仲之知。公綽之不欲。卞莊
子之勇。冉求之藝。文之以禮樂。亦可以爲成人矣。曰。
今之成人者何必然。見利思義。見危授命。久要不忘
平生之言。亦可以爲成人矣。

臧武仲魯大夫、名紇、卞莊子魯卞邑大夫、成人謂
學而成德者、大雅曰、成人有德、小子有造、是也、子
路將問成人學之、故直書問成人也、於是夫子明
古之成人、各因其所得之才、脩禮樂以成其德、故

曰、臧武仲之知、公綽之不欲、卞莊子之勇、冉求之藝、文之以禮樂、亦可以爲成人矣、夫子已辨古之成人、而明今之世、學宮之教衰、士亦無以禮樂成其德者、故曰、今之成人者何必然、見利思義、見危授命、久要不忘平生之言、亦可以爲成人矣、此夫子有衰世之感言之也、

子問公叔文子於公明賈曰。信乎。夫子不言不笑不取乎。公明賈對曰。以告者過也。夫子時然後言。人不厭其言。樂然後笑。人不厭其笑。義然後取。人不厭其取。子曰。其然。豈其然乎。

公叔文子衞大夫、公孫技、公明賈亦衞人也、孔子將問文子貯諸心待其用、故書問曰也、乎、疑辭也、此文猶云信乎、夫子不言不笑不取、夫子不言不笑不取乎、此孔子以人之言問之也、公明賈承其

意而對、故曰、以告者過也、而如公明賈之言、非仁充於其中、則不能行之、公叔雖賢、亦不及此、而孔子不欲正揚人之非、故曰、其然、然亦不必信之、故曰、豈其然乎、

子曰臧武仲以防求爲後於魯。雖曰不要君。吾不信也。

防、武仲故邑也、爲後、猶云立後也、要謂有所挾而求之也、左氏傳魯襄公二十三年、武仲爲孟氏所譖、出奔邾、自邾如防、使爲以大蔡納請曰、紇非能害也、知不足也、非敢私請、苟守先祀、無廢二勳、敢不避邑、乃立臧爲、紇致防而奔齊、此所謂要君者也、故夫子曰、雖曰不要君、吾不信也、

右七章爲一段、子產之德、能生人、而能使人、所以置第一章也、管仲之德、能以權道成人、所以置第二章也、伯氏無怨言、其難如此章、所以置第三章也、以三章爲一列、明有爲之人也、不欲

而簡直、可以爲官長、所以置第四章也、古之成人、化於禮樂、今之成人、不然、所以置第五章也、以二章爲一列、明中等之人也、公明賈之言、名過其實、所以置第六章也、武仲之行、言非其信、所以置第七章也、以二章爲一列、明無信之人也、

子曰。晉文公譎而不正。齊桓公正而不譎。

譎者、詭也、謂奇謀也、君子之取人、不視其內行、視其外行、而知其德矣、齊桓晉文、俱覇於諸侯、而爲其業不異、然而觀其迹、則其術不同、人之大小分焉、此謂浸潤之譖、膚受之愬、不行、謂明也、晉文初在狄、而去適齊、其偶季隗與姜氏、皆有禮、後及至于秦、秦伯納女五人、懷嬴與焉、奉匜沃盥、既而揮之、懷嬴怒、公子懼、降服而囚、是皆閨門之中、嚴恪思道焉、而齊桓不然、夫人三人、又內嬖如夫人者六人、蔡姬蕩舟、而齊師興焉、管仲卒、而五公子求立焉、此閨門之備禮、不及晉文萬萬、雖然、晉文之

於霸業、侵曹伐衞、以致楚師、奇謀百出、以取勝、且河陽之狩、實召天子、朝諸侯、挾天子發其令、其他類此者不少、故曰、晉文公譎而不正、而齊桓公不然、齊桓之於霸業、僖之元年、桓公遷邢于夷儀、二年封衞于楚丘、邢遷如歸、衞國忘亡、四年伐楚、責包茅之貢不入、問昭王南征不還、八年會於洮、定天子位、以安王室之亂、其他類此者多、故曰、齊桓公正而不譎、齊桓晉文、其其於內行、大有徑庭、其於外行、亦相反如此、君子以內行不棄外行、其術以正、則其道不盡、至成禮樂之化、若其術不正、以譎從事、則其道盡焉、其事雖一二成功、人觀其迹、無信其事、無信其事、則不可述之道也、不可述、而其道盡焉、安能極其大矣、所以君子不取也、晉文賢臣有五人、其道盡焉、齊桓有賢臣一人、其道不盡焉、何如、則用正故也、是故君子正而不譎、則竟極禮樂之化、此乃所以不取晉文、而取齊桓也、

子路曰。桓公殺公子糾。召忽死之。管仲不死。曰未仁

乎。子曰。桓公九合諸侯。不以兵車。管仲之力也。如其仁。如其仁。

已有所見而發言、則直書某曰也、左氏傳魯莊公之九年、初齊襄公立無常、鮑叔牙曰、君使民慢、亂將作矣、奉公子小白出奔莒、公孫無知殺襄公、管夷吾召忽奉公子糾出奔魯、齊人殺無知、魯伐齊納子糾、小白自莒先入、是爲桓公、使魯殺子糾、而請管夷吾召忽、召忽死之、管仲請囚、鮑叔言於桓公以爲相、於是子路疑管仲忘其君事讐、忍其不可忍、猶如未仁、故發此問也、穀梁傳云、衣裳之會十有一、史記云、兵車之會三、衣裳之會六、此云九合者、以大數言之也、衣裳之會、以德合好者、兵車之會、以威力爲征伐者也、按管仲所爲得其正者有七焉、左氏傳莊公十四年、諸侯伐宋、平宋亂、齊請師于周、以單伯爲會主、會于鄄、此齊桓崇王室、歸功于天子也、是得其正一也、十六年會諸侯同盟于幽、陳侯爲三恪之一、而每盟在衛下、齊桓始進之班在衛上、以終春秋之世、此齊桓崇帝舜後、成三恪之名也、是得其正二也、僖公之元年、齊桓帥諸侯師逐狄人、遷邢于夷儀、具邢器用而遷之、師無私焉、邢遷如歸、二年封衛于楚丘、諸侯城楚丘、衛忘亡、衛文公大布之衣、大帛之冠、務財訓農、通商惠工、敬教勸學、授方任能、元年革車三十乘、季年乃三百乘、定之方中之詩興焉、此齊桓之於邢衛、已欲立而立人、已欲達而達人、救患分災、侯伯之道也、是得其正三也、四年怒蔡起諸侯師南服強楚而歸、此轉惡爲善者、管仲之力也、而以先君大公夾輔周室、處其覇業、以包茅不貢、糺其不共、以昭王不復、問其邪慝、其辭皆以先王制度、以爲征伐、且罰陳轅濤塗、賞鄭申侯、雖二人皆儉人、而亦其賞罰中焉、是得其正四也、六年諸侯伐鄭、以其逃首止盟故也、七年盟于寧母、謀鄭故也、管仲言於齊侯曰、臣聞之、招攜以禮、懷遠以德、德禮不易、無人不懷、齊侯脩禮於諸侯、諸侯官受方物、鄭使太子華聽命於會、言於齊侯曰、洩氏孔氏子人氏三族、實違君命、若君去之以爲成、我以鄭爲內臣、君亦無所不利焉、齊侯將許之、管仲曰、君以禮與信屬諸侯、而以姦終之、無乃不可乎、子父不奸之謂禮、守命共時之謂信、違此二者、姦莫大焉、公曰、諸侯有討於鄭、未捷、今苟有釁從之、不亦可乎、對曰、君若以德加之以訓辭、而帥諸侯以討鄭、鄭將覆亡之不暇、豈敢不懼、若總其罪人以臨之、鄭有辭矣、何懼、且夫合諸侯以崇德也、會而列姦、何以示後嗣、夫諸侯之會、其德刑禮義、無國不記、記姦之位、君盟替矣、作而不記、非盛德也、君其勿許、鄭必受盟矣、夫子華既爲太子、而求介於大國、以弱其國、亦必不免、鄭有叔詹堵叔師叔三良爲政、未可問也、齊侯辭焉、子華由是得罪於鄭、冬鄭伯請盟於齊、子華不責而服其罪、德刑所以行者、出管仲奏德言、桓公納之也、是管仲之仁、最備者也、其正五也、八年盟於洮、請王室之難、定襄王之位也、是桓公有忠於王室者也、其正六也、九年宰周公會諸侯于葵丘、尋盟且脩好、禮也、王使宰孔賜齊侯胙曰、有事于文武、使孔賜伯舅胙、齊侯將下拜、孔曰、有後命、天子使孔曰、伯舅耋老、加勞賜一級、無下拜、對曰、天威不違顏咫尺、小伯余敢貪天子之命、無下拜、恐隕越于下、以遺天子羞、敢不下拜、登受、十二年齊侯使管夷吾平戎于王、使隰朋平戎于晉、王以上卿之禮饗管仲、管仲辭曰、臣賤有司也、有天子之二守國高、若節春秋來承王命、何以禮焉、陪臣敢辭、王曰、舅氏余嘉乃勳、應乃懿德、謂督不忘、往踐乃職、無逆朕命、管仲受下卿之禮而還、夫桓公之無拜於上、管仲之不受上卿之禮、皆禮之實也、敬之至也、桓公管仲俱貴禮讓、上貴天子、立信於諸侯、君臣相得、下其根也、盤固深極、可見德之被於天下、是其正七也、管仲之仁、有此七徵、故曰、桓公九合諸侯、不以兵車、管仲之力也、如其仁、如其仁、此聖人深以仁術許管仲也、

子貢曰。管仲非仁者與。桓公殺公子糾。不能死。又相

之。子曰。管仲相桓公霸諸侯。一匡天下。民到于今。受其賜。微管仲。吾其被髮左袵矣。豈若匹夫匹婦之為諒也。自經於溝瀆。而莫之知也。

已有所見而發言，故書子貢曰也，子貢以為管仲仁者也，然而桓公殺公子糾，不能死，又相於桓公，猶有未安者，故今發此問也，霸伯也，謂侯伯之業也，匡正也，正傾曰匡也，存於無中，則曰微也，袵衣衿也，被髮左袵，謂夷狄之俗也，諒小信也，經經死也，夫天下有道，則禮樂征伐自天子出，至于管仲之時，天下無道，諸侯離心，夷狄侵中國，此天下無道，禮樂征伐自諸侯出之時也，於是管仲相桓公，霸諸侯，察時與情，合好通財，攘夷狄之侵掠，正亾國之封竟，一匡天下，王室無事，諸侯相親，民到于今受其賜，當是時，若微管仲，則中國擾亂，殆將為被髮左袵夷狄之俗矣，然則管仲之所為，豈若匹夫匹婦之為諒也、自經於溝瀆、而莫之知也、此乃所以有取於管仲也、夫仁者之執志也、曰弗克俾厥后惟堯舜、其心愧恥、若撻于市、諺曰、獨人唯逐獸不見山、管仲志於仁、一匡天下、其他所不知矣、凡有為者、皆顧己德、斷然成其志矣、佛肸公山氏召孔子、二子皆叛主之士、孔子將往而弼之、此聖人之所為、唯神妙而已、故今以管仲之所為非匹夫匹婦之諒、諭之者、使子貢深思之、知管仲之所志、在志士仁人、殺身成仁之義也、

公叔文子之臣。大夫僎。與文子同升諸公。子聞之曰。可以為文矣。

文者、道之別名、故謚莫大於文焉、宅善皆止己之善、獨薦賢之益、莫有窮盡、故夫子聞文子之薦僎曰、可以為文矣、深美薦賢也、

子言衛靈公之無道也。康子曰。夫如是奚而不喪。孔子曰。仲叔圉治賓客。祝鮀治宗廟。王孫賈治軍旅。夫如是奚其喪。

孔子去姓書子、季康子去姓書康子、皆內而親之辭也、下文書孔子者、朝庭尊爵之義、下論之例也、上四句、夫子自衛歸魯、言靈公之無道於康子、故記者用內辭示其義也、奚者、何之易辭也、失位曰喪也、仲叔圉能治賓客、則得鄰國之好、祝鮀能治宗廟、則不失人君之尊、王孫賈能治軍旅、則言有信民一心、靈公用人有此三事、所以雖無道不喪也、夫子將使康子知用人之有益、私言之聖人忠告之道也、

子曰。其言之不怍。則其爲之也難。

言、斥號令也、怍、慙也、君子出號令、則期必行之、故其言之也、如有慙、故曰、其言之不怍、則其爲之也難、亦爲之難、言之得無訒乎之意、

陳成子弑簡公。孔子沐浴而朝。告於哀公曰。陳恒弑其君。請討之。公曰。告夫三子。孔子曰。以吾從大夫之後。不敢不告也。君曰。告夫三子者。之三子告。不可。孔子曰。以吾從大夫之後。不敢不告也。

陳成子齊大夫、名恒、簡公齊君、名壬、陳成子弑簡公、事見於春秋哀公十四年、稱孔子者、君臣之辭也、孔子沐浴而朝、告於哀公者、愼軍事、不敢忽略也、凡弑君父之賊、人人切齒誅之、古之法也、今齊臣弑其君、則魯君之討其罪、此其公義也、孔子謀之得其道、故曰、陳恒弑其君、請討之也、凡以公義

討賊、公之所可自爲、而公不自爲之、使三子爲之、此失公道也、故曰、公曰告夫三子、君之命於臣、君之所可自爲、而君不自爲之、使孔子傳其命、此失君道也、故曰、君曰告夫三子、此文云公曰、又云君曰、是訓詁之道也、示魯國政衰、哀公不能以公義討齊、又不能以君道命於臣、三家恣制威福、哀公存猶亾、其勢不異於齊也、者者、微之辭也、孔子因君之言言之、故書三子者也、之三子告、不可、二句、記者記孔子所行也、再云以吾從大夫之後、不敢不告也、此示孔子以公義諫之、以公義終之也、葢孔子請哀公而討陳恒、義當固然、記者直記其事、不舉其所爲、置前後二章、挾此一章、使學者比觀三章、自知孔子所爲在于此、此所以避以己推之於聖人也、

子路問事君。子曰。勿欺也。而犯之。

子路將問事君行之、故直書問也、勿者、教戒之辭也、臣數欺君、則君不信、君不信、則言不聽、言不聽、

則事不成、故爲臣之道、恒無欺君而可也、無欺君、則君恒信焉、君恒信焉、則能容其言、於是當君有過、臣犯顏而正之、此事君之道也、故曰、勿欺也、而犯之、

右八章爲一段、凡有爲者、貴正而不貴譎、所以置第一章也、管仲之仁、皆以正爲之、所以置第二章第三章也、以三章爲一列、明德術之上者也、有忠於國家者、忘己舉賢才焉、所以置第四章也、其君雖無道、能舉賢才、則亦能治焉、所以置第五章也、以二章爲一列、明德術之次者也、凡作其言者、必成其事、所以置第六章也、孔子之請哀公討齊、必有作其言者、所以置第七章也、孔子之請哀公討齊、此謂無欺而犯之、所以置第八章也、以三章爲一列、明德術之最上者也、

子曰。君子上達。小人下達。

君子學上達於先王之道、又在下位、上達於王侯之事、故曰、君子上達、小人不學下達於下流之事、故曰、小人下達、此言人以其所好異也、

子曰。古之學者爲己。今之學者爲人。

古今、訓辭也、以厚薄言之也、古之學者、人十能之、己千之、非徹己則弗措、故曰、古之學者爲己、厚之至也、今之學者、不問徹於己否、多聞博識、求人之知己、故曰、今之學者爲人、薄之至也、故學者爲己學之、則德日敦、爲人學之則德日薄、此所以用訓辭也、

蘧伯玉使人於孔子。孔子與之坐而問焉。曰夫子何爲。對曰。夫子欲寡其過而未能也。使者出。子曰。使乎使乎。

此承前章、明蘧伯玉爲己學之也、蘧伯玉衞大夫、名瑗、書孔子者、貴其主、客其使者也、稱夫子者、孔子尊親伯玉之德、則使者亦成孔子之志也、下文書子曰者、使者出後言之、故用內辭也、欲寡其過、而未能者、使者之意、明伯玉謙而進德也、使者既成孔子之志、又成伯玉進德之志、其辭皆成人之道也、故曰、使乎使乎、歎美得其辭也、

子曰。不在其位。不謀其政。

此章見于泰伯篇、解已備、

曾子曰。君子思不出其位。

周易曰、兼山艮、君子以思不出其位、艮止也、言君子止於其所止、不思其外也、蓋曾子嘗稱其辭、記者從以類列于此也、前章戒爲人謀政、此章戒自守其位、所以爲類也、

子曰。君子恥其言而過其行。

皇侃本而作之、爲穩當、言行、君子之樞機、聖人數警之、所以重之也、

子曰。君子道者三。我無能焉。仁者不憂。知者不惑。勇者不懼。子貢曰。夫子自道也。

我者、對人之辭也、勉而纔堪、則曰能也、夫子自勉三道、使人勉之、故曰、君子道者三、我無能焉、仁者素其位而行、故曰、不憂、知者徹而爲之、故曰、不惑、勇者斷而應之、故曰、不懼、人能行此三、則可謂君子也已、於是子貢尊親夫子曰、實無人能之者、夫子自言其所能也、

子貢方人。子曰。賜也賢乎哉。夫我則不暇。

方人、比方人、較其長短也、我者、對人之辭也、比方人較其長短、取其長脩之於己、則有益於德矣、而

子貢則不然、徒比方人、不脩之於己、則猶自滿者、自滿有損於德、故子曰、賜也賢乎哉、夫我則不暇、言不暇自脩德使子貢思也、

子曰。不患人之不己知。患其不能也。

何晏本、不能作無能、此章凡四見、而文各異、夫子屢言之、門人屢記之、蓋學者要務、知命意、亦在其中矣、

右九章爲一段、學者先辨君子小人、以進其學、所以置第一章也、既辨君子小人、又辨其厚薄、以進其學、所以置第二章也、辨其厚薄以進其學、猶伯玉之進其學、所以置第三章也、以三章爲一列、明爲學之道也、凡君子不在其位、不謀其政、所以置第四章也、既不在其位、不謀其政、故君子思不出其位、所以置第五章也、君子思而得謀也、恥其言之過其行、所以置第六章也、恥其言之過其行也、猶孔子云我無能焉、所以

置第七章也、以四章爲一列、明君子之行也、君子之恒比方人也、皆爲進其德焉、所以置第八章也、既進其德也、人必知其德焉、所以置第九章也、以二章爲一列、明所以進德也、

子曰。不逆詐。不億不信。抑亦先覺者。是賢乎。

此舉君子接人之道也、詐、智詐也、不信、疑也、逆、逆未至也、億、億意未見也、先覺、謂有先見之明者也、言君子接人之道、不逆詐、不億不信、已處直道、成人之美、不成人之惡耳、故君子不可罔焉、而君子之外、不可罔者甚希矣、若欲強使相關、則抑亦先覺者、是賢乎、人情皆應於其心故也、此所以次君子者也、

微生畝謂孔子曰。丘何爲是栖栖者與。無乃爲佞乎。

孔子曰。非敢爲佞也。疾固也。

微生畝、孔子鄉人、自幼押於孔子、不知孔子之爲大德、呼孔子以名、故書孔子外之也、栖栖、奔走不已貌、口才曰佞也、固、固陋也、謂無接人也、言孔子雖爲畝欲明其所爲、畝之不遜、非納其言之人、故以其所能知諭之曰、吾所以栖栖乎四方者、非敢爲佞也、疾固陋不能接人也、此承前章明接於人之義也、

子曰。驥不稱其力。稱其德也。

驥、善馬也、驥、有千里之能者也、德者、得于已、又使人得之者也、言驥之力、雖有千里之能、非徒稱其力、致力於千里、而後人稱其德焉、賢者亦然、其德雖有爲、非徒稱其德、致仁於天下、而後人稱其德也、若賢者而固、則驥之伏櫪無爲而已、孰有稱其德、此承前章、微言疾固之義也、

或曰。以德報怨。何如。子曰。何以報德。以直報怨。以德

報德。

或或人也、謂衆人中有此一人也、德謂恩惠也、直謂公直也、夫君子之道、以中庸爲貴、以汎行之、故也、或人不知君子之道、以爲以德報怨莫尚之者、故問曰、以德報怨何如、夫子不可曰、以德報怨、則何以報德、以直報怨、以德報德、夫官事公事也、以官事則不毫挾其怨與彼成其功、此以直報怨者也、以恩惠報恩惠、此以德報德者也、是皆所以汎行之道也、

子曰、莫我知也夫。子貢曰、何爲其莫知子也。子曰、不怨天。不尤人。下學而上達。知我者其天乎。

我者、對人之辭也、夫者、緩辭也、絕無之謂莫也、尤、尤怪也、下學、謂在下世學道也、上達、謂上達先王之道也、凡夫子欲明其意、則必待其人而言之、今將待子貢明其意、故曰、莫我知也夫、於是子貢承

其言曰、何爲其莫知子也、夫子遂明其意曰、不怨天、不尤人、下學而上達、知我者、其天乎、言天之命我也、非使我行道於當世、將使我傳道於後世也、天之命我如此、我順而爲之、故我不怨天也、天之命我如此、我順而爲之、宜矣、人之莫我知也、故我不尤人也、既已不怨天、不尤人、唯下學而上達、則知我者、其天乎、天之外、莫有知我者也、此夫子言知天命、而處天職也、

公伯寮愬子路於季孫。子服景伯以告曰。夫子固有惑志於公伯寮。吾力猶能肆諸市朝。子曰。道之將行也與。命也。道之將廢也與。命也。公伯寮其如命何。

此承前章、明夫子知命、而不尤人也、公伯寮、魯人也、子服景伯、魯大夫、子服氏、名何、景伯謚也、告、忠告也、吾者、一人之辭、吾力、謂其勢也、既刑陳其尸、則曰肆也、市朝、謂加刑之地也、言季孫之信子路、

與惑志於公伯寮、皆天之所爲、而非人之所爲、故夫子斷之曰、道之將行也與、命也、道之將廢也與、命也、公伯寮其如命何也、

右六章爲一段、接人之道、不逆詐、不億不信、己處直道、以先覺爲賢、所以置第一章也、君子之接人、非力去固陋則不能爲、所以置第二章也、君子之力去固陋也、在對人而行仁、所以置第三章也、對人而行仁也、唯在能中庸、所以置第四章也、其能中庸也、出於下學而上達、所以置第五章也、既下學而上達也、唯在從天命、所以置第六章也、

子曰。賢者辟世。其次辟地。其次辟色。其次辟言。

此以下四章、明各以其德異其出處也、凡古之稱賢者、汎以人之勝於我者言之、非以德位言之也、後世以聖賢分德位者、不深稽六經之失也、賢者辟世、謂如晨門荷蓧丈人、邦無道而辟世者也、其

次辟地、謂去亂邦適治邦者也、其次辟色、謂禮貌衰而去者也、其次辟言、謂有惡言而後去者也、此四者、雖爲免刑戮之士、各因其德位、有進退之遲速、故以次言之也、

子曰。作者七人。

此章明中行進退也、作、起也、易曰、君子見幾而作、不俟終日、與此章同義、微子篇曰、逸民伯夷叔齊、虞仲夷逸朱張、柳下惠少連、蓋斥作者七人也、皆中行之人也、

子路宿於石門。晨門曰。奚自。子路曰。自孔氏。曰是知其不可。而爲之者與。

此以下二章、俱舉過行賢者也、石門、地名、晨門、掌晨啓門賢者、自從也、奚自、自孔氏、記其出入門之時、有應對之辭也、是知其不可而爲之者與、言孔子之德大、異於己之所爲也、

子擊磬於衛。有荷蕢而過孔氏之門者。曰有心哉擊磬乎。既而曰。鄙哉硜硜乎。莫己知也。斯己而已矣。深則厲。淺則揭。子曰。果哉。末之難矣。

蕢草器也、硜硜、小石堅確貌、以衣涉水曰厲、攝衣涉水曰揭、二句衛風匏有苦葉之詩、果、斷也、末、莫磬之輕也、荷蕢者隱者也、聖人擊磬之中、未嘗忘濟天下、此人聞其聲而知其意、故曰、有心哉擊磬乎、既而曰、雖未嘗忘濟天下、鄙哉硜硜乎、人之莫己知也、斯已而已矣、水深則以衣涉之、淺則攝衣涉之、隨時勢消息而已、於是人告之於夫子、子曰、果哉言也、其爲之末之難矣、隱者之言、比之晨門、亦下一等者也、

右四章爲一列、賢者之進退、各以其德、異其行、所以置第一章也、中行之進退、異乎過行賢者、

所以置第二章也、過行賢者、知聖德者、如此章、所以置第三章也、過行賢者、不知聖德者、如此章、所以置第四章也、

子張曰。書云。高宗諒陰三年不言。何謂也。子曰。何必高宗。古之人皆然。君薨。百官總己。以聽於冢宰三年。

諒陰、商書作亮陰、亮者諒也、父母之體、在野土之中、孝諒之心、不忍處陽嚮明、治南面之事、內守孝諒之心、陰默而不言、外以天下國家之事、委任之於冢宰、百官總己、無改於先君之道、其有以時制之者、則聽令於冢宰、行之三年、其君則居於憂服之中、以終三年之喪、可謂三年無改於父之道者也、夫子之時、周道已衰、天子諸侯、俱廢此禮久矣、故子張有此問、而夫子有此對也、

子曰。上好禮。則民易使也。

上之於民、必以禮臨之、則民敬其事、莫不用情矣、故曰、上好禮、則民易使也、又曰、上好禮、則民莫敢不敬、又曰、小人學道易使也、聖人徹民情、貴禮如此、用是爲其政、可謂官農之間、彬彬者也

子路問君子。子曰。脩己以敬。曰如斯而已乎。曰脩己以安人。曰如斯而已乎。曰脩己以安百姓。脩己以安百姓。堯舜其猶病諸。

子路將問君子脩諸己、故直書問君子也、子曰、脩己以敬、君子既學五典五禮、合諸時勢與人情、脩以一諸己、及出諸士大夫萬民之上、此乃天之嚴命也、此乃天之嚴命、則已又就士大夫萬民之上、欽崇以奉之、方正以行之、以成五典五禮焉、此謂脩己以敬也、於是子路知有其次、故曰、如斯而已乎、曰脩己以安人、人斥士大夫以上也、君子既已脩己以敬、又使士大夫脩己以敬、則士大夫之學

五典、五禮者、勑我五典、惇行諸家、自我五禮、同寅協恭、宗廟朝庭、社稷學宮之際、人咸安於斯道焉、此謂脩已以安人也、於是子路尚知有其次、故曰、如斯而已乎、曰脩已以安百姓、君子既已脩已以安人、宗廟朝庭之容、莫不穆穆濟濟皇皇顒顒、社稷學宮之容、莫不赫赫明明肅肅雝雝、於是又使百姓觀望宗廟朝庭、社稷學宮之際、五典五禮之道、如此彰然較著、而更以五典教之、以喪祭導之、則百姓承五典敦行之、以喪祭厚行之、悟五典五禮之道、是皆天之嚴命、曰行之則人、不行之則非人、咸欣欣然安於斯道焉、此謂脩已以安百姓也、此乃自天子以至庶人、皆歸於一德之道也、故曰、脩已以安百姓、堯舜其猶病諸、此謂學而至君子也、

右三章爲一列、天子親重喪服、則民歸於仁焉、所以置第一章也、上好禮、小大由之、則民敬其上焉、所以置第二章也、君子脩五典五禮、而行諸四方、則天下咸歸於天命焉、所以置第三章

也一列總明仁之所以行也、

原壤夷俟。子曰。幼而不孫弟。長而無述焉。老而不死。是爲賊。以杖叩其脛。

原壤魯人、檀弓曰、孔子之故人、曰原壤、是也、夷、踞也、申兩足箕踞也、俟、待也、無心而待、則曰俟也、賊猶賊夫人之子之賊、謂害幼者之行也、原壤以故人待夫子、夫子亦以戲言待之、故記者記之、示張而弛之行、詩曰、善戲謔兮不爲虐兮、亦謂此義也、

闕黨童子將命。或問之曰。益者與。子曰。吾見其居於位也。見其與先生竝行也。非求益者也。欲速成者也。

闕黨、黨名、曲禮云、問士之子長、曰能典謁矣、幼曰未能典謁也、童子之將命、古之道也、或人見此童

子之將命、辭氣進退、似聰敏者、故問之曰、益者與、禮、童子隅坐無位、父之齒隨行、兄之齒鴈行、故子曰見其居於位也、見其與先生竝行也、非求益者也、欲速成者也、此言犯位不遜、則終不能爲成人也、

右二章爲一列、不勤孫弟、則老而無禮、所以置第一章也、不勤孫弟、猶如闕黨童子、所以置第二章也、以上三列、合爲一段、

以上六段、合爲一篇、第一段、明士與君子、德之位不同也、第二段、明德之位、有上等中等也、第三段、明德之位、有上等中等及聖德之別也、第四段、明學而進德、至於君子也、第五段、明已至於君子、竭其德力也、第六段、明已竭其德力、終大成天命也、

衞靈公第十五

此篇明孔子已脩德、至一以貫道也、此以下四篇爲一列、專擧聖人仁知之行、明孔子所

行、皆不出於此也、其次序之義、詳于微子篇、

衞靈公問陳於孔子。孔子對曰。俎豆之事則嘗聞之矣。軍旅之事。未之學也。明日遂行。在陳絶糧從者病莫能興。子路慍見曰。君子亦有窮乎。子曰。君子固窮。小人窮斯濫矣。

此明夫子重天職畏天命也、書問陳於孔子者、明靈公貴威力、將問陳行之也、書孔子者、靈公不知孔子以德禮有爲於邦、以爲從以威力服人者也、此不知孔子而發問者、故書孔子外靈公也、下書孔子對曰者、君臣之辭也、俎豆之事、謂衣裳之會不用兵車者也、軍旅之事、謂以威力服鄰國者也、云未之學者、自謙貴人君也、慍、藴也、謂其心藴結也、窮、窮困也、濫、溢也、謂出於法外也、言衞靈公不

知孔子以德禮有為於邦、將問陳於孔子慊其威力、於是孔子對曰、俎豆之事、則嘗聞之矣、軍旅之事、未之學也、靈公之意、其所主相反、則知道遂不行、道遂不行、而久留於衞、則此不畏天命者也、於是明日遂行、適于陳、在陳絕糧、從者病莫能興、子路以為大德若夫子、無一人知之之君、今窮如此、故慍以見曰、君子亦有窮乎、於是夫子以為君子畏天命、當窮固窮、小人不畏天命、窮則斯出於法外、故曰、君子固窮、小人窮斯濫矣、言其速去衞者、為畏天命也、

子曰。賜也女。以予為多學而識之者與。對曰。然。非與。曰非也。予一以貫之。

予者、內辭也、以德言之也、凡脩德之道、有二道焉、夫子先呼子貢、明一道、又使子貢問一道、而後二道備焉、賜也女以予為多學而識之者與、此知者之德也、又將使子貢起問也、子貢雖知知者之事、

非夫子之德、而事師之禮、不可不先從師之言、故曰、然、然亦知有一道、故曰、非與、於是夫子自言曰、予一以貫之、而二道備焉、夫多學而識之者、知者之事也、亦當行之以致其治焉、而至一以貫之、仁者之事也、既已多學而識之、思而攻之、攻之而脩之、脩之而後致其一、於是顧其已、則嘗多學而識之之物、悉備於予一、莫不予一以貫此衆物、此謂仁者之德也、

子曰。由。知德者鮮矣。

周之末、夫子抱其寶、周流于天下、雖爲大德、無有知之者、而子路知德人也、故特呼子路曰、由、知德者鮮矣、亦有衰世之感言之也、

子曰。無爲而治者。其舜也與。夫何爲哉。恭己正南面已矣。

此承前章、明知德而用人也、無爲、謂善任賢已無爲爲也、條理曰治也、與、謙辭也、謙容曰恭也、共心爲恭也、南面、謂人君之位、嚮明而治也、言帝舜以聖德在上、成人之德、而舉其人、舉其人、而任其官、任其官、而命其政、則百官相諧、庶績咸熙、諸侯卿大夫士、咸得條理而治焉、農虞工商、咸得條理而治焉、故曰、無爲而治者、其舜也與、而顧見帝舜所爲者、唯謙莊已之容、居於禮讓、共已之心、納人之言、以對於諸侯卿大夫士、萬民之所爲、正立南面之位、嚮明而治而已、故曰、夫何爲哉、恭已正南面已矣、

子張問行。子曰。言忠信。行篤敬。雖蠻貊之邦行矣。言不忠信。行不篤敬。雖州里行乎哉。立則見其參於前也。在輿則見其倚於衡也。夫然後行。子張書諸紳。

子張將問行脩諸己、故直書問行也、問行、猶云問
見行也、忠者、盡己而成人者也、信者、執驗於己不
移者也、忠信以施人、則人感其厚、踐其行者也、一
而弗措、再三爲之則曰篤也、敬者、尊天命天事也、
謂引起其怠心、欽崇以奉之、方正以行之也、篤敬
以待人、則人感其誠、尊其行者也、故我之言行忠
信篤敬、則雖蠻貊之邦行矣、又我之言行、不忠信
篤敬、則雖州里行乎哉、故我之於言行、造次必於
是、顛沛必於是、立見其參於前也、在輿則見其倚
於衡也、夫然後行矣、於是子張知德行不如此、則
不能爲於國家、故書諸紳、以脩其行、聖人之言、皆
德言也、故以州里蠻貊、遠近兼備也、紳者、大帶之
垂者
也、

右五章爲一段、聖人之徧歷天下、出畏天命焉、
所以置第一章也、聖人之畏天命、其本出於一
德、所以置第二章也、雖聖人之畏天命、其本出
於一德、知德者鮮、則亦謂之命、所以置第三章

也、知德如帝舜、則天下之賢者皆見焉、所以置第四章也、天下之賢者皆見焉、則其言行、忠信篤敬而已、所以置第五章也、

子曰。直哉子魚。邦有道則如矢。邦無道如矢。君子哉蘧伯玉。邦有道則仕。邦無道則可卷而懷之。

史魚衞大夫、名鰌、史魚之行、雖過於中行、亦正直之人也、故夫子稱直哉、蘧伯玉行藏俱中於其道、中行之人也、故夫子稱君子哉、學者觀二人、則中行過行、彰然而已、

子曰。可與言而不與之言失人。不可與言。而與之言失言。知者不失人。亦不失言。

可與言、而不與之言、人避我而無顧矣、所以失人也、不可與言而與之言、人以我爲过矣、所以失言

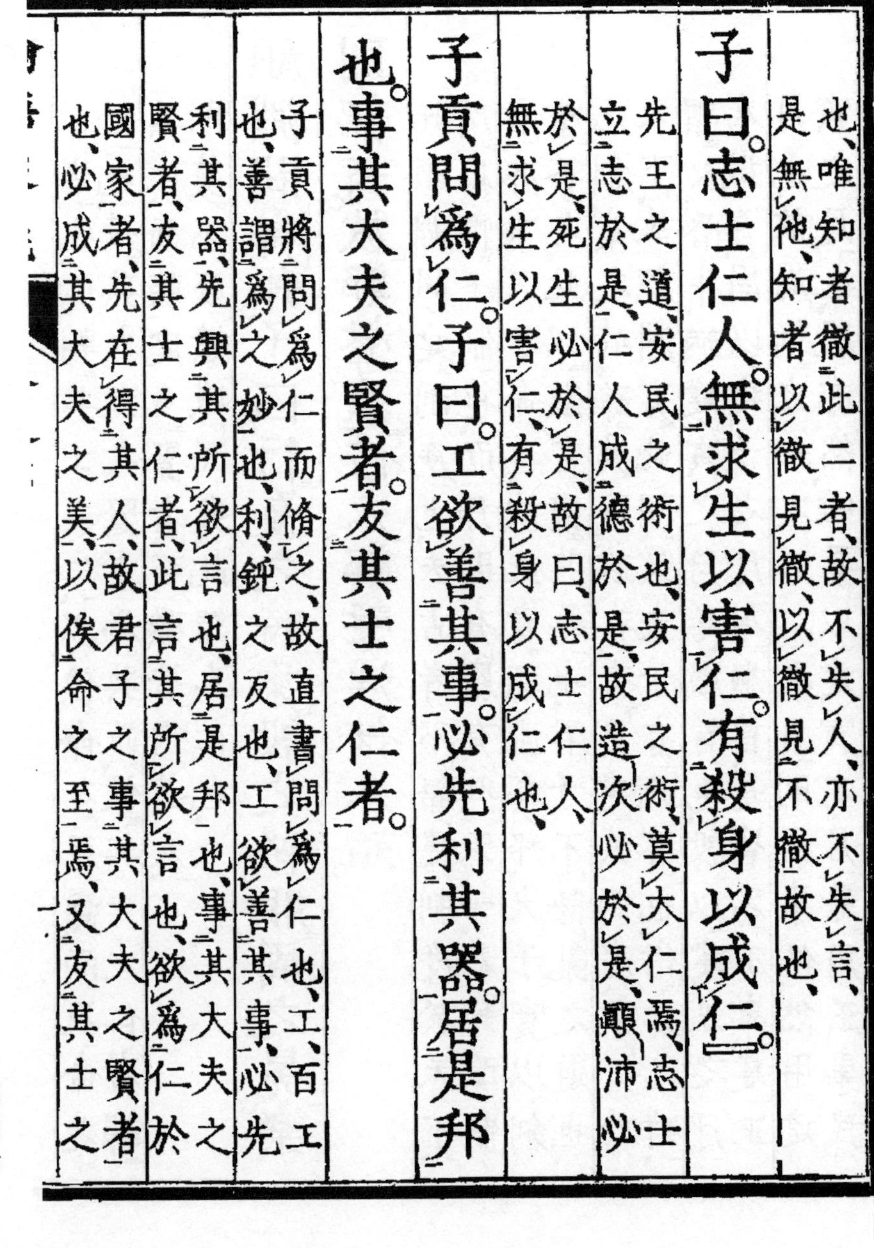

也、唯知者徹此二者、故不失人、亦不失言、是無他、知者以徹見徹、以徹見不徹故也、

子曰。志士仁人。無求生以害仁。有殺身以成仁。

先王之道、安民之術也、安民之術、莫大仁焉、志士立志於是、仁人成德於是、故造次必於是、顛沛必於是、死生必於是、故曰、志士仁人、無求生以害仁、有殺身以成仁也、

子貢問爲仁。子曰。工欲善其事。必先利其器。居是邦也。事其大夫之賢者。友其士之仁者。

子貢將問爲仁而脩之、故直書問爲仁也、工、百工也、善謂爲之妙也、利、鈍之反也、工欲善其事、必先利其器、先與其所欲言也、居是邦也、事其大夫之賢者、友其士之仁者、此言其所欲言也、欲爲仁於國家者、先在得其人、故君子之事其大夫之賢者也、必成其大夫之美、以俟命之至焉、又友其士之

仁者也、必輔其士之仁、以俟命之至焉、而及命之至也、使其大夫之賢者爲其政、使其士之仁者輔其仁、而朝庭多賢者、百職皆得其人、則莫不庶績咸熙矣、此謂爲仁也、

顏淵問爲邦。子曰。行夏之時。乘殷之輅。服周之冕。樂則韶舞。放鄭聲。遠佞人。鄭聲淫。佞人殆。

此顏淵問建制度也、夫古者不語建制度於天下、所以憚王制也、而邦則有廢有興、天子爲邦改制度、亦唯天子命也、故此書顏淵爲邦、夫子實以創業答之、此以微言備其義也、君子不語亂之道也、凡創業之時、雖其舊政存、有更建其制度、敷仁於天下、故顏淵有此問、又夫子有此答也、行夏之時、謂初昏斗柄建寅之月爲歲首也、殷以建丑之月爲歲首、周以建子之月爲歲首、是皆爲王事、建正月也、故周稱之一之日二之日、則民事依然用建寅之月也、殷亦然、唯夏以建寅之月、兼用王事民

事矣、夫子云、行夏之時者、蓋以建寅之月、兼用王事民事、以得時之宜也、乘殷之輅、殷曰大輅、左氏傳云、大輅越席、昭其儉也、蓋其制朴素、得其中者也、服周之冕、周冕祭天神宗廟之服也、冠上有覆、前後有旒、有文而備、亦得其中者也、樂則韶舞、韶舞舜樂也、盡美又盡善者也、鄭聲鄭重之聲也、人樂而易淫、故世有鄭聲、則人不好雅樂、所以放鄭聲也、佞人有口才者也、聖人之建禮制也、將使天下固守之、而變亂禮制者、必由佞人、所以遠佞人也、夫聖人之語制度也、蓋舉一隅、猶存三隅、云行夏之時、則王事民事、歲月日時、官府之制、皆屬焉、云乘殷之輅、則度數量衡、宮室器用、三郊三遂、都城之制、皆屬焉、云服周之冕、則衣服旌旗、一切文物之制、皆屬焉、云韶舞、則四樂五舞、六律五聲八音、治和忽麤之聲、皆屬焉、舜典云、食哉惟時、時者爲萬物之本、所以先言之也、殷之輅、周之冕、皆禮制之本也、韶舞樂聲之本也、凡建制度、禮樂爲大、所以次天時語之也、唯鄭聲與佞人、非制度之物、亂敗雅樂與禮制者也、故聖人創業之時、放流之於四夷、與人君卿大夫士不齒、所以保雅樂定禮制也、又所以使後世人君顧此鄭聲佞人、恐懼戒慎也、蓋顏淵之德、已至仁者、則夫子盡其已、不愛其答也、

子曰。人無遠慮。必有近憂。

此承前章、明君子建制度、以遠慮也、云人者、德言也、言人無遠慮、必有近憂、故君子以遠大之慮、建制度行之、則必無近小之憂焉、所以為君子也、徂來先生曰、人無遠慮、必有近憂、大矣哉此言、可以盡聖人之道已、聖人智大思深、故其道深遠焉、當世之人、豈不尊孔子哉、其所以不能用孔子者、皆以為迂耳、後世諸儒、豈乏聰明哉、其所以不能知聖人之道者、皆為見近耳、至矣哉、先生之言、啓道於我東方者、唯因此言耳

右六章爲一段、君子既知過行、又知中行、以能取其人、所以置第一章也、知者不失人、亦不失言、以能取其人、所以置第二章也、志士與仁人、不以死生改其志、所以置第三章也、以三章爲一列、示知人擧賢也、凡欲爲仁者、恒事大夫之賢者、又友士之仁者、所以置第四章也、及其爲仁於國家、建制度、以均四海、所以置第五章也、及其建制度、以均四海、無遠大之慮者、必有近小之憂、所以置第六章也、以三章爲一列、示賢人在位也、

子曰。已矣乎。吾未見好德如好色者也。

此章已見于子罕篇、唯增已矣乎三字、主人君大臣言之也、解已備、

子曰。臧文仲其竊位者與。知柳下惠之賢。而不與立也。

柳下惠魯大夫展獲、字禽、柳下號、惠謚也、稱柳下惠者、從以謚號通於世也、臧文仲仕於文公為執政、執政之職、舉賢者共其政、古之道也、今臧文仲反是、故謂之竊位也、

子曰、躬自厚而薄責於人、則遠怨矣。

躬、躬行也、躬自厚而薄責於人、則遠怨矣、非徒遠怨而已、己亦進德不止、此謂忠恕之行也、

子曰、不曰如之何如之何者、吾末如之何也已矣。

如之何、如之何、門人就師問之辭也、末者、莫聲之輕也、言不曰如之何如之何者、吾雖欲誨之、末如之何也已矣、此亦不憤不啓、不悱不發之意、

子曰、群居終日、言不及義、好行小慧、難矣哉。

群居、古言也、朋友會聚之名也、終日、謂久也、小慧謂小小之才智也、言朋友之群居、為進德行義也、

而群居終日、一言不及以古和今、得其宜否、徒好行小慧自云足以有為、脩已難矣哉、其終而已矣、由是觀之、雖孔子時、學者不免此蔽、況於後世乎、君子猶提諸市朝、學者思諸、

右五章為一段、人君大臣、好色不好德、則鄭聲行、佞人出焉、所以置第一章也、鄭聲行、佞人出、則其賢如臧文仲、妒賢俾不通、所以置第二章也、士之居衰世、非躬自厚、而薄責於人、則不免其害、所以置第三章也、衰世之學、多貴速成、無意於大成、所以置第四章也、衰世之學、言不及義、好行小慧、所以置第五章也、一段總明衰世之俗也、

子曰。君子義以為質。禮以行之。孫以出之。信以成之。君子哉。

此明君子以義制事、行之於國也、言君子將制事行之於國、先義以為質、禮以文之、文質彬彬、其事

可觀、其事可觀、而後行之於家、而出之於國也、孫以出之、則國人咸曰、實君子之道也、於是上篤處其信、使國人處其信、則其功成矣、此非君子則不能、故曰、君子哉、深歎其成功也、

子曰。君子病無能焉。不病人之不己知也。

能謂才能也、賜之達、由之果、求之藝、皆能也、大禹謨曰、天下莫與汝爭能、周官曰、推賢讓能、又曰、舉能其官、惟爾之能、古者學而成德、各有其能、所以行其義也、故曰、君子病無能焉、不病人之不己知也、

子曰。君子疾沒世而名不稱焉。

沒世、謂終身也、名者、實之賓也、有其名、則必有其實、故君子學以成其實、行以成其信、此所以沒世而名稱也、

子曰。君子求諸己。小人求諸人。

君子有過、則求諸己、志在脩身故也、小人反是、子思曰、射有似乎君子、失諸正鵠、反求諸其身、亦言此義也、

子曰。君子矜而不爭。群而不黨。

矜、矜莊也、群、接於衆也、黨、比黨也、言君子矜莊、則人畏之、雖人畏之、志在成人、則無與人爭焉、接於衆、則人愛而親之、雖人愛而親之、志不同於俗、則無與人黨焉、所以爲君子也、

子曰。君子不以言擧人。不以人廢言。

以言擧人、則恐人非其人、以人廢言、則恐吾失嘉言、是故君子不以言擧人、言與人相副、而後擧人矣、不以人廢言、言有信而後取之矣、此所以不失人、亦不廢言也、

右六章爲一段、凡君子制事行之、則必成其功、故君子病無能、焉、所以置第一章也、必成其功、故君子病無能、所以置第二章也、有能者必有名、所以置第三章也、有名者必有實、有實者必求諸己、所以置第四章也、求諸己者、必莊其行、所以置第五章也、莊其行者、必知人、又知言、所以置第六章也、

一段總明君子之所爲也、

子貢問曰。有一言而可以終身行之者乎。子曰。其恕乎。己所不欲。勿施於人。

子貢以爲君子之道、無有一言而可以終身行之者、若有、則將問之、貯諸心以待其用、故記者書子貢問曰、以成其意也、其者、懸期之辭也、子曰、其恕乎、此其一言也、又述其類義曰、己所不欲、勿施於人、夫恕者、其道有三焉、一曰、恕者、如己之心也、言善德之深入於己、而感徹於心者也、何以謂之如

己之心也、曰發之於心本、而無所矯飾、無所偏辟也、凡人之處其常心、不爲憂樂所蔽、不爲愛憎所蔽、於是我以其常心、而見人之所行而善者、於我心有戚戚然也、見人之所爲而德者、於我心有戚戚然也、故聞人之忠於其君者、則於我心有戚戚然也、聞人之孝於其父者、則於我心有戚戚然、聞人之信其友者、則於我心有戚戚然、曰人之有之、己亦庶幾乎有之哉、故人之所行且爲者而如己心之所欲爲者、然後己取而行且爲之、謂之恕也、見人之得色、於我心有戚戚然也、而雖我心亦自知其非也、見人之得利、於我心有戚戚然也、而雖我心亦自知其非也、見人之得意、於我心有戚戚然也、而雖我心亦自知其非也、此三者、不可謂如己之心、此非所謂恕也、此之謂性之欲也、故人之所行且爲者、而感徹於己之心、如己心之所欲爲者、然後己取而行且爲之、此善者之道也、人之所行且爲者、而感徹於己之心、如己心之所欲爲者、然繹其所以感徹於己之心者、必格知其所以然之本、脩以為己之德、及施之於行與為、則引而伸之、觸類而長之、故一應於其萬、此君子脩恕之道也、故俳優侏儒之言、樵漁紅女之事、苟有感徹己之心、君子繹而本之、莫不應天下國家之大用也、此恕之所以極其大也、此君子以恕為行也、故子曰、其恕乎、一言而可終身行之者也、二曰、商量人之心曰、人亦當如己之心也、商量己之心曰、己亦如人之心、故君子之於人也、待之以己之心、而不咎人之非也、曰此非當必無之事、不廢人之不能曰、苟其不知也、雖我亦當然矣、矜其不能而誨之、容其不善而誘之、故君子如彼其弘也、此以恕為德者也、此上二者、皆恕之本義也、其三則曰、己所不欲、勿施於人、此非恕之本義、即恕之類義也、故附之恕以足之也、何則己之所不欲、勿施於人也、則及其行之成、然後其亦皆歸於恕故也、此與恕相反、而同歸於恕者也、曰何以謂與恕相反乎、曰恕者、善德之感徹於己之心者也、己之所不欲者、人之所厭棄惡憎者也、此在人為惡德者也、此己所唾而不顧者也、若驅蠭蠆者也、此在己與感徵于己之心相反者也、故後世有寬恕恕罪及原恕之言者、出于古之君子以恕爲德之流者也、其於恕爲第二義也、猶未失古義也、大學曰、所惡於上、無以使下、中庸曰、施之於己不願、亦勿施於人、此出於所謂己所不欲、勿施於人者也、蓋以恕之類義、爲本義者也、學者思諸、

子曰。吾之於人也。誰毀誰譽。如有所譽者。其有所試矣。斯民也。三代之所以直道而行也。

吾者、一人之辭也、人者、謂士大夫也、民者、對人言之也、言吾之於人也、誰毀誰譽、豈以私心毀譽人乎、如有所譽者、則其有所試矣、是使斯民以直道而行之人也、何如則斯民也、三代之以教誘之、則所以直道而行者也、今亦吾使所譽者以教誘之、則斯民也、皆以直道而行者也、詩曰、民之秉彝、好

此懿德、下二句、謂此義也、

子曰。吾猶及史之闕文也。有馬者。借人乘之。今亡矣夫。

吾者、一人之辭也、有馬者、比有祿者也、亡者、存之反也、古者富貴在位、則分祿養賢者、與議其政、緇衣云、適子之館兮、還予授子之粲兮、是也、言先進既讀史之記、而吾猶及史之闕文、闕文曰、有馬者借人乘之、而日月逝、今亡矣夫、仍言、古者富貴在位、則分祿養賢者、與議其政、是猶借馬於人、使之乘之、而日月逝、今亡矣夫、此用微言、歎當時無尊賢之人也、

子曰。巧言亂德。小不忍。則亂大謀。

巧言之人、飾其虛言之如實、比諸有德、難辨其雌雄、故曰、巧言亂德、小不忍之人、其言有諒、人皆愛

而從之、故曰、小不忍、則亂大謀、唯君子辨其疑途、斷而行之、所以爲君子也、

子曰。衆惡之。必察焉。衆好之。必察焉。

衆皆惡之、不棄其人、必察其所以惡、以知其人、衆皆好之、不取其人、必察其所以好、以知其人、特立不群、衆必惡之、鄉愿之行、俗必好之、君子無好無惡、察其實、知其人、所以爲君子也、

右五章爲一段、君子以恕制事、則四方無不悅者焉、所以置第一章也、制事行之者、試人任之、所以置第二章也、試人任之者、分富而用賢、所以置第三章也、分富而用賢者、能知人之言、所以置第四章也、能知人之言、則能知人之德、所以置第五章也、

子曰。人能弘道。非道弘人。

能者、勉辭也、弘、弘大之也、道、謂先王之道也、道雖大、無爲者也、人雖小、有爲者也、言凡人學而脩德、

則爲仁爲知、又爲聖人、有唐虞之聖、則天下有堯舜之道、有湯武之德、則天下有殷周之道、至齊桓晉文、道之大小、皆從其人而生焉、此人能弘大其道也、人能弘大其道、則人亦自弘大、雖人亦自弘大、非道之弘大人、其本賴人之弘大其道也、此夫子歎德之流行於天下、其弘大無極也、

子曰。過而不改。是謂過矣。

人不能無過、能改爲貴、故曰、過而不改、是謂過矣、此聖人以恕待人也、

子曰。吾嘗終日不食。終夜不寢。以思無益。不如學也。

爲學之道、學思二者、不可偏廢、故曰、學而不思則罔、思而不學則殆、此章亦言用學思二道、始成其功也、

子曰。君子謀道不謀食。耕也餒在其中矣。學也祿在

其中矣。君子憂道、不憂貧。

君子之在下、若仕、則將行斯道、故恒謀道、不謀食、若其謀食、耕也餒在其中、若其謀道、學也祿在其中、何如、則死生有命、富貴在天故也、其然、故君子憂道不憂貧、專務在己者耳、所以爲君子也

右四章爲一段、君子弘道、則天下由斯道焉、所以置第一章也、過而改、亦謂弘道矣、所以置第二章也、弘道之本、在務學矣、所以置第三章也、務學者、在謀道矣、所以置第四章也、

子曰。知及之、仁不能守之、雖得之、必失之。知及之、仁能守之、不莊以涖之、則民不敬。知及之、仁能守之、莊以涖之、動之不以禮、未善也。

此承前章、明君子之謀道、其義亦不出於此也、知者、地也、徹爲曰知也、謂以實地制事、徹而爲之也、

仁者、人也、柔因曰、仁也、謂以人道臨于民、凜乎如朽索之馭六馬也、莊、莊嚴也、謂張文物制度、非禮則不動也、動者、靜之反也、謂鼓之舞之、使民東西革面也、言君子之謀道也、去濶於事情者、以實地制其事、徵而爲之、此謂知及之也、而行之於邦也、民有公情焉、有私情焉、緩則民懈不勤、農、急則民反怨其上、帥之凜乎如朽索之馭六馬、伸私情、而勸公情、則四方之民、不知不識歸心焉、此謂知及之仁能守之也、而知及之、仁不能守之、雖得之、必失之也、又知及之、仁能守之、宗廟朝庭之事、若社稷學宮之禮、張文物制度、莊嚴以涖之、則民知上之所行、是皆爲天命天事、莫不欽崇其道與事、方正以行之、此謂知及之、仁能守之、莊以涖之、而民敬也、而知及之、仁能守之、不莊以涖之、則民不敬也、又知及之、仁能守之、莊以涖之、則民敬其上、然而猶有舊染汙俗、牢而不可變者、則上或行會同之禮於其地、或會萬民、講軍田之禮、或君帥群臣、使其祭山川、以禮樂、則民莫不觀而顒若、東西革其面焉、此謂知及之、仁能守之、莊以涖之、動之以禮而善也、而知及之、仁能守之、莊以涖之、動之不以禮、未善也、此言知仁莊禮化成百姓也、

子曰、君子不可小知、而可大受也。小人不可大受、而可小知也。

大受、以大任之也、小知、以小任之也、受知、皆使彼受知也、言君子務大者成其德、故其材不可小知、而可大受也、小人雖不務大者、然亦非無小長、故其材不可大受、而可小知也、

子曰、民之於仁也、甚於水火。水火吾見蹈而死者矣、未見蹈仁而死者也。

不云人而云民、況兼士大夫言之也、民之於水火、賴之以生、則不可一日無者也、其於士大夫亦然、

然而水火外物、仁則在己、無水火、則不過害身、無仁、則亡其心、故曰、民之於仁也、甚於水火、而言其利害、則又不同、故曰、水火吾見蹈而死者、未見蹈仁而死者也、此聖人切勸仁於人也、

子曰。當仁不讓於師。

德者、存於人、又存於我、可讓者也、舜讓于德弗嗣、又虞賓在位、群后德讓、是也、仁者、行也、君子成人之美、不成人之惡、是也、無可讓之義矣、當者的當之謂也、言的當于爲仁、則不讓於人、而行之、縱雖師尊、不讓而行之、故曰、當仁不讓於師、子畏于匡、顏淵後、子曰、吾以女爲死矣、曰子在、回何敢死、蓋當仁不讓於師者、是也、

右四章爲一段、君子之謀道、在知仁莊禮焉、所以置第一章也、君子已然、故不可小知、而可大受、所以置第二章也、以二章爲一列、君子之教人、仁最爲先、所以置第三章也、仁之爲要、雖師

不讓、所以置第四章也、以二章爲一列、

子曰。君子貞而不諒。

貞、正也、固也、諒、小信也、君子貞固足以幹事、而不若匹夫匹婦之爲諒、故曰、君子貞而不諒、言其德異於衆人也、

子曰。事君敬其事而後其食。

君事、天事也、故曰、敬其事也、食、祿也、君之賜也、故曰、後其食也、此夫子明事君之道也、王制曰、論定然後官之、任官然後爵之、位定然後祿之、蓋後其食者、古之禮也、

子曰。有教無類。

類、謂善惡種類也、君子有教以成人、無分類而棄人、故曰、有教無類、

子曰、道不同、不相爲謀。

春秋之時、學者雖學先王之道、其間不能無違道干譽者、是以夫子稱君子者、不過數人、故我雖與彼謀事、不必合彼之撰、不合彼之撰、而謀事、則其事必不成矣、故曰、道不同、不相爲謀、爲是也、

子曰、辭達而已矣。

辭、所辭命也、春秋之時、爲辭命者、率虛誇成俗、競以文飾相高、是以兩國之情終不達、此文飾爲害也、所以夫子有此言也、

師冕見、及階、子曰、階也、及席、子曰、席也、皆坐、子告之曰、某在斯、某在斯、師冕出、子張問曰、與師言之道與。

子曰、固然、相師之道也。

師樂師、冕名、告之、忠告之也、鄉射禮曰、工四人、二瑟先、相者皆左何瑟面鼓、執越内絃、右手相入、升自西階北面東上、工坐、相者坐授瑟、乃降、相者、弟子爲之、此相師之道也、

右六章爲一段、君子居貞而處大信、所以置第一章也、君子之於君事、皆以天事敬之、所以置第二章也、以二章爲一列、君子之於教、不分類棄人、所以置第三章也、君子之於人、不失人、亦不失言、所以置第四章也、以二章爲一列、君子之於辭命、貴達不貴文飾、所以置第五章也、君子之相瞽者、亦辭達而已矣、所以置第六章也、以二章爲一列、

以上八段、合爲一篇、第一段、明夫子德至聖人、畏天命而行之也、第二段、明君子知人則賢人皆在位也、第三段、明小人之所爲也、第四段、明君子之所爲也、第五段、明君子以恕制事、行諸天下也、第六段、明君子弘道、則天下皆由斯道也、第七段、明知仁莊禮、以化成

天下也、第八段、明君子貞固足以幹於事也、一篇總明孔子雖不得位、兼備其德、如此盛且大也、

季氏第十六

此篇明孔子德至聖人、不倚於古、不倚於今、中立述事、猶古聖人之外、有一聖人也、故篇中皆書孔子、示其語創於孔子也、

季氏將伐顓臾。

顓臾、伏羲之後、風姓之國、本魯之附庸、當時臣屬於魯、季氏貪其地、欲滅而取之、記者先記其事也、

冉有季路見於孔子曰。季氏將有事於顓臾。

冉有年長於季路、故書冉有季路也、此篇稱孔子者、皆獨立不倚之辭、事者、謂征伐也、

孔子曰。求。無乃爾是過與。

無乃乃也、爾者尊德之辭、雖二子俱爲季氏宰、冉有主用事、故獨呼求告之也、

夫顓臾。昔者先王以爲東蒙主。

蒙山在魯東、故曰東蒙也、古者以山川爲賓、以諸侯爲主、賓主相酬酢成萬民、故曰爲東蒙主也、言顓臾爲邦君也、

且在邦域之中矣。是社稷之臣也。何以伐爲。

在邦域之中、則爲附庸、爲附庸則仕于天子、又屬于魯、是社稷之臣也、社稷之臣、則無不用我命、何以伐爲乎、

冉有曰。夫子欲之。吾二臣者。皆不欲也。

季氏爲卿、故稱夫子也、冉有蓋欲歸咎於季氏、遁二臣之咎也、

孔子曰、求、周任有言曰、陳力就列、不能者止、危而不持、顚而不扶、將焉用彼相矣。

周任、古之良史也、陳、布也、列、位也、陳力就列、不能者止、言盡臣道也、危而不持、顚而不扶、言失相之道也、今二子不盡臣道、又失相之道、故孔子責二子也、

且爾言過矣、虎兕出於柙、龜玉毀於櫝中、是誰之過與。

兕、野牛也、柙、檻也、櫝、匱也、虎兕、皆猛獸也、龜玉、皆大寶也、皆有典守者全之焉、言若典守者失護、則虎兕出於柙、害傷人、龜玉毀於櫝中、不可復用、是皆典守者失護之罪也、今季氏將伐顓臾、爾二臣

不諫曰、夫子欲之、吾二臣者皆不欲、豈非爾言過與、

冉有曰。今夫顓臾固而近於費。今不取。後世必爲子孫憂。

固、謂城郭完堅也、費、季氏邑也、冉有未嘗言伐顓臾之可、及孔子極責之、始言伐顓臾之利、然猶未顯其本意矣、

孔子曰。求君子疾夫舍曰欲之。而必爲之辭。

冉有本爲季氏聚斂而附益之、與季氏同貪利久、今謀伐顓臾、此有貪利之心也、而曰今不取、後世必爲子孫憂矣、此遁辭非本意、故孔子推之曰、君子疾夫舍曰欲之、而必爲之辭、此言若見其肺肝、君子不可罔也、

丘也聞。有國有家者。不患寡而患不均。不患貧而患不安。

此孔子引古語、諭冉有也、國、斥諸侯也、家、斥卿大夫也、寡者、民寡少也、不均、謂富者有餘於財、貧者迫於饑也、貧者、民貧也、安者、民安其土也、言有國有家者、不患民之寡其地、而患民之貧富不均、不患民之貧而患民之不安其土也、

蓋均無貧。和無寡。安無傾。

此孔子釋古語也、蓋、謙辭也、言民無餘於財、無迫於饑、貧富均一、則邦無有貧民、邦無有貧民、則民皆和睦、民皆和睦、則民無寡少、民無寡少、則民安其土而不動、民安其土而不動、則國體堅固而無傾矣、

夫如是。故遠人不服。則脩文德以來之。既來之則安之。

既治我邦如是。故曰夫如是也、脩文德、謂敷禮樂也、言既敷文德治我邦、遠人不服、則愈脩文德以來之、既來之、則又使遠人安其邦、猶我民之安我邦也、

今由與求也遠人不服。而不能來之也。邦分崩離折。而不能守也。而謀動干戈於邦內。

遠人、斥顓臾也、民有異心、曰分也、民欲去、曰崩也、不可會聚、曰離折也、干、楯也、戈、戟也、下三句、應上文虎兕出於柙、龜玉毀於櫝中、是誰過與三句、微結上文也、

吾恐季孫之憂。不在顓臾。而在蕭牆之內也。

吾者、內辭也、蕭牆、屏也、謂在燕寢之側者也、此三句、應上文夫顓臾固而近於費、今不取、後世必爲子孫之憂、三句、總結上文也、此章深戒冉有季路之無忠於季氏、又欲使季氏止其惡、成其美、而始終所述、在與禮樂、格遠人、聖人之言、有忠有恕、又有成東周之意、思遠矣哉、

孔子曰。天下有道。則禮樂征伐。自天子出。天下無道。則禮樂征伐。自諸侯出。自諸侯出。蓋十世希不失矣。自大夫出。五世希不失矣。陪臣執國命。三世希不失矣。天下有道。則政不在大夫。天下有道。則庶人不議。

此明天下國家盛衰之世數也、希、少也、希不失矣、謂希不失威權也、大夫、謂諸侯之大夫也、陪、重也、陪臣、謂家臣也、政不在大夫、謂諸侯自爲政也、庶人不議、謂以順治也、總言逆理太甚、則失之亦愈

速、盛衰之遲速、不過如此也、

孔子曰。禄之去公室五世矣。政逮於大夫四世矣。故夫三桓之子孫微矣。

此擧魯國之盛衰、徵前章天下之世數也、禄、斥爵禄也、禄之去公室、謂政在大夫、爵禄不從君出也、五世、自東門襄仲殺文公之子赤而立宣公、歷成公襄公昭公、至定公、此爲五世也、政逮於大夫、謂大夫相及擅政也、四世自文子武子悼子、至平子此爲四世也、故三桓之子孫微矣、謂至哀公之時、子孫皆衰也、

右三章爲一段、遠人不服、則脩文德以來之、此堯舜之所爲、孔子亦爲之、所以置第一章也、其將有爲也、先知天下國家之盛衰、所以置第二章也、其將知天下國家之盛衰也、先觀魯國、及

天下所以置第三章也、

孔子曰、益者三友、損者三友、友直、友諒、友多聞、益矣、友便辟、友善柔、友便佞、損矣、

此舉學者取友有損益也、以下五章、皆稱孔子、立目而教之、此記者之意、以此篇為發於孔子之德者也、直者、分其條理、處正者也、故我友直、則自得直道、諒者、啓心為善者也、故我友諒、則自得善道、多聞者、博識古今者也、故我友多聞、則自聞所不聞、友此三者、皆有益於我、故曰、益矣、便辟、巧避人之所忌、以求容媚者也、善柔、面柔也、便、辯也、便佞、謂佞而辯也、友此三者、皆有損於我、故曰、損矣、是皆學者擇友之道也、

孔子曰、益者三樂、損者三樂、樂節禮樂、樂道人之善、

樂多賢友、益矣。樂驕樂。樂逸遊。樂宴樂。損矣。

此舉因其所樂而有損益也、樂皆音洛、陸氏爲五教反者非也、樂節禮樂者、其德日崇矣、樂道人之善者、其善時至矣、樂多賢友者、言行自薰習、樂此三者、其益必至矣、故曰益矣、驕樂謂恃尊貴以自恣也、佚遊謂出入不節也、宴樂謂沈湎酒色也、樂此三者、其損必至矣、故曰損矣、

孔子曰。侍於君子有三愆。言未及之而言謂之躁。言及之而不言謂之隱。未見顏色而言謂之瞽。

此爲衆士設教也、君子、斥在位君子也、愆、小過也、凡士之侍於君子、爲行斯道也、若士因小過不獲乎君子、則斯道終不可行矣、故士恒勉去三愆、爲行斯道也、此所以有此章之教也、

孔子曰。君子有三戒。少之時。血氣未定。戒之在色。及

其壯也。血氣方剛。戒之在鬬。及其老也。血氣既衰。戒之在得。

此明君子省血氣盛衰、終身以戒之也、少之時、血氣未定、心爲血氣所蕩、必荒色、沒身、故曰、戒之在色、及其壯也、血氣方剛、心爲血氣所蕩、必與人鬬、而傷身、故曰、戒之在鬬、及其老也、血氣既衰、心爲血氣所蕩、貪利汚其名、故曰、戒之在得、凡人之性、血氣爲本、而血氣生心、血氣有盛衰、則心隨之遷、故君子數省血氣盛衰、終身戒之也、

孔子曰。君子有三畏。畏天命。畏大人。畏聖人之言。小人不知天命而不畏也。狎大人。侮聖人之言。

此明君子終身誦之、所以畏天命也、畏、畏敬也、天命、謂五典五禮也、自天子諸侯卿大夫士、以至于

萬民、通受之於天者也、而天子諸侯卿大夫士、又天別受使萬民行五典五禮之命、故萬民所受之天命、獨五典而已、而五禮屬焉、天子諸侯卿大夫士所受之天命、五典五禮、五服五刑、與所導萬民二也、故自天子諸侯卿大夫士、以至于萬民、凡天下之人、莫有不受此天命者、虞書所謂、五典五禮、與五服五刑、是也、君子受此二天命、終身畏之而不怠、故曰君子有三畏、畏天命也、大人、謂天子諸侯卿大夫奉此天命、治國天下者也、其人不擇德之大小、皆受此天命、服其命服、則天命不離其人、故君子畏而敬之、故曰畏大人也、天生德於聖人、使聖人代天言之、則聖人之言、即天之言也、故君子聞聖人法言、則莫不信而畏之、故曰畏聖人之言也、夫畏大人、畏聖人之言、總之、不出於畏天命者、此君子終身之力也、小人不能學而徵之、故不知天命而不畏也、又不知大人有天命之任、但親狎而不憚、又不知聖人代天言之、以為法言、憑舞以侮聖人之言、曰昔之人無聞知、是皆小人誇其才

諳者、出於不知天也、

右五章爲一段、士之脩學、辨損益、取其友、又辨損益、處其樂、所以合二章爲一列也、君子之脩行、以三戒全其身、以三畏處天命、所以合二章爲一列也、雖已脩學、又脩行、不獲乎上、則其道不可行、所以中間置一章也、

孔子曰。生而知之者。上也。學而知之者。次也。困而學之。又其次也。困而不學。民斯爲下矣。

此章聖人勸學於人也、堯舜之聖、創禮樂制度、而治天下、以垂法於萬世、故曰、生而知之者上也、因堯舜所創、學而知之、以治天下、故曰、學而知之者次也、在位君子、不學而爲政、萬方民不從、困而後學之、故曰、困而學之、又其次也、在位之人、不學而爲政、萬方民不從、雖困不能學、束手見國之傾、故

曰、困而不學、民斯爲下矣、凡斥士大夫曰民者、賤而言之也、

孔子曰。君子有九思。視思明。聽思聰。色思溫。貌思恭。言思忠。事思敬。疑思問。忿思難。見得思義。

此擧君子當于時思而行之、以去其失也、君子當于時思明、知百官所司之成功、故曰、視思明也、君子當于時思聽、取百官所納之嘉言、故曰、聽思聰也、二句言君子以聽明處己也、君子顏色溫、則人安受其事、故曰、色思溫也、君子容貌恭、則人安盡其言、故曰、貌思恭也、君子與人言、盡己無他腸、則人莫不服其言、故曰、言思忠也、三句言君子思容貌言語愼己也、王事君事父事皆謂之天事、故君子執其事、則莫不敬以行之、故曰、事思敬也、夫疑謀無成、君子當疑事、必就有道正而行之、故曰、疑思問也、二句言君子執事、必處實地也、夫一朝之忿、忘其身、以及其親、故君子當於忿思難止其忿、

故曰、忿思難也、裁私情由於道、則曰義也、君子恒恐貨利之害道、故曰、見得思義也、二句言君子時制行之者也、

孔子曰。見善如不及。見不善如探湯。吾見其人矣。吾聞其語矣。隱居以求其志。行義以達其道。吾聞其語矣。未見其人也。

此明德有大小也、見善如不及、謂進而學之也、見不善如探湯、謂不使不善者加其身也、二句引古語、故曰、吾見其人矣、吾聞其語矣、此其德之小者也、又君子無世用之者、隱居以求其志、行義以達其道、其人猶傳說呂望伯夷叔齊之流、亦引古語、故曰、吾聞其語矣、吾未見其人也、此其德之大者也、

齊景公有馬千駟。死之日。民無德而稱焉。伯夷叔齊餓于首陽之下。民到于今稱之。其斯之謂與。

誠不以富。亦祇以異二句、見於顏淵篇。今當置此章之上。更加孔子曰三字。蓋錯簡也。夫子與此詩、引齊景公伯夷叔齊。其意不待解而明焉。齊景公富有千乘。死而無聞。伯夷叔齊餓于首陽之下。其名不朽於千載。榮辱之際。不可同日而論焉。伯夷叔齊餓于首陽之下。猶如夫子偏歷天下。絕糧於陳蔡之間。然所以夫子屢稱二子也。解詳于公治長述而二篇。宜參考。首陽山。在河東蒲坂縣。華山之北、河曲之中。

陳亢問於伯魚曰。子亦有異聞乎。對曰。未也。嘗獨立。鯉趨而過庭。曰。學詩乎。對曰。未也。不學詩。無以言。鯉退而學詩。他日又獨立。鯉趨而過庭。曰學禮乎。對曰。未也。不學禮無以立。鯉退而學禮。聞斯二者。陳亢退而喜曰。問一得三。聞詩聞禮。又聞君子之遠其子也。

陳亢、與子禽別人也、以亢爲子禽者、非也、世人有傳子以異者、故問子亦有異聞乎也、未也、對長者謙辭也、嘗獨立、孔子嘗獨立也、趨、伯魚設禮容而過也、凡言語學詩而後去鄙倍、故曰、不學詩、無以言也、宗廟朝庭之際、莫不小大由禮者、故曰、不學禮、無以立也、此聖人之於子、以其德位誘之、無有異於他人者、蓋聖人之行、處簡大也、

邦君之妻。君稱之曰夫人。夫人自稱曰小童。邦人稱之曰君夫人。稱諸異邦曰寡小君。異邦人稱之亦曰

君夫人。

此承前章、記使者之辭、明學詩去鄙倍者也、寡、寡德也、

右六章爲一段、聖人辨德之位、勸學於人、所以置第一章也、學之成、脩之行、而後成矣、所以置第二章也、及學行相成、德有大小焉、所以置第三章也、其大德則有若伯夷叔齊、所以置第四章也、其小德則有學詩與禮、立其位者、所以置第五章也、立其位則亦各有其辭、所以置第六章也、

以上三段、合爲一篇、第一段、明聖人將爲東周也、先知天下國家之盛衰也、第二段、明已知天下國家之盛衰也、先設學制教育人也、第三段、明已設學制教育人也、擧其人任其官也、一篇總明孔子獨立所爲也、

論語象義卷之六　終

論語象義卷之七

日本　東讚　三野元密伯愼　著

陽貨第十七

此篇明孔子德至聖人、其德術神妙者也、

陽貨欲見孔子。孔子不見。歸孔子豚。孔子時其亾也。而往拜之。遇諸塗。謂孔子曰。來予與爾言。曰懷其寶。而迷其邦。可謂仁乎。曰不可。好從事而亟失時。可謂知乎。曰不可。日月逝矣。歲不我與。孔子曰。諾吾將仕矣。

此章書孔子者凡六、深罪陽貨外之也、陽貨名虎、仕於季氏、恣魯國政、陽貨爲人、雖當作亂者、能知孔子仁且知、故將用孔子、屬于己、共爲其政、此陽貨之志也、故書陽貨欲見孔子也、孔子固知陽貨驕亢當作亂者、仍不欲見陽貨、故書孔子不見、對其文也、陽貨以爲禮大夫有賜於士、不得受於其家、則往拜其門、故瞰孔子之亾、而歸之豚、欲使孔子來拜見之、而孔子亦不欲見陽貨、瞰其亾也、往而拜之、而不期遇諸塗、此所謂群而不黨之道也、謂者竊言之也、來者親而近之也、予者內辭也、爾者尊稱辭也、皆謙己禮孔子也、懷其寶而迷其邦、非仁者行、故曰可謂仁乎、好從事而亟失時、非知者事、故曰可謂知乎、陽貨遂曰若仁則不可迷其邦、若知則不可亟失時、今猶豫不進、日月逝矣、歲不我與、於是孔子曰諾、吾將仕矣、夫君子不以人棄言、陽貨所言、皆中於義、則孔子諾之、成陽貨之志、亦立人之道也、公山佛肸之徒、皆召孔子、孔子將往而輔其政、二子將戴孔子謀其政故也、陽貨不然、將引孔子屬于己、故孔子雖諾、不與陽貨、蓋君子不在其位、不謀其政、在下位、不可化其上、故也、故孔子許二子、不許陽貨、所以擇人處大業也、

子曰。性相近也。習相遠也。

心生相合、謂之性也、心在內、生在外、生形也、謂耳目鼻口手足也、人之性、心欲聞之、則耳隨之、心欲見之、則目隨之、鼻口手足皆然、乃所以活動也、習習熟也、凡性、以初言之、則猶小童相聚嬉戲、其所為、人人皆相近、以終言之、則猶人人就其業、習熟之久、其性甚相遠也、是習使之然也、故曰、性相近也、習相遠也、太甲曰、茲乃不義、習與性成、予弗狎于弗順、蓋夫子仍是言之也、自孟子倡性善之說、後世溷性之本義、學者仍伊尹孔子、辨明之、則可謂得古義者而已、

子曰。唯上知與下愚不移。

上知中知下愚、謂其性各異也、上知之性、雖欲移惡、而終不變、下愚之性、雖欲移善、而終不移、唯中知之性、可移善、又可移惡、其移之也、賴習熟之久而已、此承前章、相成其義也、

子之武城。聞絃歌之聲。夫子莞爾而笑曰。割雞焉用牛刀。子游對曰。昔者偃也聞諸夫子。曰君子學道則愛人。小人學道則易使也。子曰。二三子。偃之言是也。前言戲之耳。

夫子尊親德之辭、莞爾、小笑貌、雞與牛刀、微言也、道、謂禮樂也、言子游爲武城宰、以禮樂教於民人、於是夫子之武城、聞絃歌之聲、莞爾笑曰、割雞焉用牛刀、此以雞比武城小邑、以牛刀比裁制天下之禮樂、將使子游教民人之禮樂既已聞之、則便學裁制天下之禮樂、然子游不能悟微言、實以爲

治武城小邑、不可用禮樂大物、故子游對曰、昔者偃也聞諸夫子、曰、君子學道則愛人、小人學道則易使也、今予治武城、以夫子言爲之也、此子游不悟夫子將勸己之意、以所聞正對之也、於是夫子知子游之未可諭而止、然不諭而止、則恐生二三子之惑、故曰、二三子、偃之言是也、前言戲之耳、此以戲言解二三子之惑也、

公山弗擾以費畔。召子欲往。子路不說曰。末之也已。何必公山氏之之也。子曰。夫召我者而豈徒哉。如有用我者。吾其爲東周乎。

公山弗擾、字子洩、爲季氏宰、據邑而叛、事見于左氏傳定公八年、不稱孔子、稱子者、異陽貨而親之也、往猶愈汝往哉之往也、謂欲往勉處事也、蓋公山氏之召夫子、將知夫子大德、謀其事、故夫子欲

往勉處事也、而聖人作事、人不可得而知之、雖子路、猶不能知而疑之、於是夫子以其所爲對曰、未召我者、而豈徒哉、如有用我者、吾其爲東周乎、我者、表顯之辭也、吾者、內辭也、爲東周、謂尊王室、號令天下、再興周道於東方也、夫管仲一匡天下、民到于今受其賜、若使夫子得一匡天下、則周召之化、當再興于東方、故表顯曰爲東周也、公山氏之召夫子、據區區小邑耳、而猶稱爲東周、易曰、大人虎變、君子豹變、夫子所爲、不可測耳、

子張問仁於孔子。孔子曰、能行五者於天下爲仁矣。請問之。曰、恭寬信敏惠。恭則不侮、寬則得衆。信則人任焉。敏則有功。惠則足以使人。

子張問爲仁於天下、此實孔子之任、故書問仁於孔子也、與書南宮适問孔子曰者同例也、能者、勉

力之辭、言勉力爲五者、則雖他人、亦可爲於天下、此用德言也、請問之、請問其目也、曰恭寬信敏惠、此舉其目也、君子奉王事君事、我欲尚人、謙莊其容、欲得人之善言、共其心、則人無侮我焉、故曰、恭則不侮、寬以赦小過、視其成功、則得衆之心焉、故曰、寬則得衆、既發號令、視其成事、信於其賞罰、則人任樂其功、故曰、信則人任焉、義以制事、禮以文之、審之條理、以令於人、則人執其事成功焉、故曰、敏則有功、上以忠恕加惠、左右人、則人能竭其力矣、故曰、惠則足以使人、凡此恭寬信敏惠、行之於吾邦、使四方勉行之、則亦可得其功矣、此謂能行五者於天下也、

佛肸召。子欲往。子路曰。昔者由也聞諸夫子曰。親於其身爲不善者。君子不入也。佛肸以中牟畔。子之往也。如之何。子曰。然。有是言也。不曰堅乎。磨而不磷。不

曰白乎。涅而不緇。吾豈匏瓜哉。焉能繫而不食。

佛肸、晉大夫趙簡子之邑宰、中牟、晉邑名、左氏傳、魯哀公五年、夏趙鞅伐衛、范氏之故也、遂圍中牟、是也、夫子尊親德之辭、子路尊親德、而止夫子、故書夫子也、夫子諭子路曰、然、有是言也、不曰堅乎、磨而不磷、不曰白乎、涅而不緇、吾豈匏瓜也哉、焉能繫而不食、堅與白、德之體也、不磷不緇、人雖欲移之、不可得也、而猶自謙曰、吾豈匏瓜哉、當東西南北、安能如匏瓜之繫一處而不食而止也、夫子之答、蓋言果哉末之難矣之意也、

右七章爲一段、凡性有上中下、雖惡如陽貨、性屬中知、則聖人善化之、所以合三章爲一列也、聖人何以善化之、唯以禮樂善化之、所以置第四章也、弗擾佛肸、其人尊親德、則聖人將以禮樂化之、所以置第五章第七章也、變化之道、雖在乎禮樂、其政則在乎恭寬信敏惠、所以中間

置第六章也、

子曰。由也女聞六言六蔽矣乎。對曰。未也。居吾語女。好仁不好學。其蔽也愚。好知不好學。其蔽也蕩。好信不好學。其蔽也賊。好直不好學。其蔽也絞。好勇不好學。其蔽也亂。好剛不好學。其蔽也狂。

六言六蔽、皆古語也、夫子輯爲一章、故曰、女聞六言六蔽乎、禮、尊者有命、則避席聞之、今子路避席而對之、故夫子曰居吾語女也、好學、謂折衷古今、以得其宜也、言好古之仁形仁迹、好學施諸今日、則其事活然可行矣、若好古之仁形仁迹、不好學施諸今日、則猶如完然古物之陳列於前而無用焉、故曰、好仁不好學、其蔽也愚、好知博涉昔之事、好學施諸今日、則其事活然可行矣、若好知博涉昔之事、不好學施諸今日、則其事蕩然不可行而已、故曰、好知不好學、其蔽也蕩、好信而好學、信得其義、而行之、則庶民無議焉、若好信不好學、父子君臣之過、必斷於信行之、則敗父子之恩、害君臣之義矣、故曰、好信不好學、其蔽也賊、好直而好學、直得其宜、則人亦由其直焉、若好直不好學、欲使人強由其直、則人以爲急切不寛、故曰、好直不好學、其蔽也絞、好勇而好學、勇得其宜、則臣子之道可行焉、若好勇不好學、欲強行事、則殆將迫其上、故曰、好勇不好學、其蔽也亂、好剛而好學、忠信塞其內、則人皆歸心、若好剛不好學、不屈行己、則人見以爲猶狂人之狂、故曰、好剛不好學、其蔽也狂、

凡此六言、思蔽學之、則當得其中、脩一德之道也、又仁以志於道、知以制事、信以處己、直以奉道、勇以行之、剛以不撓、終而又始、循環而行之、則爲仁之道也、

子曰、小子何莫學夫詩。詩可以興。可以觀。可以群。可

以怨。邇之事父。遠之事君。多識於鳥獸草木之名。

此章明學詩之道也、詩者、先王所以造士、而教化之源也、君子學詩、而後成其德、故曰、小子何莫學夫詩也、詩可以興者、興者、起也、君子觀斯詩、沛然創起其道、不以畔先王之義、此謂興詩也、其義有三焉、曰、先王之制其禮也、作其樂也、必本諸詩、而既行斯禮、施斯樂、以化成天下、則其跡詩也、其義書也、於是君子既學斯禮、學斯樂、脩以成其德、然後誦斯詩、則制禮作樂、以化成天下之道、沛然以興於己、上非有倚於古、下非有倚於今、矯然屮立矣、而不畔於先王、不詭於世俗、不拂於民情、何以故也、取之於詩矣、此謂詩可以興其教也、此其一義也、曰、君子觀詩、泝之以知其政、沿之知其俗、又肆先王之禮樂、達其書、以成其德、是故觀椒聊揚之水之詩、則知威福之有害於國也、觀甘棠汝墳之詩、則知刑辟之有用於國也、觀木瓜之詩、則知苞苴之行也、於是引之於其德、本之於人情、以興其政、然後不畔於先王之道也、此謂詩可以興其政也、此其二義也、曰水火金木土穀、謂之六府、富國均民之道不出於此、然政有其常、國有其俗、民有其情、是以制作事業之術、莫大因其故而用之也、莫大因民之所利而利之也、君子既識其土之所殖、又達其常政、攬其民情、以興其事業、則民俄然趨之、此謂制器也、器已成、則可執而用之矣、凡六府之事業、君子創制諸己、而不畔於先王、不詭於世俗、不拂於民情、而放之於四海而準、垂之於後世而準、此之謂義也、此謂詩可以興其義也、此其三義也、詩者、可以觀者、觀者、比觀也、比觀知其所歸之要也、此謂觀詩也、其義有五焉、曰上有大雅文王生民之二什、中有小雅鹿鳴白華之二什、下有國風周南召南之風、然後有周頌之三什、通此四者大觀、則可知聖人制禮作樂、而化成天下之道也、夫先王之道、書也者、其義也、禮樂也者、其事也、君子雖習其事、雖知其義、未可知其施諸天下國家之黎民、其容與其俗如何也、觀之此四者、則歷然如指其掌、如此而後盛德大業可得而成矣、曰何以之故、曰文王生民、聖人在上、行禮樂之容也、鹿鳴自華、諸侯卿大夫士、執禮之容也、周南召南、其民俗也、其在上也、有此天子、中有諸侯卿大夫士、然後下有此民、於天地宗廟有此周頌三什盛德之容、此知聖人以禮樂化成天下之極致也、此謂大觀也、此其一義也、曰、君子舉此國之詩、合而一之、則觀其國俗如彼、其政教如此也、觀之邶詩、柏舟至二子乘舟、則如置身其國、習聞其政教、而漸其謠俗也、觀之齊詩、雞鳴至猗嗟、則如置身其國、習聞其政教、而漸其謠俗也、通小雅而一之、則觀士君子處難夷之道也、通大雅而一之、則觀聖人處難夷之道也、通頌而一之、則觀交神明之道也、此四者、君子自處之道也、此謂汎觀也、此其二義也、曰、君子舉此國之詩、合而一之、則知政教如彼、謠俗如此、然後終觀其政教之所歸、謠俗之所窮、而知國祚之有在也、譬如從流而必至海也、此謂從觀也、此其三義也、曰、君子舉此國之詩合而一之、則知政教如彼、謡俗如此、然後觀故俗如彼、而設其政教如此、故有其今也、譬如泝流而上必至源也、此謂逆觀也、此其四義也、曰君子誦此詩也、乃觀其行也、乃觀其色也、乃觀其事也、乃觀我以此而往也、乃觀彼以此來也、乃觀所惡於右、不欲於左也、乃觀所惡於左、不欲於右也、可以觀君臣之義也、可以觀朋友之際也、可以觀夫婦之際也、可以觀長幼之序也、此謂細觀也、此其五義也、詩可以群者、群也者、與人同其波、不失其忠信也、君子之與人群也、亦同其波、此鄉黨之人也、而其德則殊矣、而終不失其忠信、所以為君子也、曰君子何以能群乎、曰君子不貴僻異、又不欲夫硜硜者、又不貴徑情直行、曰然則何以取詩乎、曰詩可以處於朝庭而從政也、可以處於鄉黨而接人也、可以處於長幼之節也、可以處於夫婦之別也、可以處於君臣之際也、可以處於父子之親也、詩之為道也、有政事、有教化、有人情、上有王公卿大夫士之容、下有閭巷男女之道、可以行、不可以行、可以言、不可以言、可以進、不可以進、可以取與、不可以取與、君子取諸詩、而能與人群、不失其德、不失其忠信、寬裕溫柔、而矯然中立矣、是以其行不僻異、而不徑徑、終不失於徑情直行、此謂詩可以群也、詩可以怨者、怨也者、群之反也、不與人同其波也、怨者有二道焉、一則出處之怨也、二則草次之怨也、夫君子不怨天、不尤人、其云可以怨者、出處之怨也、不與人同其波之謂也、此一道也、其一道者、未必離其群也、或處非其地、或事非其事、而不得通其道、不得達其志、以其可怨之道、而能怨其可怨、終不殆乎夫徑情直行、小人之道也、此草次之怨也、此二道者、皆不失中行者也、猶有二道、一則怨誹之道也、二則怨怒之道也、此二者其趣雖不殊、皆非君子之道也、怨誹之道、所謂賢者過之者也、怨怒之道、所謂小人無所忌憚者也、夫君子者、必由於中行、人之爲道、以遠於人、非人之道也、人之爲道、群而不黨、怨而不誹、故君子之取諸詩也、不失其中矣、此謂詩可以怨也、既已詩可以興、可以觀、可以群、可以怨、小子知詩之所以可以興、可以觀、則可以立於朝庭、可以立於朝庭、則知所以事君、知詩之所以可以群、可以怨、則可以交於鄉黨、可以交於鄉黨、則知所以事父、故曰、邇之事父、遠之事君也、夫博於名物者、非君子所貴、然亦非君子所棄、於是邦也、有此山、有此水、於彼邦也、有此城、有此邑、風土如此、寒暖燥濕如此、鳥獸蟲魚、有牝牡如此者、卉木菓蓏、有花實如此者、水火金木土穀、有所殖異者、山川丘陵、有以狀異其名、萬物器械、有以俗殊其號、其東之所殖、其西則否、其南之所生、其北則否、小子學詩、則不出家、而知此庶物、雖非君子所貴、亦學詩之有益也、故曰、多識草木鳥獸之名、是皆先王所以造士之道也、

子謂伯魚曰。汝爲周南召南矣乎。人而不爲周南召南。其猶正牆面而立也與。

私言之、又公之、故書謂曰也、爲猶學也、思之攻之、當施事爲、則謂之爲也、夫周南召南者、周公召公德化之迹也、周家輯之爲編、故其次序之間、必有寓其微意者、故學者不可徒然過之、非錯而綜之、反復而讀之、終不能得其義、亦但猶正牆面而立耳、關雎葛覃卷耳、諸侯及卿大夫、其德化及下、而下風詠之者也、又以爲諸侯及卿大夫之常德也、關雎、治內之表也、葛覃、治內之裡也、卷耳、以公滅私、而從王事也、而葛覃始章、言此三者時世也、樛木螽斯桃夭、卿大夫士之成風者也、樛木、處位者也、螽斯、教子孫者也、桃夭、治室家者也、以樛木處位、以螽斯教子孫、以桃夭治室家、卿大夫士之風備矣、兎罝芣苢漢廣、民之成風俗者也、兎罝、行法令制禁、以弼教化者也、芣苢、民産足而思遠也、漢廣、民俗有恥而仁厚也、兎罝行而芣苢漢廣之俗成也、樛木汝墳麟之趾、成就關雎葛覃卷耳之風之本基也、周家能使天下成就關雎葛覃卷耳之風者、先成此樛木汝墳麟之趾之風故也、樛木以治內之百官、汝墳以教外之諸侯卿大夫、麟之趾以教其九族、遂積而致關雎葛覃卷耳之風也、凡周南十一篇、其次序之義、關雎葛覃卷耳、風德之化、造其極者也、所謂致中和、而天地位、萬物育者也、聖人仁和之極致也、將致此關雎葛覃卷耳之風者、先使卿大夫士處樛木螽斯桃夭之風、次使萬民處兎罝芣苢漢廣之風、恒久此道、而後始致關雎葛覃卷耳之風也、將致樛木螽斯桃夭、及兎罝芣苢漢廣之風者、必先致樛木汝墳麟之趾之風、而後始致樛木螽斯桃夭之風、而致兎罝芣苢漢廣之風、於是遂致關雎葛覃卷耳之風、故周南之詩、以關雎葛覃卷耳爲總首、以樛木螽斯桃夭爲始、以兎罝芣苢漢廣爲終、以樛木汝墳麟之趾爲基、此周南次序之大槩也、召南鵲巢采蘩采蘋、諸侯治內者也、鵲巢內治其家以禮者也、采蘩外奉宗廟以禮與忠信者也、采蘋言神之所饗不在物財、而在誠微也、諸侯內治其家以禮、外奉宗廟以禮、將之以忠信誠微也、采蘩草蟲采蘋、卿大夫治內者也、采蘩、卿大夫奉君之宗廟、又勤君之公事者也、草蟲、內治其家以禮者也、采蘋、內奉其宗廟以忠信誠徹者也、卿大夫之於其宗廟、上奉君之宗廟與君之公事、內治其家以禮、然後可以饗其宗廟也、甘棠、行露、殷其雷、卿大夫治外事者也、甘棠、治民政事業者也、行露、治民之獄訟刑罰以忠者也、殷其雷、外奉君命以成君德者也、以甘棠成民産業、以行露成民獄訟、以殷其雷成君德、卿大夫之外事備矣、行露羔羊殷其雷、卿大夫治內事者也、行露、聽民之獄訟、以不失人情也、羔羊、以禮制公道、處其官政也、殷其雷、施君之號令、以文明之德澤也、聽民之獄訟、以行露、施君之號令、以殷其雷、合此二者、以羔羊行之、卿大夫之內事備矣、摽有梅小星野有死麕、士之成風也、摽有梅、奉上之禮教、以及其時、而不失人情者也、小星、奉其天職以敬者也、野有死麕、以禮治其內者也、以摽有梅、外成人情、以野有死麕內治其家、以小星處其天職、士之事備矣、摽有梅江有汜野有死麕、民之成風也摽有梅以處人情江有汜以忠恕無怨野有死麕以治其身外處人情以摽有梅內治其身以野有死麕通之以忠恕無怨爲心民之事備矣江有汜何彼襛矣騶虞者鵲巢采蘩草蟲采蘋之本基也周家能致鵲巢采蘩草蟲采蘋之風者先成江有汜何彼襛矣騶虞之風故也江有汜以忠恕無怨而及微者何彼襛矣外親接諸侯以禮騶虞內使其國富庶而閑於禮遂積而致鵲巢采蘩草蟲采蘋之風也凡召南十四篇其次序之義以鵲巢采蘩爲始一國風德之所及者始於人君故鵲巢采蘩爲始也鵲巢采蘩人君治內之詩也草蟲采蘋卿大夫治內之詩也行君之德政者其任在卿大夫故以此四者爲本始將致此四者之風則以成民政獄訟爲始故受之以甘棠行露然卿大夫非成其德則不能爲之故受之以羔羊殷其雷卿大夫既成其風而後成其士故受之以摽有梅小星士既成其風而後萬民可得化故受之以江有汜野有死麕夫使諸侯致此召南之風者

由王者施其風德、故以何彼穠矣騶虞結之也、夫鵲巢采蘩草蟲采蘋者、諸侯卿大夫風德之極致也、將使諸侯致此鵲巢采蘩草蟲采蘋之風、必先内成江有汜何彼穠矣騶虞之風、外成甘棠行露殷其雷之風、然後使諸侯卿大夫成行露羔羊殷其雷之風、而使士成摽有梅小星野有死麕之風、而使民成摽有梅江有汜野有死麕之風、恒久此道、而後始致鵲巢采蘩草蟲采蘋之風、故召南之詩以鵲巢采蘩草蟲采蘋爲總首、以甘棠行露羔羊殷其雷爲始、以摽有梅小星江有汜野有死麕爲終、以江有汜何彼穠矣騶虞爲本基、此召南次序之大槩也、學者有徹知詩之意、又徹知次序之義、則所謂有爲周南召南者、有思過半者矣、

子曰。禮云禮云。玉帛云乎哉。樂云樂云。鐘鼓云乎哉。

玉帛禮之物也、鐘鼓樂之物也、言先王制禮樂、行諸天下、禮者所以將人行也、樂者所以將人情也、

君子禮以將人行、則行得其中、樂以將人情、則情得其和、致中和、天地位焉、萬物育焉、而周南召南之風、徧於天下矣、禮樂之所以成化也、而孔子之時、世衰道微、先王之禮樂、無有知之者、於是大夫士之依於禮樂者、但以玉帛爲重、不知禮之所以將人行以行玉帛、云是禮也、而玉帛云禮乎哉、以鐘鼓爲貴、不知樂之所以將人情以奏鐘鼓云是樂也、而鐘鼓云樂乎哉、皆不知所以行禮樂者也、故孔子發此言、深歎禮樂之道、將墜於地也、八佾篇曰、人而不仁、如禮何、人而不仁、如樂何、與此章相發也、

右四章爲一列、六德之成、在好學焉、所以置第一章也、凡好學、在學詩焉、所以置第二章也、又好學、在爲周南召南、所以置第三章也、又好學、在脩禮樂、所以置第四章也、一列總明學問之要也、

子曰。色厲而內荏。譬諸小人。其猶穿窬之盜也與。

色厲、顏色有威嚴也、內荏、內心荏柔也、在位之人、顏色有威嚴、內心荏柔、為情慾所奪者、此最陋者也、故曰、譬諸小人、其猶穿窬之盜也與、言深賤之也、

子曰。鄉原德之賊也。

原與愿同、愿、謹也、鄉原、謂在鄉謹者也、蓋不好學、同流於鄉人、謹以媚於世、故獨以愿為鄉黨所稱、而鄉人以為人而如是、雖不好學、亦無異於有德、此其行賊德者也、故曰、鄉原德之賊也、言深惡之也、

子曰。道聽而塗說。德之棄也。

道聽而塗說、謂口耳之學也、德之棄也、謂棄德言也、古者學得諸己、驗諸行、而後言、故曰、有德者必

有言、口耳之學、無所得而言之、至於無所得而言之、則無不可言者、無不可言者言之、則有德之言、由此見棄、故曰、道聽而塗說、德之棄也、蓋言深戒口耳之學也、

右三章爲一列、俱舉似而非者也、

子曰。鄙夫可與事君也與哉。其未得之也。患得之。既得之。患失之。苟患失之。無所不至矣。

此舉貪利無厭、其鄙陋可惡者也、言鄙夫可與事君也與哉、其未得其位也、患得其位、既得其位、患失其位、苟患失其位、則邪媚姦謀、無所不至矣、此言其遺害於國家、亦有不可言也、

子曰。古者民有三疾。今也或是之亾也。古之狂也肆。今之狂也蕩。古之矜也廉。今之矜也忿戾。古之愚也

直。今之愚也詐而已矣。

此亦舉有一辟不可取者也、古今、訓辭也、以教之有無言之、故借民字言士之行也、亾者、存之反也、言古者上有教、故民其行有三疾、今也上無教、故民或是之亾也、故古之狂者之發言也、極意敢言、故肆然放、今之狂者之發言也、蕩然無所由焉、古之矜者之行也、有廉隅、而不可狎、今之矜者之行也、忿戾反於人、古之愚者之行也、直而無所避、今之愚者之行也、直行詐而已矣、此言上失教久矣、故今三疾之人、皆不可用也、

右二章為一列、二章倶舉有一僻而不可用之人也、

子曰。巧言令色鮮矣仁。

此章見于學而篇、解已備、

子曰。惡紫之奪朱也。惡鄭聲之亂雅樂也。惡利口之覆邦家者。

惡紫之奪朱也一句譬喻、先起下二句所欲言也、鄭聲之亂雅樂、利口之覆邦家、其爲害最大、故聖人創制度之時、先退此二者、而避其害、故曰、放鄭聲、遠佞人、鄭聲淫、佞人殆、此聖人所以用遠慮也、

右二章爲一列、二章俱舉大害國家者也、以上四列、今爲一段、始一列、明君子治天下之人也、終三列、明小人亂國家者也、一段總明治起於君子、亂生於小人也、

子曰。予欲無言。子貢曰。子如不言。則小子何述焉。子曰。天何言哉。四時行焉。百物生焉。天何言哉。

教有二道焉、一、則言語之教也、二、則不言之教也、夫子欲明此二道、待子貢發之、故子曰、予欲無言、

此欲使子貢起問也、故子貢曰、子若不言、則小子何述焉、此子貢言言語之教、不可無也、於是子曰、天何言哉、四時行焉、百物生焉、天何言哉、此夫子發不言之教、而備二道也、夫禮樂皆得、謂之德、故君子所行、無非禮樂者、而不言之教、出於行禮樂、故曰、大觀在上、下觀化之、先王以神道設教、張禮樂制度、臨于天下、則民不知不識、順帝之則、此其爲不言之教者也、夫子雖爲聖人、不得其位、則不能臨于天下、而行禮樂、所謂不言之教者、徒止其言行、故下所擧數章、此爲不言之教也、

孺悲欲見孔子。孔子辭以疾。將命者出戶。取瑟而歌。使之聞之。

孺悲、魯人也、嘗學士喪禮於孔子、胥附之人也、書孔子者、外之也、時孺悲有過、欲見孔子、孔子不欲見之、辭之以疾、而將命者出戶、取瑟而歌、使之聞之、是示實非有疾、欲使孺悲悟而改過也、此承前

章、明夫子行不言之教者也、

宰我問、三年之喪、期已久矣、君子三年不爲禮、禮必壞、三年不爲樂、樂必崩、舊穀既沒、新穀既升、鑽燧改火、期可已矣。

春秋之時、雖禮樂猶存、少行之者、故志士仁人、有志建制度、故顔淵問爲邦、子張問十世、皆竊有建制度之志、可謂盛德之業也、宰我將改喪禮之制、雖偶不合於孔子、亦無可取於其志者、故異於宰予晝寢、冉求自畫、書宰我、不用取辭也、書問者、將問成其志也、三年之喪、期已久矣、此宰我有見于周末時勢人情也、君子三年不爲禮、禮必壞、不爲樂、樂必崩、此宰我之意、禮樂至重、恐若壞崩之、國家亦滅亡、故將改其蔽耳、舊穀既沒、新穀既升、鑽燧改火、期可已矣、此天時一周、當改歲之數、則三

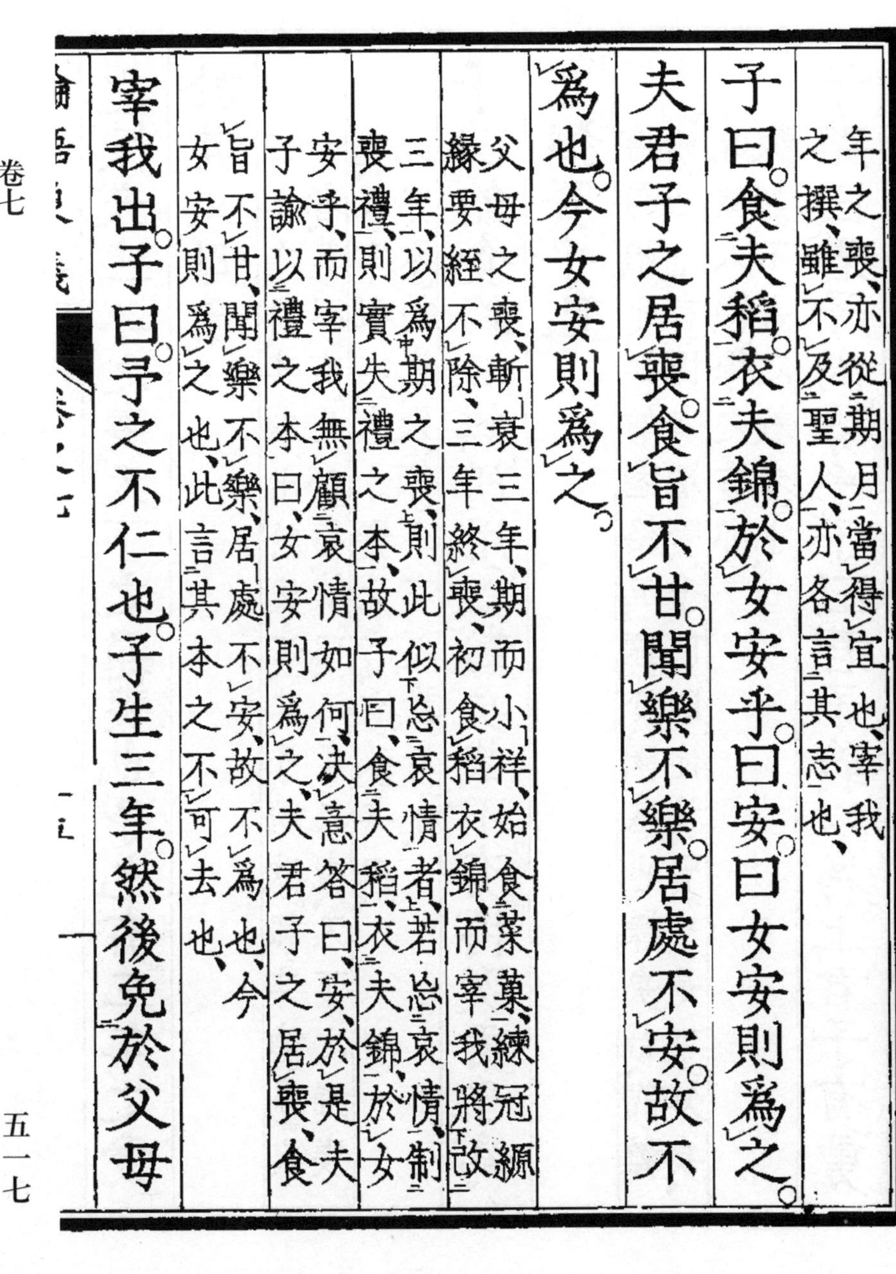

年之喪、亦從期月當得宜也、宰我之撰、雖不及聖人、亦各言其志也、

子曰。食夫稻。衣夫錦。於女安乎。曰、安。曰女安則爲之。

夫君子之居喪。食旨不甘。聞樂不樂。居處不安。故不爲也。今女安則爲之。

父母之喪、斬衰三年、期而小祥、始食菜菓、練冠縓緣要絰不除、三年終喪、初食稻衣錦、而宰我將改三年、以爲期之喪、則此似忘哀情者、若忘哀情、制喪禮、則實失禮之本、故子曰、食夫稻衣夫錦、於女安乎、而宰我無顧哀情如何、決意答曰、安、於是夫子諭以禮之本曰、女安則爲之、夫君子之居喪、食旨不甘、聞樂不樂、居處不安、故不爲也、今女安則爲之也、此言其本之不可去也、

宰我出。子曰。予之不仁也。子生三年。然後免於父母

之懷。夫三年之喪。天下之通喪也。予也有三年之愛於其父母乎。

三年之恩、其本出於父母、其子勉欲報其德、爲人子者、莫不有此心焉、故曰、三年之喪、天下之通喪也、及宰我出、夫子發此言、欲改其過、此亦承前章、舉類不言之教者也、

子曰。飽食終日。無所用心。難矣哉。不有博奕者乎。爲之猶賢乎已。

博局戲也、如雙陸格五類、奕圍碁也、難矣哉、謂難脩己也、言博奕猶賢乎已、則他技賢乎是可知矣、此聖人勸學之言、亦舉類不言之教者也、

子路曰。君子尚勇乎。子曰。君子義以爲上。君子有勇

而無義爲亂。小人有勇而無義爲盜。

子路以勇自許、故書子路曰也、尚上之也、勇者、臨事之本也、義者、制事中於道之名也、言君子義以爲上、勇以行之、所以成其功也、君子若勇以行之、無由義則爲亂焉、小人若勇以行之、無由義則爲盜焉、義之所以爲上也、此章擧其所惡、而明其所好、亦類不言之教者也、

子貢曰。君子亦有惡乎。子曰。有惡。惡稱人之惡者。惡居下流而訕上者。惡勇而無禮者。惡果敢而窒者。曰賜也亦有惡乎。惡徼以爲知者。惡不遜以爲勇者。惡訐以爲直者。

子貢有嘗所留而發之、故書子貢曰也、君子以汎愛爲志、故問君子亦有惡乎也、君子見亂政教

害人者、則惡之、故曰、有惡也、稱、稱揚也、至稱揚人之惡、以播於衆、則此敗人立己者也、君子惡之、故曰、惡稱人之惡者也、下流、謂身爲逋逃藪、爲衆惡所歸會者也、訕、謂謗毀也、其爲人爲逋逃藪、爲衆惡所歸會、俱謗毀上之政教、足扇動民怨生禍亂者、君子之所惡也、故曰、惡居下流而訕上者也、以上二惡、皆增薄俗、害政教者、故聖人惡之也、己以勇進、不辨禮非禮者、此犯上作亂者也、君子惡之、故曰、惡勇而無禮者也、果敢、謂果斷不憚於行也、窒、窒塞也、其爲人果斷不憚於行、胸中窒塞、不分善惡者、亦犯上作亂者也、君子惡之、故曰、惡果敢而窒者也、以上二惡、皆犯上作亂者、故聖人惡之也、子貢既問所惡、則知子貢亦有惡、故問賜也亦有惡乎也、徼、抄也、抄取人之謀、以爲己智者、其害亂德謬人者也、故曰、惡徼以爲知者也、己不遜以爲是勇也、此亦敗禮俗、其害大、故曰、惡不孫以爲勇者也、訐、謂攻發人之陰私也、有人于此、攻發人之陰私、揚言諸衆曰、我是直而不隱者也、此其害傷人者也、故曰、惡訐以爲直者也、子貢所惡三、皆惡亂德害人者、聖人所惡四、皆惡亂政教敗俗者、其所關係者、有大小矣、此章擧其所惡、以爲訓辭、亦類不言之教者也、

子曰、唯女子與小人、爲難養也、近之則不遜、遠之則怨。

養、謂畜之使給事也、女子小人、所僕隷臣妾也、唯謂其他則不然也、女子以形事人者也、僕隷以力事人者也、皆其志不在義、故近之則不遜、遠之則怨、此所以爲難養也、云唯者、勵女子小人之辭、此章亦擧類不言之教者也、

子曰、年四十而見惡焉、其終也已。

年四十、成德之時也、士及此見惡、則其終於此而已、此聖人激而誘人也、亦類不言之教者也、

右八章爲一段、凡教人之道、有言語不言之二道焉、所以置第一章也、孔子之待孺悲、此爲不言之教、所以置第二章也、其類不言者、亦有焉、所以次下六章也、一段總明不言之教也、

以上三段、合爲一篇、第一段、明聖人之德術、豹變虎變、人不能見而知也、第二段、明雖聖人之德術、豹變虎變、人不能見而知、誘人以言語之教也、第三段、明非徒誘人以言語之教、又誘人以不言之教也、

一篇總明孔子之德術也、

微子第十八

此篇明出處進退、各以其德異也、孔子已脩德、至一以貫道、則示之衞靈公篇也、已一以貫道、至建制度而行之、則示之季氏篇也、已建制度而行之、至德術神妙者、則示之陽貨篇也、盛德已如此、以是爲出處進退、則示之此篇也、此合四篇、爲一列之義也、

微子去之。箕子爲之奴。比干諫而死。孔子曰。殷有三仁焉。

此舉仁者中行之出處進退也、微子紂之庶兄、最爲殷家宗親、今紂之行甚無道、顚覆其宗廟、待日而已、然微子在朝廷、與紂俱至滅亡、則先王之祀、先王之舊政、亦長絶、無告於先王、故微子發出狂於其家、耄遜于荒、此微子之去、爲先王宗廟、仁者之行也、故曰、微子去之、箕子紂之諸父、官爲大師、今紂之不善、雖國擾亂、其身親臣不可去、故雖紂之暴惡不可諫、國則先王之國也、臣則先王之臣也、大夫士今將犯上作亂者不少、故箕子雖黜爲之奴、居然在下位、導大夫士之學者、使大夫士靜安其位、審定其道、不爲犯上作亂、以失其道、此箕子爲先王宗廟、仁者之行也、故曰、箕子爲之奴、比干亦紂之諸父也、官爲少師、比干以爲微子箕子進退皆可也、今先王之末有紂者、大虐無道、雖有諫之者、反賊虐諫輔、而今國家之將顛覆、在朝夕、而臣而無一人以死諫之者、則以何面目見于先王宗廟、於是諫紂而死、故曰、比干諫而死、凡三子所爲、雖各異、皆爲先王宗廟爲之、則仁者之進退也、於是孔子曰、殷有三仁焉、三子之德、先哲未定之、至孔子始稱三仁、故記者用獨立不倚之辭書孔子也、

柳下惠爲士師三黜。人曰。子未可以去乎。曰直道而事人。焉往而不三黜。枉道而事人。何必去父母之邦。

此亦舉中行出處也、士師、典獄之官、黜、退也、柳下惠之時、天下無道久矣、故曰、直道事人、焉往而不三黜、均枉道事人也、何必去父母之邦、此柳下惠之言、優游不迫、且貴父母之邦、所以爲知者也、蓋言中倫、行中慮者是也、

齊景公待孔子曰。若季氏則吾不能。以季孟之間待之。曰吾老矣。不能用也。孔子行。

稱孔子者、君臣之辭也、魯三卿、季氏最貴、孟氏爲下卿、景公將待孔子以季孟之間、此猶桓公之待管仲也、尤爲寵遇、於是孔子止於齊久矣、而景公不果、曰吾老矣、不能用也、於是孔子致禮而行、蓋畏天命也、凡云行者、謂致禮而行其邦也、

齊人歸女樂。季桓子受之。三日不朝。孔子行。

季桓子季孫斯、桓其諡也、按史記定公十四年、孔子爲魯司寇、攝行相事、齊人懼歸女樂、季桓子使定公受女樂、君臣觀之、廢朝禮三日、於是孔子致禮而行、亦畏天命也、易曰、君子見幾而作、不俟終日、介如石焉、蓋孔子之志也、

右四章爲二一段、仁者出處進退、皆重宗廟先王、所以置第一章也、知者出處進退、亦重父母之邦、所以置第二章也、聖人出處進退、皆在畏天命焉、所以置第三章也、

楚狂接輿歌而過孔子曰。鳳兮鳳兮。何德之衰。往者不可諫。來者猶可追。已而已而。今之從政者殆而。孔子下欲與之言。趨而辟之。不得與之言。

此以下三章、倶擧過行出處也、接輿楚國賢者、見道之不行、佯狂不接於人、故世稱之狂接輿也、書孔子者、以接輿非中行、以外人待之也、歌而過孔子、接輿歌而過孔子車前也、鳳兮鳳兮、何德之衰、此言衰亂之世、孔子不可出、而今孔子出、其聖德之衰也、往者不可諫、來者猶可追、已而已而、從今之政者殆而、此言接輿將使孔子與已同出處、得免於世之害也、接輿之歌、能知孔子之德、忠告意

亦至矣、故孔子下欲與之言、而接輿趨而避之、終成己之志也、

長沮桀溺耦而耕。孔子過之、使子路問津焉。長沮曰、夫執輿者爲誰。子路曰、爲孔丘。曰、是魯孔丘與。曰、是也。曰、是知津矣。問於桀溺。桀溺曰、子爲誰。曰、爲仲由。曰、是魯孔丘之徒與。對曰、然。曰、滔滔者天下皆是也。而誰以易之。且而與其從辟人之士也、豈若從辟世之士哉。耰而不輟。子路行以告。夫子憮然曰、鳥獸不可與同群。吾非斯人之徒與、而誰與。天下有道、丘不與易也。

耜廣五寸、二耜爲耦、書孔子者、與前章同例也、津、濟渡處、先子路御而執轡、今下車問津、夫子代執轡、故曰夫執輿者爲誰也、夫子徧歷天下、險阻艱難備嘗之、故曰是知津矣、滔滔流動不反之貌、謂天下風俗往而不反者也、夫子數致仕而辟人、二子既知難仕而辟世、將使子路從乎己、故曰且而與從辟人之士也、豈若從辟世之士哉、耰摩田器、輟止也、桀溺摩田而不止、終不以告津、故曰耰而不輟也、子路從艱難于四方、尊親夫子不變、故書夫子、著子路之志也、憮然猶悵然也、惜其不悟己意也、鳥獸不可與同群以下、言今斯人之所行、此與鳥獸同群也、以吾見之、則鳥獸不可與同群、然亦吾有爲乎天下、則非斯人之徒與而誰與乎、雖然斯人曰滔滔者天下皆是也、而誰與易之、丘則異於是、天下有道、不與易之、今天下無道、故丘欲與易之也、

子路從而後。遇丈人以杖荷蓧。子路問曰。子見夫子

乎。丈人曰。四體不勤。五穀不分。孰爲夫子。植其杖而芸。子路拱而立。止子路宿。殺雞爲黍而食之。見其二子焉。明日子路行以告。子曰。隱者也。使子路反見之。至則行矣。子路曰。不仕無義。長幼之節。不可廢也。君臣之義。如之何其廢之。欲潔其身而亂大倫。君子之仕也。行其義也。道之不行。已知之矣。

丈人、老者之稱、蓧竹器名、書夫子者、與前章同例也、四體不勤、謂不習禮讓也、五穀不分、謂不足辨物名也、皆自謙也、植其杖而芸、示其所以斷也、子路拱而立、子路知丈人非常人、忽設禮容尊之也、止子路宿、殺雞爲黍食之、丈人雖已斷而辟世、憫子路從夫子將濟世之厚、饗以慰之也、見二子焉、教尊賢於二子也、至則去矣、丈人雖有慕夫子之心、終遂其本志、不見子路也、不仕無義、以下五句、子路將諭丈人、先諭二子、以幼者所行之道也、欲潔其身以下六句、此子路使二子傳言於丈人、明己所執之志、非辟世離群也、

右三章爲一段、過行賢者、有能知孔子者、所以置第一章也、過行賢者、有不知孔子者、所以置第二章也、過行賢者、有憫子路之志、能守禮讓、能教其子者、所以置第三章也、

逸民伯夷叔齊虞仲夷逸朱張柳下惠少連。子曰、不降其志、不辱其身、伯夷叔齊與。謂柳下惠少連、降志辱身矣。言中倫、行中慮、其斯而已矣。謂虞仲夷逸、隱居放言、身中清、廢中權。我則異於是、無可無不可。

此舉中行君子之出處進退也、逸、遺逸也、逸民、謂遺賢也、憲問篇云、作者七人、今舉其人、徵七人也、書子曰者、尊而表之也、書謂者、親而私之也、是皆記者從夫子意記之也、伯夷叔齊之始立其志也、當有為國與天下、又當其身處大官、而終身重天職、畏天命、無以改之、故曰、不降其志、不辱其身、伯夷叔齊與、與、謙而疑之也、柳下惠少連之始立其志也、猶伯夷叔齊、而及其後也、變其志、仕于汙君、又不辭小官、以沒其身、故曰、降志辱身矣、然而言中倫、行中慮、其斯而已矣、此夫子稱伯夷叔齊、以先進、稱柳下惠少連、以同儕、記者所以書子曰、又書謂也、虞仲夷逸、亦柳下惠少連之等也、脩先王之道、隱居放言、身中清、廢中權、此二子之所為可也、夫子則異於是、無其可之可言、無其不可之可言、則其所行、唯時措之宜而已、故曰、我則異於是、無可無不可、蓋夫子自言其變通異於人也、

大師摯適齊。亞飯干適楚。三飯繚適蔡。四飯缺適秦。

鼓方叔入於河。播鼗武入於漢。少師陽擊磬襄入於海。

此舉職禮樂者、出處進退、屬前章中行君子之出處進退也、大師、魯樂官之長、摯、名也、亞飯以下、侑食之官、干繚武缺、皆名也、鼓、擊鼓者、方叔、名、河、河內、故曰入也、播、搖也、鼗、小鼓、兩旁有耳、持其柄而搖之、則旁耳還自擊、故名也、武、名也、漢、漢中、故曰入也、少師、樂官之佐、陽襄、二人名也、襄、即孔子所學琴者、海、海嶌、故曰入也、凡執技而仕者、役於衆士者也、故皆書之以名也、魯哀公之時、禮樂壞崩、樂師皆恥素餐、各以其義爲進退、記者、從識其事也、

周公謂魯公曰。君子不施其親。不使大臣怨乎不以。故舊無大故則不棄也。無求備於一人。

昔者周公輔成王、其子伯禽封於魯、於是周公爲伯禽作此語、使伯禽恒思之守其位、魯人傳之記者取列於此也、施陸氏本作弛、爲是、弛、弛慢也、以用也、不以、謂不見聽用也、故舊、謂先世有大勲、世受禄者也、大故、謂惡逆之事也、言君子不弛其親、則九族咸睦、莫不藩屏者焉、不使大臣怨乎不以則大臣皆奏其言、莫不懐其功焉、故舊無大故則不棄、則故舊皆安其位、莫不竭其忠焉、無求備於一人、則百官各用其能、莫不盡其力焉、君子用此四者、則廢績咸熈、國家猶磐石、所以爲周公遺訓也、

周有八士。伯達伯适。仲突仲忽。叔夜叔夏。季隨季騧。

包咸曰、周時四乳得八子、皆爲顯仕、故記之爾、按四乳八子、用四韻字之、周召之世、豈弟之俗、亦可以知已、

右四章爲一段、君子不知人、則中行之士、皆不得其位、所以置第一章也、非徒中行之士皆不

得其位、雖執技之士、亦謀其進退、所以置第二章也、其知人用人之道、不可他求、即在周公之遺訓、所以置第三章也、君子知人用人、則非徒中行之士在其位、雖若八士、亦得其顯仕、所以置第四章也、

以上三段、合爲一篇、始一段、明聖人仁者之進退也、終一段、明仁者以下執技者之出處也、中一段、明過行賢者避世之進退也、

子張第十九

此篇唯輯子貢子張子夏子游曾子之語、以爲一篇、夫論語之書、成于子貢子張子夏子游曾子琴張原思七子矣、其脩飾文辭、則琴張原思、實當於其任、故五子以其功、歸之於琴張原思、於是上論十篇、琴張脩其辭、下論八篇、原思脩其辭、然則傳之於後世者、其功

獨歸於二子也、於是二子以爲聖人之語、聖人代天言之者也、雖吾輩脩辭、非夫五子入室之人、討論潤色、從事於此、則不能成此書也、於是更聚五子之語、脩飾此篇、以接于前十八篇、讓其功於五子也、此孔門諸子、其於禮讓、猶三代君子、所以卓越於後世也、故此篇唯輯五子之語、以爲一篇者、琴張原思之志也、

子張曰。士見危致命。見得思義。祭思敬。喪思哀。其可已矣。

見危致命、謂不愛其身也、凡士之行、雖有出入、見危致命、則不失其大節者也、又見得思義、則知其恥者也、又祭思敬、則不失其本者也、又喪思哀、則不失其本者也、此四者、士之大節也、大節已立、則不責小節、故曰、其可已矣、

子張曰。執德不弘。信道不篤。焉能爲有。焉能爲亡。

弘、大也、不拒物也、篤、厚也、再三於是也、言執德弘、則能愛人、信道篤、則仁日至、能愛人、仁日至、則可以有爲矣、若夫執德不弘、以數責人、信道不篤、阻縮於事、則焉能爲有、焉能爲亡、言不足爲是非也、

子夏之門人問交於子張。子張曰。子夏云何。對曰。子夏曰。可者與之。其不可者拒之。子張曰。異乎吾所聞。君子尊賢而容衆。嘉善而矜不能。我之大賢與。於人何所不容。我之不賢與。人將拒我。如之何其拒人也。

拒者、禦之也、子夏曰、可者與之、不可者拒之、拒之之言、有害於教、故子張正之也、子曰、無友不如己者、此非言拒之也、夫友勝於己者、則進德之道也、我友勝於己者、則不如己者、亦以我爲勝於己者、

求友於我、求友於我、則我何拒之乎、故無友不如己者、聖人之法言也、唯子夏云拒之者、有害於教、故子張曰、異乎吾所聞、君子尊賢而容衆、嘉善而矜不能、此子張引嘗所聞也、我之大賢與、於人何所不容、我之不賢與、人將拒我、如之何其拒人也、此子張因所引之言、正拒人之有害也、亦開友忠告之道也、

右三章爲一段、示子張性高明、觀其語、則其人亦可知也、

子夏曰。雖小道必有可觀者焉。致遠恐泥。是以君子不爲也。

小道、謂農圃醫卜之類也、泥、謂泥難不通也、言人將學而進德、則雖小道必有可觀者、可取之進其德焉、若不觀小道、直欲致遠大、則恐有泥中不通之難、是以君子不爲也、此言學問之道貴實地也、

子夏曰。日知其所亾。月無忘其所能。可謂好學也已矣。

學問之道、日日徹知其所亾、月月無忘其所能、則道積而無覺焉、好學雖難乎、亦可謂好學也已矣、此勸學之言也、

子夏曰。博學而篤志。切問近思。仁在其中矣。

博學於文、篤志於道、切問於師、近思於身、則仁在其中矣、此言仁之易學、亦勸學之言也、

子夏曰。百工居肆。以成其事。君子學以致其道。

肆者、百工爲造作官府也、言百工居肆、以成其事者、金玉土木、及其用器、相備故也、君子居學官、學以致其道者、先王之道、物事爲、及其師友、相備故也、此言不勞而成功者、亦勸學之言也、

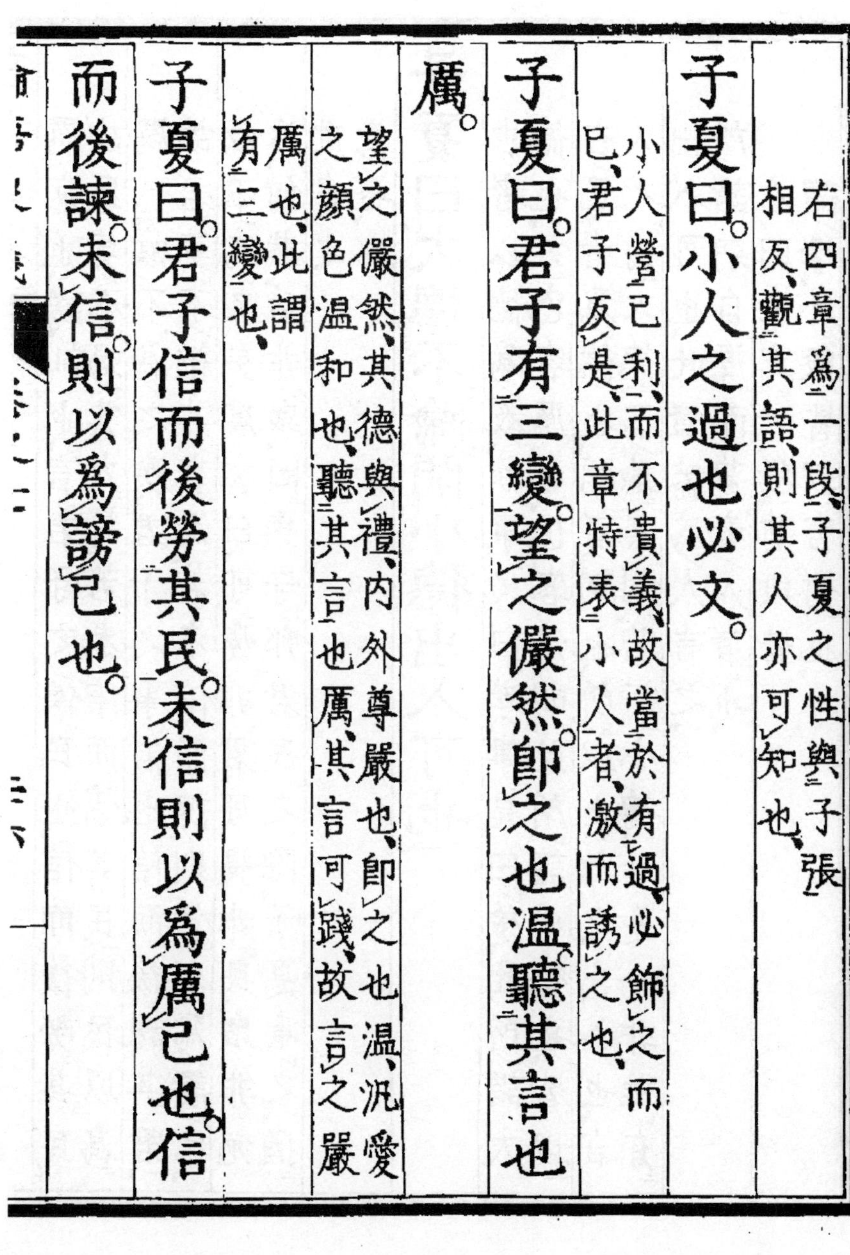

右四章爲一段、子夏之性與子張相反、觀其語、則其人亦可知也、

子夏曰。小人之過也必文。

小人營己利、而不貴義、故當於有過、必飾之而已、君子反是、此章特表小人者、激而誘之也、

子夏曰。君子有三變。望之儼然。卽之也溫。聽其言也厲。

望之儼然、其德與禮、內外尊嚴也、卽之也溫、況愛之顏色溫和也、聽其言也厲、其言可踐、故言之嚴厲也、此謂有三變也、

子夏曰。君子信而後勞其民。未信則以爲厲己也。信而後諫。未信則以爲謗己也。

厲、病也、謗、訕也、言君子之使民也、信而後勞其民、故民莫不竭其力焉、若未信而勞其民、則民以爲厲己、故不爲之矣、君子之事君也、信而後諫其君、故君莫不納其言焉、若未信而諫、則君以爲謗己、故不爲之矣、虞書曰、可愛非君、可畏非民、衆非元后、何戴、后非衆、罔與守邦、君民之際、子夏重之、猶虞書之意也、

子夏曰、大德不踰閑、小德出入可也、

古者以德爲教、如事父曰孝、事兄曰弟、此所謂大德也、如色容厲肅、視容清明、此所謂小德也、皆以在己者爲德也、閑者、闌也、所以止物之出入也、言人之行大德、不踰其閑、若行小德、一是一非、雖有出入可也、此章蓋爲人言之、所謂躬自厚而薄責人者也、

右四章爲一段、前段皆謂學、此段皆謂言行也、

子游曰。子夏之門人小子。當灑掃應對進退。則可矣。抑末也。本之則無。如之何。子夏聞之曰。噫言游過矣。君子之道。孰先傳焉。孰後倦焉。譬諸草木區以別矣。君子之道。焉可誣也。有始有卒者。其唯聖人乎。

本謂孝弟謹信汎愛之類也、噫不平之聲、痛朋友有繆也、區區域也、謂種草木、各以區域別之也、子夏意言、君子之道、何者當先傳之、何者當後傳之、何者彼所先倦、何者彼所後倦、傳之所以有先後者、以彼之能堪與不堪也、所堪者後倦、所不堪者先倦、必量其所堪者而先傳之、譬諸草木區以別矣、各以類開華賁、猶丹青也、若以所不堪者必先傳之、是即誣人也、君子之道、焉可誣也、雖然有立始卒教之者、立始卒教之者、獨聖人而已、故曰、有始有卒者、其唯聖人乎、言聖德深遠、其教術不可

測也、

子夏曰。仕而優則學。學而優則仕。

優、有餘力也、古者十五而志于學、三十而立、始仕而執官事、學宮之制也、故學而優則仕、謂始仕而執官事也、仕而優則學、謂已執官事而有餘力、又學于學宮也、此文當云學而優則仕、仕而優則學、今不然者、示君子始終不離學宮也、

子游曰。喪致乎哀而止。

喪致乎哀而止、謂毀不滅性、得其中也、此子游說聖人制喪禮之意也、聖人之意、至於其致哀而止、不必求其他也、致云者、謂使其自然至此之極也、非我推而極之也、喪禮皆所以使人子之哀情自然來至、聖人之意、是為極處、不求其他、故曰喪致乎哀而止也、

右三章爲一段、舉教人之道、及學與行也、

子游曰。吾友張也。爲難能也。然而未仁。曾子曰。堂堂乎張也。難與竝爲仁矣。

此舉子游曾子論子張之言、以明三子雖其德位等、其仁術則有異同也、子游以爲子張之才、卓識高明、其所爲、固爲難能、然而其所爲未仁也、於是曾子亦以爲堂堂乎張也、其威儀之盛大、有難及者、然而難與竝爲仁矣、子游曾子論子張如此、此子張之未安仁也、

曾子曰。吾聞諸夫子。人未有自致者也。必也親喪乎。

曾子尊親夫子、以夫子之言、將傳門人未聞者、故曰吾聞諸夫子也、凡人之於他事、皆假禮而後誠至敬至、若求其能自致者、則親喪而已、此獨雖不假先王之禮、尚可能使己之哀情自然來至也、故

曰、人未有自致者、必也親之喪乎、

曾子曰。吾聞諸夫子。孟莊子之孝也。其他可能也。其不改父之臣與父之政。是難能也。

孟莊子魯正卿、名速、莊其謚、其父孟獻子、皆賢大夫也、言孟莊子之事父也、其他可能也、謂溫凊定省盡其心也、簡以臨之、寛以御之、臣咸歸心、則所以不改父之臣也、父在觀其志、父沒觀其行、三年無改父之道、則所以不改父之政也、此二者難能之行也、蓋莊子有能之者、故夫子云爾也、此亦曾子以夫子之言、將傳門人未聞之者也、

孟氏使陽膚爲士師。問於曾子。曾子曰。上失其道。民散久矣。如得其情。則哀矜而勿喜。

陽膚曾子弟子、士師典獄之官、民散、謂民心離散也、情、獄情也、矜、哀之爲也、勿者、教戒之辭也、言上失政教之道、民心離散久矣、是以民各放其僞、爭訟以起、典獄之職、若聽兩辭、有得其獄情、則恕以哀矜之、勿生喜意矣、此曾子使陽膚觀時勢、察人情、哀敬以斷其獄也、亦周書呂刑之意、

右四章爲一段、總擧爲仁之道也、前章子張論子夏、子夏論子游、子游曾子論子張之言、是皆明四子其德等、行切磋之道也、又微明當編輯此書之時、四子討論、一定篇章、亦不出乎此也、

子貢曰。紂之不善。不如是之甚也。是以君子惡居下流。天下之惡皆歸焉。

下流、謂地形卑下、衆惡之所歸會、比紂之爲人也、言紂之不善、不如是之甚也、以己居下流、天下之惡皆歸焉、是以君子惡居下流、恭己而臨其民、則天下之善皆歸己焉、以下五章、皆子貢尊夫子之

言、故記者先置此章、示夫子之所爲、天下之善皆歸之也、

子貢曰。君子之過也。如日月之食焉。過也人皆見之。更也人皆仰之。

君子之臨天下也、終日乾乾、因其時而惕、雖然、萬機之行、非必無過、故曰、君子之過也、如日月之食焉、過也人皆見之、更也人皆仰之、此章亦示夫子所爲偶有如此者也、

衞公孫朝問於子貢曰。仲尼焉學。子貢曰。文武之道。未墜地在人。賢者識其大者。不賢者識其小者。莫不有文武之道焉。夫子焉不學。而亦何常師之有。

公孫朝、衞大夫、將問仲尼所學、識之於心、故書問曰也、衆人相尊則稱仲尼也、尊親德則稱夫子也、

公孫朝稱仲尼、子貢稱夫子、記者成子貢尊親德之志也、仲尼所學、博而大、無所不識、公孫朝尤之、故問仲尼焉學也、道之所存、夫子皆就而學之、故曰夫子焉不學也、其所師非一人、故曰而亦何常師之有也、此子貢語夫子所以集而大成也、

叔孫武叔語大夫於朝曰。子貢賢於仲尼。子服景伯以告子貢。子貢曰。譬之宮牆。賜之牆也及肩。闚見室家之好。夫子之牆數仞。不得其門而入。不見宗廟之美。百官之富。得其門者或寡矣。夫子之云。不亦宜乎。

叔孫武叔魯大夫、名州仇、武其謚也、語、教戒之也、告、忠告之也、叔孫武叔稱仲尼、子貢稱夫子、亦前章之例也、後之夫子、斥武叔也、賜之牆也及肩、二句、子貢自言其德之卑淺、外人見而易闚也、夫子

之牆數仞以下、言夫子之德高大深遠、外人見而不能闚之也、而以室家與宗廟言之者、示治國之道、先治室家、以及其國、及其國、後祀宗廟也、得其門者或寡矣、以下、不深責武叔、武叔自當於其責、言語之道然也、

叔孫武叔毀仲尼。子貢曰無以爲也。仲尼不可毀也。他人之賢者丘陵也。猶可踰也。仲尼日月也。無得而踰焉。人雖欲自絕。其傷於日月乎。多見其不知量也。

毀、謗毀也、叔孫武叔稱仲尼、子貢亦稱仲尼、所謂君子群而不黨者、是也、易曰、天險不可升、地險山川丘陵也、子貢仍此言、以賢者比丘陵、以夫子比日月也、人雖欲自絕以下、言人雖欲自絕日月、日月猶照人、則其傷於日月乎、毀之愈益多見其不知量也、

陳子禽謂子貢曰。子爲恭也。仲尼豈賢於子乎。子貢曰。君子一言以爲知。一言以爲不知。言不可不愼也。夫子之不可及也。猶天之不可階而升也。夫子之得邦家者。所謂立之斯立。道之斯行。綏之斯來。動之斯和。其生也榮。其死也哀。如之何其可及也。

子禽、胥附之人也、具姓、稱陳子禽者、解備于學而篇、今不贅于此、云謂曰者、私之、又公之也、陳子禽稱仲尼、子貢稱夫子、亦前章之例也、夫子之不可及也、猶天之不可階而升也、前章既配乎日月、此章又配乎天、此子貢漸究贊其盛德之巍巍乎也、以邦家言之者、不語亂也、猶顏淵問爲邦之例也、以下文爲古語、故曰所謂也、立之斯立、謂立禮樂制度、則禮樂制度速立也、道之斯行、謂既已立禮樂制度、道之則速行也、綏、安也、章爲曰綏也、綏之斯來、以五服諸侯言之也、謂綏服之君、承甸侯二服之禮樂、行諸其邦、敷諸要荒二服、則要荒二服、亦行諸其邦、安其禮樂、有爲、而成章也、變常改耳目、則曰動也、動之斯和、謂猶五歲一巡狩、考制度于四岳、大明黜陟、分北三苗之類也、其生也榮、謂四海之內、無不尊親也、其死也哀、謂百姓如喪考妣也、凡堯舜之所爲、孔子亦爲之、故曰如之何其可及也、

右六章爲一段、總擧子貢知聖人之語也、

以上六段、合爲一篇、前五段、聯章擧四子之語、後一段、特擧子貢知聖人之語、以明五子雖其德位等、子貢實出乎四子之德位也、

堯曰第二十

論語總二十篇、前十八篇、舉孔子論道之語、子張篇、舉門人論道之語、此篇、舉唐虞夏殷周傳道之語、此明門人所學之道、自孔子來、孔子所傳之道、自唐虞夏殷周來也、此篇所以結論語二十篇也、

堯曰。咨爾舜。天之曆數在爾躬。允執其中。四海困窮。天祿永終。舜亦以命禹。

伏羲神農黃帝、以事業王天下、至堯舜禹始制作禮樂傳道於後世、故虞書堯曰文思、舜曰文明、禹曰文命、明其義也、故道之所始、特以堯爲主、而包舜禹、故先云堯曰、而尊嚴其始也、咨者、咨嗟也、愼重之也、爾者、尊德辭也、凡君子之治天下、道與事業二而已、今堯以此二命於舜、故先咨嗟愼重其言、尊親舜德而任之、故呼曰咨爾舜也、曆、歷也、曆數也、躬、以行言之也、天之曆數在爾躬、以事業

言之也、凡天子處事業之道、天子先協合躬於天之曆數、以率其百官、則百官各因循於五紀、以成其官政、於是萬民能知天子百官、處於事業之道、己亦欽崇天之曆數、因循於五紀、勸勉其農事、於是五穀穰熟、五行亦隨之、此天子處於事業之道也、故曰天之曆數在爾躬也、允、信也、彼是相副、則曰允也、執者、固持之也、不偏於上、不偏於下、協尊卑貴賤之分、則謂之中也、制道之規矩也、道者、謂五典五禮五服五刑、己由之而行、使人由之而行者也、允執其中、以道言之也、聖人以中爲規矩、不偏於上、不偏於下、協尊卑貴賤之分、制造斯道、將使天下之人、永履而行之者、非彼此相副而見其信、則天下之人、不能履而行之、故彼此相副、允執其中者、唯在天子一人、故曰允執其中也、困、謂貧財既竭、不知所爲也、窮、謂將行斯道、無所於出手也、四海困窮、天祿永終、以祿位言之也、天子處天之祿位、以道與事業帥天下、則四海之內、六府三事允治、永賴於天之祿位、若天子反之不行、則永終天之禄位、莫有頼之、故曰四海困窮天禄永終也、堯既行之、以命舜、舜亦行之、以命禹、故曰舜亦以命禹也、以上一節、大禹謨之文、總言所以尊道與事業、重天之禄位也、

曰予小子履。敢用玄牡。敢昭告于皇皇后帝。有罪不敢赦。帝臣不蔽。簡在帝心。朕躬有罪。無以萬方、萬方有罪。罪在朕躬。

此一節、湯誥之文、繼上文大禹謨、明成湯之道不異於唐虞夏之道也、履、湯王名、予、内辭也、小子、學道之稱也、天子奉天命、以師教諸侯者也、然王自謙曰、予之德、不足表顯而言之、實予小子也、予何以教人自處、故曰予小子履也、敢者、畏敬之辭也、用者、謂此物非貴、但借此物、表我所重之誠也、故禮薦牡於神、薦祭於神、皆謂之用也、牡、牲也、必用玄者、明奉行天事也、謂非己之事也、敢用玄牡者、

凡禮、卑者之有所欲言於尊者之前、則不以冒突從事、必先承尊者之意、然後敢及所欲言、故凡告神者、皆先薦其牲也、又以表其至誠者、畏以其虛薄之事、煩瀆尊者也、天既以教天下命湯、而湯猶且告之、敬天之至、深畏煩瀆尊者、故曰敢用玄牡也、昭、猶明也、一一列布而明、則謂之昭也、皇、君道也、光莊曰皇也、光莊、禮也、以君容言之也、重言皇皇者、謂每行始終不渝也、前後之左右之、爲民之父母、則謂之后也、不倚威柄、以德而尊、則謂之帝也、言天既以教天下命湯、湯奉其命、以教天下、今將以其事報告天、而猶畏煩瀆尊者、敢一一列布其所行、其所爲、以昭報告其義、其所行、其所爲、則予處君道、以光莊接于諸侯、始終行之不渝、又臨于卿大夫士、前後之左右之、不倚威柄、以德化育之、使夫由其豈弟、此乃所以薦玄牡、報告于皇皇后帝也、故曰敢昭告于皇皇后帝也、敢、決辭也、帝臣、斥諸侯也、諸侯各受天命、治其邦、故曰帝臣也、蔽、掩也、簡、簡擇也、朕者、表顯之辭也、躬、躬行也、言予既以教天下、昭告于皇皇后帝、而諸侯若不奉天命、亂其政教、有罪、則惟天之所討也、以朕公心、決不敢赦也、今爾諸侯、皆自受天之命、治其國、以爲帝之臣、然則其國之治否、天日監臨、不可掩、而簡擇其善惡、非在他、在帝之心、則爾帝臣不可不畏懼也、朕躬之於天下、行命於朕躬、以教爾萬方者、此既天之所命也、故朕躬有罪、則無以爾萬方、爾萬方有罪、罪在朕躬、無他、朕表顯於萬方、不能以躬行教故也、以上明天子受天命、爲教諸侯之任也、

周有大賚、善人是富。雖有周親、不如仁人。百姓有過、在予一人。

此一節、泰誓之文、繼上文湯誥、明周之道、不異於成湯之道也、賚、賜也、來貝爲賚、善人謂善導政教人也、言周有大賚、雖周有大賚、非曰賜貨寶於周、賚賜善人、國家是富、故曰、周有大賚、善人是富也、

周、近也、周親、謂近於身之親也、言周親雖近於身爲藩屏之臣、非仁人教周親、則不能爲藩屏之臣、故曰、雖有周親、不如仁人也、百姓、包卿大夫士及萬民也、予、內辭也、以德言之也、予一人、天子自對于天下之稱也、言百姓有過、則非百姓有過、予一人德未足表於天下、故使天下百姓至有過、故曰、百姓有過、在予一人也、以上亦明天子受天命、爲教卿大夫士及萬民之任也、

謹權量、審法度、修廢官、四方之政行焉、興滅國、繼絶世、擧逸民、天下之民歸心焉、所重民食喪祭、

此一節、其文勢似武成篇、而末一句、實引武成篇、周末之勢、似殷末、故上八句、同其文勢、微示爲創業之時也、權、稱錘也、量、斗斛也、權量、人欲所依、不嚴則爭起、故先謹權量也、法、法禁也、度、制度也、審法禁制度條理、定尊卑上下之分、則天下之民各不惑其所爲矣、故先審法度也、興廢替之官、修以

用于今、則事得便利、無有滯矣、故修其廢官也、凡謹權量審法度、修廢官、此三者、皆人之所庶幾也、故曰、四方之政行焉、四句明匡政之始也、滅國、謂先君有功德、中世滅亡之國也、絶世、謂卿大夫其先有勳、今絶嗣之家也、逸民、謂遺逸之賢者在民間者也、凡興滅國繼絶世、擧逸民、此三者、皆義之所存、人情之所慕也、故曰、天下之民歸心焉、四句亦明爲政之始也、民者、國之本、食者、民之所生、喪與祭、天下之達道也、此四者、爲政之要、故以此句接上文也、以上通明爲政於天下也、

寛則得衆。信則民任焉。敏則有功。公則説。

上三句、記孔子之言見於陽貨篇者、下一句、記門人之言、以結上文、以明孔子所傳、則唐虞夏殷周之道、門人所傳、則孔子之道也、寛、寛大也、君子之御衆、以寛大容人、赦小過、賞其功、則衆皆樂見用、莫不竭其力焉、故曰、寛則得衆、君子之在上、已居其信、信於號令、信於成事、賞罰中於其信、則民莫

不任於其事焉、故曰、信則民任焉、敏、疾也、文審曰敏也、君子思不出於其位、恒思爲民立事、思而得也、疾試之於家、以禮文之、審列其次叙、發以敷之、則民奉而行之、莫不奏其功、故曰、敏則有功、君子之臨于天下、民之所好好之、民之所惡惡之、無黨無偏、王道平平、謂之公也、故君子之處於事、以私愛從事、則民怨者多、以公平從事、則民莫不說者、故曰、公則說、以上明爲政之要道也、

子張問於孔子曰。何如斯可以從政矣。子曰。尊五美。屏四惡。斯可以從政矣。

前章明唐虞夏殷周爲政王者、此章明輔佐王者之政、大臣之爲人也、大臣之輔佐其政、猶如洪範九疇、立其目、以從其政、故此章之語、立目而論之、且盡事如此者、他之所無、故記者擇列於此也、書孔子者有三義焉、一則上既舉堯舜禹湯文武之德、故此書孔子、以亦以孔子之德、比此衆聖人之

德也、二則上既舉文武之德、則孔子對文武、有君臣之道、故書孔子用君臣之辭也、三則子張問從大政、非其身之所當、唯孔子當此任、故書孔子、示孔子獨爲之也、書問曰者、示非子張問爲之、唯問貯之於心也、又四書子曰者、親子張爲門人、復其常例也、凡爲政者、恒尊宗此五美、屛除此四惡、則可以從政矣、故二句先舉其綱也、

子張曰。何謂五美。子曰。君子惠而不費。勞而不怨。欲而不貪。泰而不驕。威而不猛。

何謂五美、此子張問其目也、凡目、恒論爲用者、故五美皆同句法、使人易論也、大臣以道事君、故以君子言之也、君子以物惠人、則人以義報之、以道教民、則民致身報之、故曰、君子惠而不費、君子終日乾乾、爲君勞、爲民勞、而無有怨之、故曰、勞而不怨、人各有所欲、而君子所欲、異人之所欲、故曰、欲

而不貪、君子泰能容人、謙以不侮人、故曰、泰而不驕、君子威儀嚴肅、而不怠成人、故曰、威而不猛、此爲五美之目也、

子張曰。何謂惠而不費乎。子曰。因民之所利而利之。斯不亦惠而不費乎。擇可勞而勞之。又誰怨。欲仁而得仁。又焉貪。君子無衆寡。無小大。無敢慢。斯不亦泰而不驕乎。君子正其衣冠。尊其瞻視。儼然人望而畏之。斯不亦威而不猛乎。

目之用、集其類以依之、故子張又問之也、君子因民之所利而利之、則民樂其利、莫不歸心矣、擇可勞而勞之、則民競其事、莫不盡力矣、民既歸心、又盡力、是以大事成焉、所以興事業也、君子欲仁而

得仁、則施諸政教、施諸政教、則國家殷富、國家殷富、則又焉貪、所以興禮樂也、君子自知命、又知人之命、故無衆寡、無小大、無敢慢、所以博濟衆也、君子以德禮處己、故正其衣冠、尊其瞻視、儼然人望而畏之、所以立於宗廟朝庭也、凡五美之成、天下皆歸禮樂、蓋夫子之所以輔佐王者如此焉、不亦乎者、贊嘆之辭也、

子張曰。何謂四惡乎。子曰。不教而殺。謂之虐。不戒視成。謂之暴。慢令致期。謂之賊。猶之與人也。出納之吝。謂之有司。

子張已聞五美之義、又問四惡之目也、不敎教於民、犯法則殺之、名謂之虐也、其惡一也、不豫戒於民、責其成功、名謂之暴也、其惡二也、緩慢其令、而致其期、咎失期而刑之、名謂之賊也、其惡三也、猶、

均也、猶之與人也、出納之吝、君子所鄙、名謂之有司也、其惡四也、以上四惡、以類集之、除以從其政也、

子曰。不知命。無以爲君子也。不知禮。無以立也。不知言。無以知人也。

此承前章、明君子所重者有三也、知者、徹也、徹識之於躬也、君子博學先王詩書禮樂、約而累之、脩以爲一德、其力堪以有爲、則以天之命己者、深徹識之於躬也、然則德雖以己爲之、是爲天之所佑而生也、而天之將使我行此義也、是又爲天之所命、我處其天職、處患難、行乎患難、處富貴、行乎富貴、處貧賤、行乎貧賤、終不以患難富貴貧賤、而失墜其天職、恒一其德、雖曰小事、可以輔吾仁矣、雖曰小物、可以利吾智矣、故曰、仁者安仁、知者利仁、君子先踐其命、故能知人之命、故曰、無衆寡、無小大、

無敢慢也、夫天者、人子之所以君父尊親之也、其使有爲也、不遺餘力、未使有爲也、敬脩其職、故曰、不怨天、不尤人、下學而上達、知我者其天乎、是皆君子所以知命也、故曰、不知命無以爲君子也、夫優優大哉、禮儀三百、威儀三千、社稷宗廟、朝廷學宮之際、制度曲防悉備焉、故君子徵於禮、而後可立其位、故曰、不知禮、無以立也、夫有德者必有言、故君子欲知人、則先知人之言、先知人之言、則能知人之德、能知人之德、則能知其人矣、故曰、不知言、無以知人也、故君子知命、知禮、知言、學之所以大成也、夫先王之法言、在詩書、德之則、在禮樂、詩書禮樂、君子所以學也、上論始學與知命、而下論以是終之、蒐輯者之意、可以見已、

右三章爲一段、第一章、明王者治天下之道也、第二章、明大臣輔佐王者之道也、第三章、明凡治天下、先知命知禮知言、而後可立其位也、

論語象義卷之七 終尾

鳴謝

感謝相田滿先生爲本叢書《論語》卷作序
感謝早稻田大學圖書館特別資料室真島めぐみ女士提供圖片幫助